浙江省习近平新时代中国特色社会主义思想研究中心课题成果

"八八战略"
二十周年研究丛书

温　州

敢为天下先
续写创新史

卓高生　孙邦金　等　著

ZHEJIANG UNIVERSITY PRESS
浙江大学出版社
·杭州·

图书在版编目(CIP)数据

温州:敢为天下先 续写创新史 / 卓高生等著. —
杭州:浙江大学出版社,2023.9
("八八战略"二十周年研究丛书)
ISBN 978-7-308-24105-2

Ⅰ.①温… Ⅱ.①卓… Ⅲ.①社会主义建设—研究—
温州 Ⅳ.①D619.553

中国国家版本馆 CIP 数据核字(2023)第 151969 号

温 州:敢为天下先 续写创新史
WENZHOU:GAN WEI TIANXIA XIAN XUXIE CHUANGXINSHI

卓高生 孙邦金 等 著

出 品 人	褚超孚
策划编辑	张 琛 吴伟伟 陈佩钰
责任编辑	吴伟伟
责任校对	董齐琪
责任印制	范红法
封面设计	周 灵
出版发行	浙江大学出版社
	(杭州天目山路 148 号 邮政编码 310007)
	(网址:http://www.zjupress.com)
排 版	浙江大千时代文化传媒有限公司
印 刷	杭州钱江彩色印务有限公司
开 本	710mm×1000mm 1/16
印 张	21.5
字 数	289 千
版 印 次	2023 年 9 月第 1 版 2023 年 9 月第 1 次印刷
书 号	ISBN 978-7-308-24105-2
定 价	88.00 元

编写说明

20 年前,习近平同志担任浙江省委书记期间,经过深入调查研究和系统谋划,为浙江量身打造了"八八战略"这一总纲领总方略,并为浙江发展倾注了大量心血、汗水和智慧,在之江大地书写了波澜壮阔的奋斗篇章,给浙江留下了宝贵的思想财富、精神财富和实践成果。20 年来,"八八战略"引领浙江在省域层面率先开启了中国式现代化先行实践之路,推动浙江大地发生了全方位、系统性、深层次的精彩蝶变,实现了从资源小省向经济大省、外贸大省向开放大省、环境整治向美丽浙江、总体小康到高水平全面小康的历史性跃迁。

在"八八战略"实施 20 周年的重要时间节点,浙江省习近平新时代中国特色社会主义思想研究中心和浙江省社会科学界联合会共同组织力量编写"'八八战略'二十周年研究丛书",并将之纳入"浙江文化研究工程"。丛书重点论述了"八八战略"在浙江省 11 个地市(杭州、宁波、温州、湖州、嘉兴、绍兴、金华、衢州、舟山、台州、丽水)深入落实的全过程,以及所带来的深刻影响。我们希望,通过这套丛书,能让读者用心感悟习近平总书记的关心关怀和殷殷重托,学深悟透、感恩奋进、实干争先,持续推动"八八战略"走深走实,坚定不移沿着习近平总书记指引的道路奋勇前进,推动浙江在新时代新征程上奋力谱写共同富裕和中国式现代化先行的靓丽篇章。

目 录

导　论

　　温州,古称"瓯""永嘉",公元 323 年建置永嘉郡,公元 675 年始称温州,历史悠久。东濒东海,南邻福建,西与丽水市相连,北与台州市接壤,是中国东南沿海商贸重镇和区域中心城市。全市陆域面积 12110 平方公里,海域面积 8649 平方公里,现辖鹿城、龙湾、瓯海、洞头 4 区,瑞安、乐清、龙港 3 市(县级)和永嘉、平阳、苍南、文成、泰顺 5 县。截至 2022 年末,全市户籍人口 832.8 万人,全市常住人口 964.5 万人,地区生产总值 7585 亿元,位列全国城市前三十位。2022 年全市生产总值首次突破 8000 亿元大关,达到 8029.8 亿元,按可比价计算,比上年增长 3.7%,增速分别高于全国、全省 0.7、0.6 个百分点。温州作为中国历史文化名城,系中国山水诗的发源地,永嘉学派和南戏的故乡,有着深厚的瓯越文化积淀和重商传统。改革开放以来,温州人敢为人先,"温州模式"闻名中外,民营经济遍地开花,各项事业蓬勃发展,成就了温州这个现象级城市。

　　2003 年 7 月,时任浙江省委书记习近平在中共浙江省委第十一届四次全体会议上首次全面系统地概括了浙江发展的八个优势,提出了指向未来的八项举措,简称"八八战略"。习近平同志在浙江工作期间多次到温州调研指导工作,不仅明确了温州贯彻落实"八八战略"的具体优势,而且强调温州要敢于担当,勇于作为,通过贯彻落实"八八战略"为全省乃至全国提供经验。"温州是我国改革开放的前沿阵地之一,抓好温州的工作不仅对全省的发展有推动和示范作用,而且在全国也有重要影响。"①他希望："温州把这部创新史继续写下去，探索新的规律，创造新的业绩，总结新的经验，为全省带好头，也为全国作示范。"②温州牢记习近平总书记对温州的殷切嘱托，以"八八战略"为总纲，发扬温州人"敢为人先、特别能创业创新"的精神，坚持干在实处，走在前列，勇立潮头，找准自己的优势，锚准定位，结合自身实际，探索出许多推动经济社会发展的新举措，不仅把温州经济社会发展推向新时代，也为全省忠实践行"八八战略"提供了许多新鲜经验。

一是发挥好温州的创新优势，续写温州创新史。改革开放以来，温州凭着"敢为人先、特别能创业创新"的温州人精神，创造了中国改革开放史上的许多奇迹。在改革上继续走在前列，要按照落实科学发展观的要求，加快建立转变经济增长方式的新体制、新机制，加快建立资源支撑保障体系和要素集约利用机制，消除经济运行中不健康、不稳定因素，在一些重要领域和关键环节实现改革的新突破；要在法治建设特别是深化政府改革、转变政府职能、建设公共服务型政府方面走在前列。

"八八战略"提出以后，温州紧紧抓住敢于创新、善于创新的优势，改变传统的"摸着石头过河"的被动式创新模式，树立"系统性、协同性、整体性"创新思维模式，通过不断创新把温州的改革开放推进到新阶段。通过制度创新，营造最优营商环境；通过科技创新，打造温州科创高地；通过产业创新，推动温州经济发展现代转型；通过体制创新，建设现代智治温州。正是通过不同领域的不断创新，温州经济社会发展在多个层面呈现出新变化。2020 年温州地区生产总值重返全国三十强，"两个健康"先行区创建重树民营经济新标杆，营商环境综合排名在长三角 27 个城市中位列第 4，跻身长三角 27 个中心区城市之一，

---

① 《认真贯彻十六届六中全会精神努力推动温州在科学发展中再创新辉煌》，《浙江日报》2006年 10 月 20 日。

② 习近平：《干在实处　走在前列——推进浙江新发展的思考与实践》，中共中央党校出版社2006 年版，第 489 页。

"长三角南大门区域中心城市"的地位作用更加凸显,平安建设常态化跻身全省第一方阵,生产、生活、生态环境持续变优变好。自 2014 年以来,连续三次入选全国文明城市,并入选中国最具幸福感城市。2021 年 7 月,为贯彻落实《中共中央、国务院关于支持浙江高质量发展建设共同富裕示范区的意见》,依据《中共浙江省委、浙江省人民政府关于印发〈浙江高质量发展建设共同富裕示范区实施方案(2021—2025 年)〉的通知》,温州市委、市政府充分发挥温州人敢为人先的创新优势,迅速制定《温州打造高质量发展建设共同富裕示范区市域样板行动方案(2021—2025 年)》,努力成为浙江省乃至全国打造共同富裕示范区的市域样板。

二是发挥温州的民营经济发达的核心优势,打造民营经济发展示范城市。回望温州 40 多年的改革开放历史,就是一部民营经济的创新和发展史。民营经济是温州发展的基础所在、特色所在,也是优势所在。温州积极探索引领民营经济发展的新路子,通过体制机制创新为温州民营经济发展保驾护航。特别是党的十八大以来,从 2013 年把简政放权、放管结合作为"当头炮"和"先手棋",到 2014 年强化放管结合的"三单一网""四单一网",再到 2017 年的"最多跑一次",温州为打造最优营商环境而实施的"放管服"改革已形成多管齐下、全面推进的格局,综合效应显著。《2018 年浙江新设小微企业活力指数报告》显示,温州小微企业环境满意度指数、小微企业社会贡献度增长率两项指标均位列全省第一。特别是在 2018 年提出创建"两个健康"先行区以来,温州围绕民营企业家健康成长和民营经济健康发展两大命题开展创新突破。通过推广无还本续贷、无抵押贷款等创新举措,设立全国首个地级市破产法庭,上线全国首个亲清政商"云学堂",首推民营企业精力减负 20 条政策、涉企评估"最多评一次"等一揽子举措,为创建全国民营经济示范城市提供了温州特有的示范底色,形成了创建"两个健康"先行区 41 条意见和 80 条"新政",这些工作举措和政策意见最终细化为 146 项具体责任清单。同时,在"146 清单"之外,建立

"146＋X"的与时俱进解决企业新问题的机制,做到"国有企业民营企业一个样,本地企业外地企业一个样,盈利企业未盈利企业一个样,大企业小企业一个样"①。正是通过这样的努力创新,温州民营经济发展呈现良好态势,2020年温州市场主体达114.8万户,在册企业总量突破30万户,增幅居浙江省首位。2020年温州市经济结构中,民营经济贡献的税收、工业增加值、外贸出口,吸纳就业人员及企业数量均达90％以上。"八八战略"提出以来,温州始终站在战略和全局高度,坚持不懈推动简政放权、放管结合、优化服务改革、优化营商环境,平均办事效率提高近50％,基层可办比率达92.21％,为全省乃至全国营造优良营商环境改革提供了温州经验。

三是利用好民间资本优势,为国家金融改革提供温州经验。温州作为我国民营经济的发祥地,在改革开放的过程中取得了巨大发展,成为藏富于民的典型代表,民间资本充裕。温州充分发挥其民间资本充裕的优势,大力推进投资体制改革,健全政府投资决策和约束机制,确立企业投资主体地位。金融综合改革试点要做好深化的文章,逐步扩大改革范围,积极组建民营银行,大力引进外资银行,推动商业银行业务创新。根据习近平同志的指示,温州以金融改革为抓手,积极探索发挥民间资本优势的新路子,通过深化民间金融试验区建设,发展现代金融高地,不仅极大地改善了温州的金融生态,也为全国金融改革提供了温州经验。

2012年3月,温州被国务院确定为全国首个金融综合改革试验区,其改革任务有12条。2015年3月,温州出台《关于进一步深化温州金融综合改革试验区建设的意见》,再次提出了12条措施(被称为金改"新12条")。根据新华社提供的数据,经过三年的创新和努力,温州已经在10个方面创造了金融改革的全国第一。包括成为全国首批民营银行试点城市;首创具有地方特色的民间资本管理公司共12

---

① 《忠实践行"八八战略"在打造"重要窗口"中"续写创新史"》,《学习时报》2020年9月28日。

家、民间借贷服务中心共 7 家，搭建民间借贷综合服务平台；成立全国首个地方金融管理局，首创民间金融组织非现场监管系统；全国首创民间融资立法并成为全国首个地方金融监管执法类别城市；开出全国首单民间融资执法行政罚单；全国首创反映民间借贷平均利率的"温州指数"并全球发布，引导民间融资利率市场化；全国首创发行小额贷款公司优先股和定向债，发行全国首单地市级城市保障房私募债；全国首创"地方发、地方用、地方还"的"幸福股份"和"蓝海股份"模式，成功吸引 32 亿元民间资金投入城市轨道交通和围海造田建设；成立全国首个地级市人民银行征信分中心；成为全国首批外商投资企业外汇资本金意愿结汇试点城市等。除此以外，温州金融改革还推出"农民资产授托代管融资模式""联合授信管理机制"等 20 余项"全国率先"探索项目，在金融服务民营经济和农民、民营企业金融风险处置、民间融资规范和地方金融监管等方面取得较好成效；民营企业债务风险逐步化解，民间金融秩序逐步规范，"三农""小微"融资渠道逐步丰富，地方金融监管机制逐步形成。

2019 年 10 月，浙江省政府批准了《深化温州金融改革服务民营经济实施方案》，温州金改"深化版"正式开启。2020 年 12 月，温州金融综合服务平台正式上线运行。作为全国首个金融综合改革试验区，温州从未放缓探索金融改革的脚步，不断为全国金融改革创造新的经验。

四是发挥温州的人文优势，打造更高水平全国文明城市。温州有2200 多年行政建制史，号称东南小邹鲁，历史悠久，素有"中国山水诗发源地""南戏故里""书画名城""百工之乡""中国数学家之乡"等美誉，文化根脉绵长深厚，拥有突出的人文优势。温州充分发挥人文优势，像永嘉学派、山水诗、数学家的摇篮、国际象棋城等，深入开展"提高市民素质，塑造城市精神"活动，大力发展教科文卫各项社会事业，努力创建"学习型社会"，深入开展群众性精神文明活动，争创全国文明城市。温州积极践行"八八战略"，为了切实解决文化发展不平衡不充分问题,开始积极实施"大爱温州""信用温州""文明温州""文化温州""幸福温州"等系统文化工程,建设"大爱城市、诚信社会、道德高地"和"书香社会、墨香城市、阅读温州"等系列文化品牌,打造一批具有中国气派、浙江辨识度、温州特质的重大标志性成果,营造乐业向善的营商环境,培育"最美温州人",推进文化智治和"人的现代化",开启了保护传承温州历史文化、推动文化大市建设的新阶段,努力打造源远流长瓯越文明与新时代温州人精神交相辉映的文化温州。

特别是摄制"温州家人系列"电视连续剧,《温州一家人》在党的十八大召开期间播出,创下央视一套黄金档十年收视新高。《温州两家人》于"十三五"开局之际在央视一套播出,并在法国、韩国、哈萨克斯坦、坦桑尼亚、巴拿马等"一带一路"沿线国家和地区热播,引发海内外热烈追捧。《温州三家人》讲述了党的十八大以来新时代的中国故事、中国之治、中国精神,在建党百年,再次登陆央视黄金档。2014年,温州首创"城市书房"公共文化服务品牌,引领了国内城市公共阅读空间的发展方向。浙江省全面推广温州经验,截至2019年底,全省建成城市书房456家,县(市、区)覆盖率达100%。据不完全统计,全国已有130余个城市学习参照温州模式,建成1687家城市书房,掀起了城市特色公共阅读空间建设大潮。截至2022年10月,温州市已建成136家城市书房,总面积3.49万余平方米,总藏书161.60万册,累计接待读者1524.41万人次,流通图书1517.68万册次,办理借书证11.13万张。① "城市书房"的新型文化服务模式具有连续性、自主性、人性化等特征,体现了温州市在提升公共文化服务中的创新性。2020年8月,温州市政府印发《温州市城市书房建设与管理办法》,该办法是国内首个由地市级人民政府推出的城市书房配套管理文件,为全国其他城市规范"城市书房"运营提供了可复制、可推广的示范经验。

---

① 《温州不断加强全国首个"全民阅读示范城"建设"城市书房"促进文化惠民城乡一体化》,《温州日报》2022年12月12日。

　　五是发挥温州人敢闯天下、善闯天下的优势,推动"温州人经济"与"温州经济"互动发展。温州地处东南沿海,早就有温州人移民海外的历史。2020年温州共有海外华侨华人、港澳同胞68.84万人,归侨侨眷50万人,分布在131个国家和地区,建立了350多个海外温籍侨团,他们为住在国和地区的发展做出了巨大的贡献;同时关心家乡的建设和发展,纷纷回乡投资兴业,支持家乡公益事业,为温州经济社会发展做出积极贡献。为推动"温州人经济"与"温州经济"的互动发展,温州锐意创新,定期举办"青蓝新学"、世界温州人经济理论研修班、新生代国情培训班和侨界青年综合素质研修班等,着力增进华侨对国情、市情和形势政策的了解,增进华侨华人特别是华裔青少年对中华优秀传统文化的了解;利用春节、国庆节等重要节日,组织"亲情中华"、世界温州人乡音使者文艺演出团到海外展演。特别是"一带一路"倡议提出以后,鉴于海外温籍侨胞分布在"一带一路"沿线国家和地区的人数超过38万人,温州市于2015年开始鼓励海外温籍侨胞深度参与"一带一路"建设。2017年,温州市首开"一带一路"世界温州人圆桌会议;2018年成立世界温州人家园;2019年,温州市又制定了深度参与"一带一路"建设行动方案。在温州市委、市政府的努力下,一批批海外温籍侨团、异地温州商会、总部回归企业纷纷入驻,"温州人经济"与"温州经济"互动效果明显。2018年世界温州人大会上,一次性签约25个温商总部回归项目,当年新增回归税收8亿多元;2020年上半年又签约总部回归项目39个,新增回归税收18.6亿元,全年新增回归税收超过30亿元。

　　六是发挥温州的山海优势,把资源优势转化为经济优势。温州市委于2003年8月提出以"一港、两岛、三江、四湾"为重点的海洋经济格局建设海洋强市的战略构想,2017年提出了打造海洋经济发展示范区的构想;按照"海上花园"的功能定位,充分发挥海洋、海岛、海湾等优势,在差异化发展中赢得更多主动和更大空间;创建"美丽田园＋"发展模式,促进乡村振兴。现如今,温州已建成农业休闲观光园和生态休闲农庄 134 个、省级"最美田园"18 个，形成以美丽田园为主题的休闲农业旅游线路 35 条；培育建设各类市级以上产业平台 18 个，其中国家现代农业产业园 1 个、国家级特色农业强镇 2 个、省级现代农业园区 4 个、省级田园综合体 3 个、省级特色农业强镇 11 个、市级田园综合体 9 个、县级田园综合体 18 个；创成全国美丽休闲乡村 3 个、省级休闲乡村 9 个、省级农家乐集聚村 41 个，培育发展乡村民宿 1413 家，市级森林康养基地 26 家。以 2018 年被列为省级生态文明建设示范县的文成县为例，文成依托县域森林资源优势，实现"全景文成、全域旅游、全时旺季"，全面奏响全域"绿色"生态旅游主旋律。2019 年，该县景区接待游客 327.7 万人次、增长 20.3%，过夜游客 68.9 万人次、增长 16%，实现旅游总收入 44.3 亿元、增长 16%。特别是 2018 年浙江省委、省政府提出打造山海协作"升级版"以来，温州市坚持全域统筹推进，引导苍南、平阳、文成、泰顺、永嘉 5 个加快发展县分别与龙湾、乐清、瑞安、鹿城、瓯海 5 个经济强区（市）"一对一"结对，聚力打造山海协作"升级版"，推动乡村振兴和群众增收致富。

七是发挥温州的生态优势，打造山水温润的生态文明城市样板。温州虽地处东南沿海，历史上交通不便，但却具有得天独厚的山海江俱佳的自然环境，不仅有"东南山水甲天下"之美誉，而且是国家历史文化名城。习近平同志在浙江工作期间，非常重视旅游资源的开发利用，"加快发展旅游经济，建设旅游经济强省，必须坚持创新与继承相统一，在继承中创新，在创新中发展，不断求新、求变、求精，大力弘扬优秀的民族文化和民族精神。要敢于'无中生有'，充分利用当地的旅游资源，大胆开发旅游项目"①。温州旅游资源十分丰富，拥有雁荡山、楠溪江 2 个国家级风景名胜区，乌岩岭、南麂岛 2 个国家级自然保护区，还有 7 个省级风景区、8 个市级风景区，旅游景区面积占温州市陆域面积的五分之一以上，发展旅游业潜力很大。温州审视自身旅游资

---

① 习近平：《之江新语》，浙江人民出版社 2007 年版，第 74 页。

源独特优势,强力助推文旅产业融合发展,全力建设国际化休闲度假旅游城市,相继出台了一系列政策文件。

在"绿水青山就是金山银山"理念的指引下,温州充分利用自身优势,通过聚焦诗画山水、休闲乡村、时尚都市、活力海洋、文化温州等区域文旅内涵和魅力,匠心打造瓯江夜游、塘河夜画、青灯市集、百县千碗、楠溪漂流、海上花园等一批独具特色的文旅 IP 项目,推动温州文旅产品逐渐从"游山玩水"向"溯历史、看文化、玩民俗"转变,有力提升了温州文旅品牌知名度和流量吸引力。通过持续打好"六城联创""五水共治""四边三化""大拆大整""大建大美"等组合拳,推动城乡环境面貌发生显著变化,生态环境质量公众满意度持续提升,生态文明建设取得长足进步。让美丽城镇和美丽乡村交相辉映、美丽山川和美丽人居有机融合,实现生态系统多重服务价值。温州实施"美丽点位"建设,推进美丽城镇、美丽乡村、美丽田园、美丽园区、美丽河湖等美丽系列创建,构建美丽陆域、美丽海洋、美丽生态、美丽人居;推动建成一批"美丽温州体验地",中心城区瓯江两岸、塘河水岸、历史文化街区、三垟湿地公园、城市中央绿轴等"两线三片"建设已经成为美丽城市的"网红打卡地"。同时,温州以"绿水青山就是金山银山"理念实践创新基地创建为载体,按照"创建全覆盖"的工作目标,实施生态示范创建提质扩面行动。市本级相继获得国家森林城市、国家环保模范城市、全国水生态文明城市、中国气候宜居城市、中国最具幸福感城市等荣誉。

八是充分发挥温州民营企业党建优势,打造民营企业党建温州样板。温州作为全国民营经济发源地,如何加强党对民营企业的领导,保障民营企业健康发展,一直是改革开放以来温州的重点工作。温州从自身实际出发,坚持以改革的精神加强和改进党的基层组织建设,积极探索新领域党建工作新路子,在非公有制企业党建工作、新社团组织党建工作等方面创造了许多好的经验,并按中央的要求开展了在新的社会阶层中发展党员试点工作,为全省乃至全国提供了经验。

2005年,温州市率先成立市委社会工作委员会,挂靠在市委组织部,内设新经济组织党建处、新社会组织党建处,统一负责全市"两新"组织党建工作。县(市、区)委也都成立了社会工作委员会,落实了机构、编制和人员,明确了党委"一把手"亲自抓、负总责,党群副书记具体抓、负专责的党建工作领导责任制,建立了市、县、乡三级领导干部"联系一个点、包好一个片、负责一条线"的党建工作责任区,一级抓一级,层层抓落实,从而为非公有制企业开展党建工作提供了强有力的组织领导保障。2007年,温州下发《关于进一步做好非公有制企业党组织组建工作的通知》,要求在各级党委的统一领导下充分发挥组织部门的牵头抓总作用,完善运行机制,积极做好具体实施中的组织、指导、协调工作,检查督促工作进展情况,及时总结推广典型经验。

党的十八大以来,非公企业党建拓面提质行动进一步深入推进,相关的举措主要表现为以下几个方面:第一,持续提升党组织覆盖面。即在抓好企业党组织单独组建的基础上,创新推行集群化、链条化、行业化、社区化"四化联动"组建工作法,不断提升党的组织覆盖水平。特别是2016年至2020年,累计新建党组织3784个,每年新建数量均在全省遥遥领先。第二,破解"两新"组织工作覆盖难点。针对"两新"组织党员"人在、组织关系不在"的普遍现象,在有正式党员但都不可接转组织关系的"两新"组织中创新建立"拓展型"党组织,负责抓好组织生活、党员学习等工作,有效扩大党的工作覆盖。2020年,温州市共建立"拓展型"党组织3434个,有效加强了流动党员的管理,提升了党的工作覆盖质量。第三,规范"两新"组织战斗堡垒建设。着眼新时代"两新"党建的新任务新要求,开展红色领航"争双强·创五星"活动,以突出政治功能、提升组织力为要求,以"党建强、发展强"为目标,以领导力、组织力、战斗力、保障力、号召力"五个提升"为标准,持续加强企业党组织的基本队伍、基本活动、基本阵地、基本制度、基本保障等建设,切实把企业党组织建设成为党的领导的坚强战斗堡垒。第四,创新考核倒查工作机制。创新开展"覆盖检修"工作,在每年的第四季度,在全面排查基础上,按照 5% 的比例倒排一批企业后进党组织,全力抓好问题整治、做好规范提升,着力解决存在的"四不"(班子配备不规范、组织设置不合理、组织运行不正常、党员管理不严格)"三化"(虚化、弱化、边缘化)问题。2020 年,在"不忘初心、牢记使命"主题教育期间,温州市共整固提升后进党组织 83 个。

"八八战略"提出以来,温州忠实践行"八八战略",不仅为浙江,也为全国提供了许多好的经验,如何把这些经验总结好,在全省乃至全国推广温州经验,需要我们努力把温州打造成为全面展示"八八战略"思想伟力和实践伟力的"重要窗口",打造成高质量发展建设共同富裕示范区的市域样板。"十四五"期间,是温州奋进新百年新征程的关键五年,是温州做强全省第三极、塑造发展新优势的重要战略机遇期。温州要坚定历史自信,增强历史主动,主攻六个方面:(1)奋力打造实力跃升、辐射周边的全省第三极,切实厚植"千年商港、幸福温州"的发展根基。(2)奋力打造人才集聚、高峰崛起的创新示范区,切实增强"千年商港、幸福温州"的内生动能。(3)奋力打造集群发展、质效更优的产业新高地,切实优化"千年商港、幸福温州"的产业体系。(4)奋力打造拥江面海、一体发展的现代化都市,切实提升"千年商港、幸福温州"的城市能级。(5)奋力打造敢破善立、示范引领的改革开放先行区,切实增强"千年商港、幸福温州"的发展活力。(6)奋力打造共富先行、共建共享的美好新家园,切实擦亮"千年商港、幸福温州"的民生底色。

迈上新征程,我们要深入学习贯彻党的二十大精神,学深悟透习近平新时代中国特色社会主义思想,把习近平总书记的亲切关怀转化为建功新时代的强大动力,牢记使命、笃行不怠、勇攀高峰,奋力续写创新史,走好共富路,努力谱写中国式现代化温州篇章,努力为全国、全省发展大局做出更大贡献。

第一章　打造温州经济"金字招牌"

"八八战略"是系统推进浙江省建设的宏伟战略,创新则是发挥八大优势推进八项举措的关键词。习近平同志考察温州时指出:"温州这个金字招牌,是创新的结果,并以创新为最大内涵。失去了创新,温州也就失去了特色和活力。我们有理由为过去的创新而自豪,但我们决不能自满,决不能懈怠,决不能停滞。"①温州以"八八战略"为指引,不断推进制度创新、产业创新、服务创新等各方面创新,开启高质量发展新征程,实现了从改革开放"先行者"到新时代"民营经济"新标杆的转变。

第一节　制度创新,重塑民营经济新标杆

创新是引领发展的第一动力,对温州民营经济的发展起到了重要作用。改革开放 40 多年来,温州率先推进市场化改革,大力发展民营经济,形成了享誉全国的"温州模式",铸就了"敢为人先、特别能创新创业"的温州人精神。"八八战略"提出以来,温州通过制度创新,为民营经济的发展保驾护航,向着高质量发展的目标不断前行。

---

① 习近平:《干在实处　走在前列——推进浙江新发展的思考与实践》,中共中央党校出版社 2006 年版,第 489 页。

一、创建"两个健康"先行区，开启高质量发展新征程

民营经济始终是浙江最大特色、最大资源和最大优势。习近平同志在浙江工作期间，大力支持和鼓励民营经济发展。他在调研考察中多次指出："民营经济是浙江活力所在，是浙江的品牌，是改革开放的先行者，是市场经济发展的佼佼者。民营经济的大发展，支持了浙江经济的高速增长，促进了市场体系的发育和完善，推动了城市化进程，拓宽了就业渠道，促进了一批新兴产业和新兴行业的发展。作为社会主义市场经济的重要组成部分，发展民营经济对增强经济活力，调动人民群众和社会各方面积极性，加快生产力发展，具有极为重要的意义。"[①]温州启动创建新时代"两个健康"先行区，是践行习近平同志对浙江新期望的具体行动，是推进"八八战略"再深化、改革开放再出发的重大举措，也是推动新时代浙江民营经济新发展新飞跃的一个大动作。温州以"两个健康"先行区创建为契机，努力做到"四个带好头、作示范"：在全面深化改革、激发高质量发展上带好头、作示范，在加快新旧动能转换、推动经济转型升级上带好头、作示范，在构建亲清新型政商关系、打造一流营商环境上带好头、作示范，在激发企业家精神、建设企业家队伍上带好头、作示范，全力打造具有国际竞争力的新时代民营经济之都。

（一）"两个健康"的由来、内涵和重要价值

"两个健康"，是指促进非公有制经济健康发展和非公有制经济人士健康成长。2015年5月18日，习近平总书记在中央统战工作会议上强调："非公有制经济健康发展和非公有制经济人士健康成长是重大经济问题，也是重大政治问题。"[②]2016年3月4日，习近平总书记

---

①　中央党校采访实录编辑室：《习近平在浙江》（下），中共中央党校出版社2021年版，第275页。

②　中共中央文献研究室编：《习近平关于社会主义政治建设论述摘编》，中央文献出版社2017年版，第136页。

看望参加全国政协会议的民建、工商联委员联组会时，首次系统阐述了"非公有制经济要健康发展，前提是非公有制经济人士要健康成长"①的"两个健康"主要内涵。2017 年 10 月 31 日，"两个健康"被正式写入党的十九大报告。包括 2018 年 11 月 1 日民营企业座谈会等多个场合，习近平总书记都强调了"两个健康"的重要性。2019 年 10 月 31 日，党的十九届四中全会，再一次把"两个健康"写入了全会报告，将"两个健康"定义为经济领域社会治理的一个范畴。2020 年 9 月，习近平总书记对新时代民营经济统战工作作出重要指示，指出非公有制经济是社会主义市场经济的重要组成部分，促进非公有制经济健康发展和非公有制经济人士健康成长具有十分重要的意义。②

温州是中国民营经济的重要发祥地。习近平总书记系统阐述"两个健康"后，温州抢抓机遇，主动提出创建新时代"两个健康"先行区。2018 年 8 月 9 日，经中央统战部同意，全国工商联正式批复温州创建"两个健康"先行区，并将这项工作作为全国唯一一个贯彻落实习近平总书记"两个健康"重要论述在基层实践的先行试点。同年 10 月 17 日，温州召开创建"两个健康"先行区启动大会，全国工商联和浙江省委分别赋予温州"四个先行先试""四个带好头、作示范"使命。自此之后，温州举全市之力开启"两个健康"先行区创建工作，坚定扛起"中国民营经济一定行""民营经济看温州"的政治使命和历史担当。

（二）"两个健康"先行区创建的系统谋划和推进

全国工商联批复给温州的改革任务是创建"四个先行区"：一是落实新发展理念、引领民营经济高质量发展的先行区；二是构建亲清新型政商关系、创造一流营商环境的先行区；三是弘扬优秀企业家精神、充分发挥民营企业家积极性创造性的先行区；四是创新非公有制经济

---

① 《习近平谈治国理政》（第三卷），外文出版社 2020 年版，第 267 页。
② 中共中央党史和文献研究院编：《十九大以来重要文献选编》（上），中央文献出版社 2019 年版，第 674 页。

领域统战工作、推进工商联和商会改革发展、培育和发展中国特色商
会组织的先行区。从这四大任务出发,温州坚持先行先试、顶层设计,
围绕"两个问"系统谋划了两大体系。

第一,围绕"干什么",系统谋划了政策体系。获批启动"两个健
康"先行示范区以后,温州坚持先行先试、顶层设计,深入研究温州民
营经济发展的历史和现状、基础和潜力、优势和短板,形成了创建"两
个健康"先行区41条意见和80条"新政",这些工作举措和政策意见
最终细化为146项具体责任清单。同时,考虑到企业在发展中遇到的
新情况、新问题,在"146责任清单"之外,构筑"146+X"的与时俱进解
决企业新问题的机制。"146责任清单""2020版新清单"这些清单项
目,重点聚焦产业发展、金融、科技、上市、营商环境和企业家关爱等方
面,提出了一系列有力度、能引领、可操作的办法举措。这些政策体系
创新有三个特点:一是目标指向明确。计划通过3—5年的努力,推动
民营经济质效提升、结构优化、动能转换等六大高质量发展指标总体
水平明显提升,到2022年初步把温州建设成为中央统战部、全国工商
联所要求的"四个先行区"。通过10年左右的努力,六大指标全面领
先,把温州打造成为面向"两个一百年"奋斗目标、具有国际竞争力的
新时代民营经济之都。二是突出先行先试。146条具体措施中,其中
有22条属于突破性、探索性的,在现有条件下需要克服重大障碍的举
措;有61条属于引领性、先行性的,就是走在浙江省甚至全国前列的
举措。两方面合计83条,占比57%。2020版新清单25条中有18项
属于引领性、先行性的,占比72%。三是紧扣痛点难点。无论是"41
条""80条"还是"146责任清单""2020版新清单",都紧紧锁定民营企
业发展现实难题,聚焦民营企业碰到的共性问题,拿出"人无我有"、行
之有效的硬招实招。

第二,围绕"怎么干",谋划了强有力的组织架构和运行体系。为
了推动"两个健康"工作走稳走深走实,温州将项目化管理的理念融入
创建工作的各个环节,努力在工作运行方面不断创新,搭建全过程全

链条的有效机制。一是实体化运作。成立了由省委常委、市委书记任组长的领导小组,市长、纪委书记、统战部部长和分管经济工作的副市长担任副组长,51个重点单位为成员。在此基础上,专设"一办七组",即"两个健康"创建办和七个工作组实现实体化运作。同时,在人员编制十分紧张的情况下,安排一位市政府副秘书长专职负责,在市府办专门设立"两个健康"创建处,配实6名工作人员。全市各地参照,形成了"专人负责,上下联动"的全市一盘棋格局。二是制度化推动。建立了例会、工作流转、督查考核、信息通报和市县联席会议等五大制度。比如定期召开两个月一次的"两个健康"领导小组会议和每周一次的工作例会,及时协调解决工作推进中遇到的各种问题。三是持续性造势。按照"月月有举措、季季有亮点、半年有总结、年年出成果"的要求,对全年的重点工作做了系统谋划。包括世界青年科学家峰会、中国(温州)"两个健康"论坛、首届民营企业家节系列活动等,分量重,影响力大。温州"两个健康"一系列重大活动,6次在中央电视台《新闻联播》中播出。《人民日报》《经济日报》、人民网、新华网等30多家主流媒体上刊发了300余篇(次),相关报道累计点击量超8000万人次。

(三)"两个健康"先行区创建中的新探索和亮点

温州创建新时代"两个健康"先行区,牢牢把握"民营企业家健康成长"这个着力点探索制度供给,竭尽全力为民营企业家健康成长营造良好环境,切实用制度来保障对民营企业家"高看一眼、厚爱三分"。紧紧抓住"民营经济健康发展"这个出发点深化改革创新,竭尽全力为民营经济高质量发展提供制度供给,真正让制度服务"急企业之所急、想企业之所想"。

1. 千方百计提高企业家社会地位

一是让企业家有了自己的节日。2019年,温州率全国之先,通过人大法定程序,把每年11月1日设为"民营企业家节",让民营企业家有了自己的节日。二是让企业家有了一个共同的家园。投入近 20 亿元,建设 5 万平方米的世界温州人家园和民营经济博物馆,定期举办世界温州人大会,为民营企业家和天下温商打造精神家园、情感地标。三是让企业家有更多话语权。率先出台实施企业家参与涉企政策制定的文件,开展惠企政策供给侧改革,为企业提供"有效的制度供给"。

2. 构建温州版的"亲清"新型政商关系

领导干部和企业家不能背靠背,一定要"清"上加"亲",要"亲、清"共融。① "两个健康"建设中,温州采取了几项措施:一是创办"民营经济学院""亲清政商学堂""青蓝新学"等培训机构或培训班。2019 年 3 月,第一期 150 名党政干部和企业家"同上一个班,亲清共成长",引起了强烈的反响。二是率先推行"三清单一承诺"制度,推出政商交往"正面清单""负面清单"和清廉民企建设"引导清单"(各 7 条),指导构建正常的政企交往关系。同步开展"反对不按规则办事行为承诺",3.5 万名领导干部书面签订了承诺书,改变了温州熟人社会下"不按规则找熟人办事"的路径依赖。

3. 打造"义利并举、青蓝接力"的企业家队伍

据统计,温州第一代企业家平均年龄是 55 岁,希望子女接班的占80%左右,这意味着温州将迎来企业接班交替的一个高峰期。值得关注的是,二代企业家普遍拥有良好的教育背景,90%拥有本科及以上学历,30%以上有留学经历,与父母辈在教育背景上的差异,也带来了经营理念和行业兴趣上的差异,导致二代企业家愿意接班的仅 30%左右。针对这个现状,温州实施"青蓝接力培养行动",让"创二代"一起培训、相互感染。建立"新生代企业家挂职锻炼制度",2019 年 7 月,首批 54 名二代企业家赴市县部门挂职。以前是干部到企业挂职,现在是企业家到部门挂职,这个做法有利于让更多创二代脱颖而出,让他

---

① 中央党校采访实录编辑室:《习近平在浙江》(下),中共中央党校出版社 2021 年版,第 285 页。

们愿意接班,也接得住班。

4. 大力度缓解融资难

温州民间资本雄厚,对于金融改革温州创新了很多举措,包括建立"国保民"体系、政银企"六不"倡议、无还本续贷、金融大脑等。如"无还本续贷"化解企业融资"过桥"风险。按照目前银行的信贷设计,企业到期贷款必须先还再贷,到期需要调度过桥资金,等待银行审核新的贷款申请后,方能拿到下一笔贷款。温州提出了"无还本续贷"的设想,主要通过推进"年审制""分段式""增信式"等无还本续贷模式创新,有效化解民营企业"转贷难"问题,以一定条件的企业为门槛,对企业在不还本的前提下继续放贷,让企业免受过桥资金之苦。

5. 建立常态化"理旧账破难点"机制

温州过去因"无为而治",市场主体蓬勃发展,但同时也造成了很多经营不规范以及历史遗留问题。其中不少问题阻滞了企业的发展,如何在处置过程中既不伤及企业又不冲击面上平衡,是一个急迫又棘手的问题。为此,温州采取了两项措施:一是开发民营企业维权服务平台。这个平台设在工商联,企业可以通过平台系统在线上反映问题,也可以在每月15日的"企业维权接待日"到世界温州人家园现场反映,实现企业维权"只进一扇门""最多跑一次"。二是开展"破堵点推新政创亮点"系列行动。2019年温州首批12条和2020年新一批"15条"新政已集中推出,精准对焦技工短缺、跨区域知识产权打假、出口转内销等众多民营企业"成长的烦恼"。

二、推动市场化配置,形成创业创新最强活力

2020年,温州市在册市场主体超过100万户,民营企业的数量占温州市企业的99.5%,平均每9个温州人中就有一个经商办企业。在温州,民营经济贡献了90%的税收、92%的工业增加值、95%的外贸出口、93%的就业人员、99%的企业数量。一路走来,温州民营经济发展

日趋完善,展现出其雄厚的实力。通过精准对接民营企业实际需求,发挥市场在社会主义市场经济中的决定性作用,推动资源要素公平、有效供给,促进生产要素活力竞相迸发,实现创新创业源泉充分涌流。

(一)营造公平竞争环境,培育良好市场沃土

习近平同志在浙江工作期间提出,"努力构建倡导创新价值体系,在全社会树立崇尚科学、求真务实的价值观念和创新意识,使自主创新成为一种精神、一种品质、一种风尚,为自主创新奠定最广泛、最坚实的社会人文基础。要尊重群众的首创精神,创造一个公平、竞争、合作的创新创业环境,营造一种敢为人先、敢冒风险,勇于探索、宽容失败的政策和文化氛围,提高全民创新的积极性,进一步激发全社会的创造活力"[①]。在市场准入方面,温州通过全面实施市场准入负面清单制度,对清单以外的领域、行业、业务,各类市场主体皆可依法平等进入。为民营企业在市场准入、审批许可、经营运行、招投标、军民融合等方面打造公平竞争环境,率先打破民间资本进入关键投资领域的"卷帘门""玻璃门""旋转门"。不但在"市场门槛"上进行一定的创新,而且也更加注重政策的普惠力度,清理违反公平、开放、透明市场规则的政策文件,定期评估、排查、清理各类显性和隐性壁垒。与此同时,在社会力量的注入方面,通过深入推进社会力量办教育、办医疗、办体育、办养老等国家级试点工作,在准入条件、人才支撑、融资机制、土地供给等方面采取更加灵活的政策措施,使温州成为社会力量办社会事业的全国示范城市。温州通过努力创设公平市场竞争环境,为创业创新活力的迸发提供良好的培育环境,助推经济社会高质量发展。

(二)发扬创业创新精神,注入强大前行动力

习近平同志 2002 年 12 月 23 日在温州市调研时曾指出:"温州人敢为人先、特别能创业的精神是浙江的一笔宝贵财富,'浙江精神'就

---

① 习近平:《干在实处 走在前列——推进浙江新发展的思考与实践》,中共中央党校出版社 2006 年版,第 134 页。

包含着温州人的精神,我们一定要与时俱进,进一步发扬光大这种精神。"①在"浙江精神"的推动之下,温州发挥自己敢为人先的特质,不断促进企业的创业创新,激发新的活力。改革开放以来,温州人书写了一个又一个创业故事,创造了众多"全国第一"。比如建设第一座农民城(龙港市),成立第一家城市信用社,制定第一个私营企业条例,出台第一个股份合作企业地方性行政规章,第一个购买航空经营权,第一个实行国有土地有偿转让,第一个实行金融利率改革,等等。这是中国改革开放故事的精彩缩影,是"大众创业、万众创新"的 1.0 版。2020 年,温州有近 70 万人在世界 131 个国家和地区、175 万人在全国各地经商创业,在全国 280 多个地级以上城市成立了温州商会,构建了内外互动、连接世界的信息网、资金网、供销网、商会网和乡情网,蹚出了"跳出温州发展温州"和"地瓜经济"的特色之路。

2018 年底,温州启动"百园万企"小微园示范引领工程,严格执行"十条刚性措施",推动优质小微企业集聚发展。鼓励国有企业、上市企业、高校、科研院所建设平台型众创空间,为初创期、早中期民营企业提供公共技术、检验检测、教育培训等服务。构建适应"四新"经济发展的包容审慎监管模式,对新设立的"新技术、新产业、新业态、新模式"经济形态给予 1—2 年包容期,通过行政指导等柔性监管方式,引导和督促企业依法经营。实施"凤凰行动",加快"千企上规、千企股改、百企上市"步伐,推动民营企业做大做强。建设人才"一站式"服务平台,重点构建多层次人才住房供应与保障体系,完善高层次人才子女受教育配套政策,着力解决人才切身问题。鼓励处于领先地位的企事业单位自主建立人才评价标准,支持将其纳入温州市行业人才评价体系。适应新形势下企业用工新特点,研究完善新业态劳动用工和社会保险政策,实现新业态员工集聚并稳定就业。通过创业创新,发挥

① 习近平:《干在实处　走在前列——推进浙江新发展的思考与实践》,中共中央党校出版社 2006 年版,第 488 页。

"温州精神"的强大力量,为创设"重要窗口"注入精神动力,助推经济社会高质量发展。

(三)推动科技成果转化,赋能平台创新发展

2019年以来,温州努力办好一年一度的世界青年科学家峰会,加快推进世界青年科学家创业孵化加速器、创业园、创业基金落地,有效打通科学家、企业家、创投家"三界融合"创新路径。加快推进瓯江实验室建设成为国家实验室重要组成部分,加快推进中国科学院大学、浙江大学、华中科技大学温州研究院等重大科研院所平台建设,开展具有重要应用前景的科研成果研发。

在重视科研成果开发的同时,温州特别重视科研成果转化效率。加快瓯海国家科技成果转移转化示范区建设,创新完善科技成果转移转化利益分配机制,加强中试平台建设,培育发展技术转移机构和技术经理人,打响技术拍卖"温州拍"品牌。温州不断拓展延伸科技成果展现的平台,通过深化与长三角重点科创平台协作,推动创新联盟、"科创飞地"落地,拓展"技术在上海、转化在温州"合作模式。加快建设"科技大脑",构建集数据服务、金融对接服务、中介机构服务等于一体的科技金融线上服务平台,让其在更广阔的领域发挥效能。

(四)强化土地资源利用,提高改革建设质量

2019年以来,温州市启动"拓空间强保障"六大专项行动,以缓解土地瓶颈制约,实现土地资源高效利用。建立工业用地红线保护制度,实行工业区块线管控,保障工业用地总规模,每年工业供地1万亩左右。探索开展围填海处置、自然淤积区造地以及全域整治全国试点,加快瓯江口浅滩二期已填成陆区处置。创新工业用地供应方式,推行弹性年限出让、先租后让等方式,重点推进"标准地＋承诺制＋代办制"改革。强化工业项目双合同管理,抓好已供工业用地的开工建设,新供工业地块原则上三个月、最长不超过半年开工。开展工业用地二级市场交易试点,引导工业用地依法有序流转。按片区实施工业

用地分级分类价格指导,稳定产业用房租金水平。

温州注重市场改革与政府引导两手并进,以振兴实体经济为导向,深入推进资源要素市场化配置改革。党的十九大报告将要素市场化配置改革作为经济体制改革的两个重点之一。深化要素市场化配置改革,是推动高质量发展、促进共同富裕的必然要求,是温州"续写创新史、走好共富路"的重要抓手。"温州版"的要素市场化配置改革中将重点改革土地要素、金融要素、能源要素、科技要素四个领域。其中土地要素改革,温州采取盘存量、立规矩、破难题、活市场等系列措施,深化"亩均论英雄",探索工业用地"后评价"机制,破解老旧工业园区改造等问题。

(五)推进融资畅通工程,带动微观主体活力

民营经济发达的温州,融资对整个经济的影响巨大。畅通融资渠道,有利于为其经济发展提供强大驱动力,提高经济发展质量水平。在信贷方面,温州围绕信贷可得性、便利度,大力实施金融综合改革,深化财政支持民营小微金融服务改革试点,有效缓解民营企业"融资难、融资贵、融资慢"问题。完善金融综合信息服务平台,鼓励银行创新融资方式,大力发展信用贷款、共有厂房按份抵押融资、小微企业资产授托代管融资、价值链融资、供应链融资和动产融资等新型融资,争取小微企业年均首贷率超过15％。加大"无还本"续贷业务力度,有序推进无抵押贷款。用好应急转贷金,切实缓解企业资金压力。开展银行信贷服务"提速降本"行动,强化落实"两禁两限"规定,推动融资成本持续下降。探索设立本地消费金融公司、金融租赁公司、理财子公司等新型金融机构,丰富地方金融业态。完善"国保民"担保体系,发挥政府性担保机构作用,构建再担保机制、考核评价机制、财政风险补偿机制与风险分担机制,缓解民营企业担保难问题。用好科技创新创业投资基金,引进基金投资机构,推动社会资本更多支持企业创新创业。

温州通过拓宽融资渠道,深化融资畅通过程,提升融资质量,为更多企业提供融资的平台,尤其是小微企业的融资便利化,有利于企业资金链的建立,减少断裂风险,以更强大的资金保障进行投资,让市场经济的微观主体活力更加显现,为创设"重要窗口"提供更加充足的活力,让窗口与时俱进,富有朝气。

三、建立法治化体系,强化护航企业最硬内核

法治是改革的必然要求,法治环境影响着改革、发展、稳定三者的协调,关系到企业的健康可持续发展。奋力打造"重要窗口",建设现代化先行省,促使经济水平不断迈上新台阶,必须有法治体系来保驾护航,借助法律为企业的发展谋取合法权益,营造良好营商氛围。自"八八战略"实施以来,温州多方面多维度推进法治建设,建立现代化法治体系,为民营经济和民营企业创造良好环境,推动温州民营经济持续稳步高质量发展,为建设重要窗口、打造共同富裕示范区市域样板保驾护航。

(一)建立政府诚信履约机制,健全窗口开放体系

温州健全"政府承诺＋社会监督＋失信问责"机制,严格兑现向社会及行政相对人依法做出的政策承诺。凡是承诺的事项,都积极严格履行约定义务,真正让广大企业在温州放心投资、专心创业、安心发展。社会全体及相关人员及时对政府承诺的履行认真监督,督促政府及时落实其承诺。温州市对标"重要窗口"建设要求,强化了优化营商环境的极端重要性和现实紧迫性,并明确以优化营商环境为推动民营经济高质量发展的重要抓手。在优化营商环境这一方面,温州市多年来努力提升政府政务服务水平,企业投资项目审批时间压缩40%以上,审批机制得到极大完善。

温州建立配套失信问责机制,对整改不到位或严重失信失责行为进行追究问责。对照市场主体实际诉求,温州直面营商环境差距和短

板。温州建立政府失信记录,构建政务失信责任追溯和惩戒机制,落实政务失信100%治理,不因政府换届、领导调整等外部原因而产生违约、毁约等现象,营造"一任接着一任干"的良好氛围。不断加大惠企政策力度,坚持温州市域产业政策动态清理整合,实施产业政策正面清单兑现机制,扩大政策覆盖面和兑现率。建立健全民营企业历史遗留问题解决常态化机制,依法依规、分类分步妥善处理历史遗留的工业园区、工业点和其他企业无产权土地、用房等问题。

(二)严格规范涉企行政执法,打造良好营商环境

注重信息公开,温州市推行重点领域"双随机、一公开"常态化全覆盖,在重点领域监管过程中随机抽取检查对象,随机选派执法检查人员,抽查情况及查处结果及时向社会公开。开展"综合查一次"行动,完善多个部门多个领域多方结合抽查机制,实现"进一次门、查多项事",深化综合行政执法改革,探索推行执法检查新机制。创新执法监督方式,充分运用现代信息技术手段和信用手段,提升执法监管的效率和准确性以及透明性,全面推进行政执法公示、执法全过程记录和重大执法决定法制审核"三项制度",提高公共服务效率。温州市建立了行政处罚网上办案系统,实现了从主观模糊评价向客观精准评价、从结果监督向全程监督、从事后监督向事前监督的转变,为行政执法更规范、政府治理更高效、营商环境更优化奠定了大数据基础。

温州全面推行柔性执法,按照"合理合法、主动服务、教育优先、非禁即允、简单公开"五个原则,实行执法事项提示、轻微问题告诫、共性问题约见、违法行为纠错,实现由监管型执法向服务型执法转变。[①] 对于有关涉企违法犯罪轻微的行为坚持首次告诫但不处罚,积极对企业进行相关教育,提高企业不敢违法犯罪的意识,认真对企业进行思想政治教育,杜绝企业再次出现相类似的情况,审慎行使行政处罚裁量

---

① 《温州针对涉企柔性执法、涉企不良信息修复出台两部指导意见》,《温州日报》2020年12月1日。

权,让行政处罚裁量权发挥应有的作用。2019年4月,温州市司法局率全国之先,在温州市范围内推出"涉企免罚清单",将柔性举措融入行政执法,主动为行政相对人提供"容错"支持,为推动全省探索轻微违法行为免罚制度,提供了很好的可复制、可推广、可示范的温州经验。

(三)保护企业和企业家合法财产,拓宽企业开放力度

温州坚决依法惩处侵害产权和企业家人身财产安全的犯罪行为,严格落实罪刑法定、证据裁判、疑罪从无等原则。利用刑事手段插手经济纠纷,是企业家反映较为突出的问题,直接影响到企业家人身及财产财富安全感,关系到企业家能否真正做到安心经营、放心投资、专心创业。在面对这一问题时要严格区分经济纠纷与刑事犯罪,平等保护民营企业合法权益,坚决防止利用刑事手段干预经济纠纷。近年来,温州市围绕"努力让人民群众在每一个司法案件中感受到公平正义"的目标,全力服务中心大局,切实加强队伍建设,各项工作取得新成效。如温州市平阳法院全力护航"两区"建设,以法治作为最大公约数,以优质司法环境聚集经济要素,认真调研听取企业和企业家司法服务需求,在温州市基层法院率先出台司法保障"两个健康"先行区实践区创建的意见,依法保护企业和企业家合法权益。

2019年,温州开始积极探索个人破产制度改革,构建更加完善的市场主体进入、重整和退出机制,加大力度推进个人债务集中清理试点,推动从个案突破到制度形成。建立深度合作的府院联动机制,健全企业破产预重整制度,确保更真实呈现企业价值,保留企业有效产能,通过预重整制度提升重整程序的质量,以及便于尽早及时开展企业拯救。有效解决破产审判中的税收、社保、费用保障、资产处置、登记注销、信用修复等问题。温州相继出台完善企业家紧急事态应对机制,健全工作机制,成立相关应急小组,对企业家及其所在企业遭遇重大舆论、知识产权、安全、质量、环保、资金等危急情况时,依法予以协调帮助。实行重大涉企案件风险报告制度,为当地经济发展提供有效保障和服务。建立常态化涉企法律服务,积极为企业提供相关法律咨询,帮助民营企业建立现代企业制度,加快推进企业经营的合法性。在对民营企业涉案财物的处置中,要严格区分个人财产和企业法人财产,对民营企业采取查封、扣押、冻结等强制措施时要慎重。

(四)提高知识产权保护和运营能力,为企业发展注入强大动力

温州大力打造知识产权服务品牌,提升中国(温州)知识产权保护中心服务水平。比如,温州市苍南县市场监管局结合苍南产业发展现状,以知识产权质押融资为着力点,帮助盘活企业无形"知产"。对企业进行走访调研,确定了苍南县商标重点企业名录与专利重点企业名录。在此基础上,苍南县市场监管局联系县财税局,全面梳理知识产权惠企政策,进一步完善惠企措施,提升奖补力度,拓宽惠及企业产业类型,让更多的创新企业享受到惠企福利,实际结合苍南县产业发展现状与需求,为推动企业知识产权运用注入新的动力。温州加大对知识产权侵权假冒行为的打击力度,创新知识产权纠纷多途径解决机制,试点知识产权保护"行刑衔接"工作模式,探索互联网跨国知识产权保护新机制,争设知识产权法庭。

第二节　产业创新,探索转型发展新路子

温州是中国民营经济的重要发祥地,改革开放以来率先形成了比较完整的产业链和专业化分工网络,其中最具代表性的是鞋革、工业电器、服装、眼镜等轻工产业,在全省乃至全国都具有突出的竞争优势。但随着技术的进步和改革的深入,温州原有的一些先发性优势正在弱化,特别是传统产业呈现出"低散小"的特点,故而利用高新技术

推动产业转型升级迫在眉睫。

温州必须进一步加快产业结构调整步伐,大力运用高新技术和先进适用技术改造提升传统产业和优势特色产业,在保持劳动密集型产业优势的同时,积极发展新兴产业和高新技术产业,推进产业升级和产业创新。温州市结合自身块状特色产业优势,始终遵循这一战略部署,大力实施"制造业发展双轮驱动",切实推进产业升级转型。2015年至2020年连续5年获评省级"腾笼换鸟"先进市。2021年10月,温州市为深入贯彻落实市委十二届十二次全会精神,忠实践行"八八战略",推动工业经济提质扩量增效,促进制造业高质量发展,实现工业领域碳达峰碳中和目标,助力共同富裕示范区市域样板建设,决定实施新一轮制造业"腾笼换鸟、凤凰涅槃"攻坚行动。

一、打造数字经济带,发展 5G＋产业升级版

2014年以来,温州市在新兴产业培育和产业升级方面出台了一系列强有力的措施,坚定不移地沿着"八八战略"指引的路子走下去,用坚定的行动和实绩,将温州奋力打造成为全面展示"八八战略"思想伟力和实践伟力的"重要窗口"先行示范市。

(一)迭新措施方案,聚焦数字经济

2014年4月,温州市出台了《关于实施"五一〇产业培育提升工程"的指导意见》,提出要做大做强五大支柱产业,并培育发展十大新兴产业。其中五大支柱产业是指电气、鞋业、服装、汽摩配、泵阀等温州传统支柱产业。十大新兴产业包括网络经济、旅游休闲、现代物流、激光与光电、临港石化、轨道交通、通用航空、新材料、文化创意和生命健康产业。2019年7月,温州市又发布《温州市培育发展五大战略性新兴产业行动计划(2019—2021年)》(以下简称《计划》)。《计划》明确温州市将以数字经济、智能装备、生命健康、新能源智能网联汽车、新材料等五大战略性新兴产业为重点,加快推进产业高端化、规模化、

集群化发展。到 2021 年，五大产业力争实现总产值 5000 亿元以上，并将原先的"十大新兴产业"精简到"五大战略性新兴产业"。这五大战略性新兴产业在温州具备较强的产业基础和代表性，划分界限也更加清晰合理。作为未来温州产业发展的聚焦方向，显然更加务实。

值得注意的是，《计划》将数字经济列为"五大战略性新兴产业"之首，将数字经济作为"一号工程"来抓。要求在温州市范围内推动云计算、大数据、移动互联网等新一代信息技术向各行业融合渗透，构建"互联网＋"生态体系，截至 2021 年，数字经济增加值总量突破 3235 亿元、年均增长 15％以上，打造全国数字产业创新发展示范区。确定了以下重点方向：培育通信卫星、物联网、集成电路、工业互联网、大数据、区块链、北斗导航、5G 通信等新兴产业，加快传统产业产品和制造流程数字化升级，推进数字化贸易服务、数字金融创新、智慧物流、智慧城市、智慧农村等领域数字化应用创新。2020 年 4 月，温州市又发布了《数字经济培育发展 2020 年工作方案》，提出以"培育千亿级数字经济产业集群、打造浙东南数字经济高地"为目标，实施数字产业优化升级、制造业数字化转型等七大行动，努力实现数字经济综合评价指数保持全省前三，核心产业增加值增长 12％—15％，核心产业营业收入突破 900 亿元。

党的十九大以来，温州市对于产业升级和新兴产业的培育越来越以数字经济为主引擎，而对于数字经济的推行思路越来越明确，核心产业的锚定越来越精准，措施越来越可行，数字经济作为"一号工程"已进入 2.0 时代。

（二）搭建数字经济平台，数字产业化、产业数字化双向发力

数字经济的应用范围广，大体可分为两类，即数字产业化和产业数字化。前者是指互联网数据中心建设与服务等数字产业链和产业集群的不断发展壮大，通信卫星、物联网、大数据、区块链、5G 通信等即属于数字产业化；后者是指数字化的技术、商品与服务向传统产业

进行多方向、多层面与多链条的加速渗透,对于传统产业产品和制造流程数字化升级、数字化贸易服务的推进、数字金融的创新、智慧物流等即属于产业数字化。

毋庸置疑,数字经济已成为驱动我国经济实现又好又快增长的新引擎,数字经济所催生出的各种新业态,也将成为我国经济新的重要增长点。有数据显示,截至 2016 年底,全球市值最高的 10 家公司中,有 5 家是数字经济企业;市值前 20 强的企业中有 9 家属于数字经济企业。而且这一比例随着时间的推移不断增加。特别是在疫情防控期间,数字经济在恢复生产、降低疫情传播等方面发挥着重要作用,孕育发展新机遇。所以,能否抓住数字经济这一机遇,对于一个企业、行业,乃至一个城市、一个国家来说都至关重要。正是在这一背景下,温州市以新时代"两个健康"先行区、国家自主创新示范区建设为主载体,大力实施省委、省政府推行的数字经济"一号工程",搭建平台、招引项目、升级改造传统产业,无论是传统制造业,还是数字服务业,借"数字化"浪潮,都取得了实质性的发展。

首先,温州市搭建了多个数字经济平台。比如鹿城区设立温州城市数字科创园,锚定产业特色突出、创新资源集聚、基础配套完善、区块功能联动的发展定位,聚焦培育以"数字经济＋创新创业"为核心的"1＋N"产业发展集群,高起点谋划建设温州城市数字科创园核心区"一心四区"。乐清建立正泰物联网产业园,以做强传感器产业生态圈为目标,围绕电气智能化,依托 5G、物联网等前沿技术,形成了以物联网传感技术应用和工业自动化装备制造为产业主体,相关的自动化零部件为支撑的产业发展格局。瓯海区建立国家大学科技园数字经济产业园,依托浙江大学、华中科技大学和本土高校的科研优势打造数字经济新高地。龙湾区建立龙湾新型数字贸易港,以数字贸易赋能新零售发展。

其次,大力招引数字经济项目。仅 2020 年温州市招引亿元以上数字经济项目 40 个,新开工 35 个,包括总投资超 50 亿元的大唐网络

5G长三角区域中心、总投资超25亿元的瓯江口机器人产业园、总投资超5亿元的中国长城(温州)自主创新基地等项目成功落地。

最后,在数字经济赋能实体经济发展方面数量和质量齐头并进。仅2019年至2020年上半年,温州市累计实施519个制造业重点智能化项目,新增工业机器人1974台,新增瑞立集团等13个省级"数字化车间"和"智能工厂",工业数字化转型成效明显。温州不断加大企业智能化改造力度,截至2020年底完成1万家智能化诊断,1万家智能化改造。加快构建以电气、汽摩配等为主的"5+N"工业互联网平台体系,发展工业互联网。电子商务、跨境电商、移动支付、信息消费、共享经济等新业态新模式得到不断发展。

(三)锚定5G+产业,打造智慧城市

数字经济的本质在于信息化,信息化的优势在于即时和便捷。第五代移动通信技术(5G)即是数字经济发展的重要基础设施,故而5G也是温州市在产业升级和新兴产业培育上的重要着力点。通过努力,2019年温州市被列入全国首批5G试点城市之一,同年成立了温州市5G产业联盟,为实现5G产业链的"共建、共享、共赢、共荣"搭建了平台。

截至2020年6月,温州市已建成5G基站6400个,在全省排名第二,实现主城区、县城、部分工业强镇5G全覆盖。同时,制定实施《温州市物联网产业创新发展三年行动方案》,未来三年将投资132亿元,新建基站8030个。2022年,形成较为完善的物联网产业体系,打造"三园两中心"产业平台,物联网产业创新能力和应用水平进入全国先进行列,温州市物联网产业产值超500亿元。加快推动5G技术与工业、农业、医疗、文创、教育等产业的融合发展,重点实施5G智能制造、5G远程门诊、5G远程B超、5G智能网联汽车道路测试、5G移动警务等应用项目。全面启动实施"5G+教育"应用试点,建设智慧教室100个,打造智慧校园35所。城市大脑1.0版正式上线,数字化城市综合管理体系初步形成。云上公安、市政管理、城市安全、数字城管、智慧交通等一批数字化城市治理工程稳步开展,教育、医疗、养老、旅游等民生领域数字化建设水平不断提高,服务能力显著增强,2020 年政府数字化转型位列全省第二。数字经济在赋能生产、服务城市、变革生活上发挥越来越大的作用。2022 年,温州市计划投资 17 亿元,新建和改造 5G 塔 3500 个,新开通 5G 基站 4000 个,到 2023 年,温州市将累计开通 5G 基站 2 万个,2020 年至 2024 年期间计划建设 3 万个基站。①

　　2021 年温州市第十三届人民代表大会第六次会议审议通过的《温州市国民经济和社会发展第十四个五年规划和二〇三五年远景目标纲要》中,明确提出打造数字经济升级版:"大力实施数字经济五年倍增计划,建设区域性数据枢纽中心,推进工业、农业、服务业数字化转型,加快数字产业创新发展示范区建设,努力打造数字强市、云上温州。充分利用通信卫星、物联网、区块链等新一代信息技术,加快培育形成一批具有较大影响力的数字经济产业,打造都市经济、幸福经济、未来经济新蓝海。发挥 5G 试点城市优势,深入推进 5G'百千万'行动,规划建设一批 5G 产业孵化器,大力发展'5G+'产业。加快国家北斗卫星产业基地建设,打造以北斗技术及产业化应用为特色的国家级示范基地。做大做强电力设备、数字安防、车联网等产业。实施'5G+工业互联网'工程,推动中小微企业'上云用数赋智',培育一批示范性云平台和云应用标杆企业。加快建设数字社会,拓展新基建应用场景,推动公共服务数字化。"②

---

　　①　《今年投资 17 亿建设 5G 基础设施》,《温州日报》2022 年 6 月 2 日。
　　②　温州市人民政府办公室:《温州市国民经济和社会发展第十四个五年规划和二〇三五年远景目标纲要》,温州市人民政府网,2021 年 2 月 26 日,https://www.wenzhou.gov.cn/art/2021/2/26/art_1229116916_1713114.html。

二、做强先进制造业，建设全国智能制造示范区

制造业一般来说属于第二产业，制造业自工业革命以来在国民经济中始终占据重要地位。但随着信息化时代高新技术的迅猛发展，传统制造业在效率、能耗等方面日渐显现出劣势，故而依靠高新技术升级改造传统制造业，淘汰一些落后、重复产能，培育新兴制造业，以做强先进制造业就成了时代课题。温州市结合自身实际，在做强先进制造业方面明晰思路，出台一系列方案措施。

（一）从"温州制造"转向"温州智造"

温州市的传统制造业以专业化分工的产业集群而闻名。比如低压电器产业集群、鞋革产业集群、打火机产业集群、眼镜产业集群、泵阀产业集群等在国内乃至国际市场都具有重要的地位和竞争优势。在这一基础上，2011年开始，温州市提出以集群化大产业促进产业转型升级，推进汽摩配、电气、鞋革、服装、泵阀、模具、船舶、合成革、精细化工、印刷等特色优势产业转型升级，形成千亿级现代产业集群，其中，泵阀、电气、汽摩配、鞋业成为现代产业集群示范区，引领加工制造型产业集群向创新型集群发展，提升在全球价值链中的分工地位。随着集群领头企业的规模实力增强和政府引导力度的加大，集群在产业层次、创新能力、空间布局效率上均取得了长足的进步。

2015年以来，温州市为谋求"温州制造"向"温州智造"升级，提出依托现代优势产业集群基础扎实、产业配套体系完善、产品市场占有率高的优势，实施"温州制造"质量提升计划。一方面，推动电气、汽摩配、泵阀等传统制造业集群向中高端装备制造业转型，打造硬核产业集群。经过多年努力，电气产业集群入选工信部2020国家级先进制造业集群培育名单（全国仅20个）。另一方面，加快推进鞋业、服装等传统轻工产业集群向时尚智造集群转型。同时，温州新兴的激光与光电产业集群成为全国首批10个创新型产业集群试点，在新一轮智能

制造发展中已形成先发优势。

2020 年 12 月,温州市制定发布《实施制造业产业基础再造和产业链提升工程行动方案》,以习近平新时代中国特色社会主义思想为指导,以"八八战略"为总纲,对标建设"重要窗口"新目标新定位,以自主可控、安全高效为目标,以国产替代为核心,以国内大循环为主体与国内国际双循环相促进、补短板与锻长板相结合,聚焦"5+5"产业链,全链条防范产业链供应链风险,充分发挥温州产业的独特优势,着力打造领先全省、服务全国、接轨国际的"窗口型"先进制造业基地。

众所周知,智能制造技术与装备已成为我国制造业转型升级的重要方向,是新一轮产业革命的重要内容,是我国从制造业大国迈向制造业强国的必由之路。故而温州市也将做强先进制造业,聚焦于智能制造,以打造全国智能制造示范区。具体而言,增强智能制造装备、重大成套装备等领域科技创新力和企业竞争力,大力发展激光、印刷包装、食品制药、新能源汽车等领域智能化装备,做强伺服电机、智能传感器、高精度仪器仪表等关键基础零部件;前瞻布局工业机器人、工业物联网等新领域,形成以平阳、瓯江口产业集聚区、浙南产业集聚区协同推进的发展格局,打造国内有重要影响力的智能装备产业制造中心和创新中心。到 2025 年,智能装备产业链年产值将达到 1000 亿元。

(二)打造高能级平台,重点发展智能制造、激光光电

一系列方案措施的推进和落实需要强有力的"引擎",温州市先后建立华中科技大学温州先进制造技术研究院、温州大学激光与光电智能制造研究院等高能级平台。2019 年,中国科学院大学温州研究院和浙江大学温州研究院先后成立。中国科学院大学温州研究院由中国科学院大学和温州市人民政府、温州医科大学三方共同建立。研究院紧紧围绕温州建设国家自主创新示范区和环大罗山科创走廊战略定位,聚焦医用生物材料、智能医疗装备、干细胞应用、精准医学等领域,着力建设国际一流的"材、药、械、医"一体化的创新中心和科技成

果转化中心。浙江大学温州研究院是温州市人民政府与浙江大学共同举办的高能级创新平台，由中科院院士、浙江大学叶志镇教授担任院长。研究院按照叶志镇院士提出的"以产业需求为目标、以浙大学科为依托、以奋斗贡献者为本、创新创业走向成功"为指导思想，汇聚全球温商和浙大校友力量，打造集技术研发、成果转化、产业孵化、技术咨询、教育培训、学术交流等六大功能于一体的新型研发机构，力争"十四五"期间建设成为拔尖人才高地、科研创新高地、科技产业高地和新材料科创浙南中心。研究院围绕新材料、数字技术、生命健康三大方向建设创新创业中心，以"首席科学家＋中心实验室＋上市企业"为建设模式，引进大团队、建设大平台、承担大项目、培育大企业、补强大产业，助力温州战略性新兴产业培育、传统产业转型升级和温州"一区一廊"高质量建设。

华中科技大学温州先进制造技术研究院，是以华中科技大学人才、技术优势为依托，围绕温州传统产业升级和新兴产业培育，于2004年与温州市政府共同组建的温州市第一个引进型、实体性产学研平台，也是为温州市打造的智能制造技术与装备产业发展的创新平台。研究院发展经历了三个阶段三个区域，2016年下半年研究院整体搬迁入驻高教园新院区，开始加快推进智能装备技术研发、智能制造应用服务、智慧城市建设运营。依托华中科技大学优势资源，2020年该研究院积极引进人工智能、智能制造、激光与光电、信息软件、智慧城市、增材制造（3D打印）、生命健康、新能源新材料、创业投资等专业高端人才和科技合作项目。建设激光加工国家工程研究中心温州分中心、浙江省激光与光电产业技术创新服务平台、温州市智能制造研究院、温州传统产业数字化创新中心等国家级（分平台）、省级、市级、企业级创新服务平台21个，运营浙江省眼镜产业创新服务综合体、瑞安市经信智能制造研究院、乐清市智能制造创新服务中心（筹建中）等政府建设平台3个。研究院全年技术服务企业500余家，实施企业智能制造、智能化改造技术辅导200多家、咨询诊断150多家、发展规划62

家、立项实施 37 家,推动企业智能制造技改投入超 6 亿元。

与此同时,研究院为培育和发展温州激光光电战略性新兴产业,通过激光平台,引进人才、技术、产业资源,服务"中国(温州)激光与光电产业集群"建设,协助校友企业奔腾激光落户温州,成为温州高端装备制造龙头企业。与企业共建研发中心,在提升服务产业链的同时也引领带动了温州众多激光规模企业发展,助力激光与光电应用于智能制造,推动温州高端装备产业发展。

温州大学激光与光电智能制造研究院由浙南科技城管委会和温州大学共同举办,于 2016 年 12 月成立,致力于激光与光电、智能制造领域技术研究和科技成果转化工作,推动温州市传统产业的转型升级和新兴产业的培育发展。研究方向包括激光制造与装备、故障诊断与可靠性设计、材料成型与 3D 打印、生物医学检测与传感技术、智能制造与工业自动化、新能源与智能车辆技术等领域。

自成立以来,该研究院已累计主持国家级、省部级等各类科研项目 80 多项,接受企业委托课题 100 余项,申请发明专利近 600 个,授权专利近 300 个。截至 2019 年,该研究院已累计服务企业 81 家,开展技术服务工作共 99 项。该研究院还依托温州大学机械工程一流学科以及一批国家和省部级科研平台,同时整合北航温州研究院、北京大学—温州激光与光电子联合研发中心、中科院西安光机所等力量,打造形成浙江省温州激光与光电产业创新服务综合体,成为国家自创区和环大罗山科创走廊建设的重要支撑平台。2020 年,该综合体已累计引进 30 多个激光与光电项目入驻。产业集群已构建起以激光、光电能源、半导体照明、光通信为特色的产业链,集聚了以奔腾、嘉泰、瑞浦新能源等为代表的激光与光电行业关联企业 280 余家,实现营业收入超 685 亿元。温州已初步成为浙江乃至长三角激光与光电产业应用的创新创业高地。

(三)继往开来,建成全国智能制造示范区

2021 年《温州市人民政府工作报告》对"十三五"期间的发展做了

回顾,在做强先进制造业方面总结道:五年来,温州主动实施结构调整,新旧动能加速转换。系统构建"一区一廊一会一室"创新格局,全面启动浙南科技城建设,环大罗山科创走廊成为全省重要科创大走廊,新增国科大、浙大温州研究院等高能级创新平台 29 家,瓯海国家大学科技园跻身全国 10 强。实施"制造业发展双轮驱动"战略,规上工业亩均增加值提高到 174.7 万元,战略性新兴产业增加值占规上工业比重从 21.8% 提高到 26.4%,高新产业增加值占规上工业比重从 36.8% 提高到 60.9%,传统制造业改造提升水平指数和数字经济发展综合评价指数均居全省第二。高新技术企业从 700 家增加到 2401 家,科技型中小企业从 2652 家增加到 10340 家。

在过去十几年特别是"十三五"所取得的已有成果基础上,《温州市国民经济和社会发展第十四个五年规划和二○三五年远景目标纲要》中明确了今后五年到十五年继续大力发展先进制造业:坚持把发展经济着力点放在实体经济上,深入实施"制造业发展双轮驱动"战略,推进传统制造业改造提升 2.0 版,集中力量做强做精"5+5"主导产业,着力形成一批千亿规模的先进制造业集群,打造一批百亿级"新星"产业群。推行制造业全链条数字化、网络化、智能化,加快打造一批"智慧车间""智慧工厂""智慧园区""灯塔工厂",建成全国智能制造发展示范区。加快中国温州安全(应急)产业园建设,做大做强应急产业。加快中国眼谷、中国基因药谷建设,打造眼健康产业和生物医药研发创新高地。

三、做大现代服务业,推动文旅产业融合发展

现代服务业是以现代科学技术特别是信息网络技术为主要支撑,建立在新的商业模式、服务方式和管理方法基础上的服务产业。它既包括随着技术发展而产生的新兴服务业态,也包括运用现代技术对传统服务业的改造和提升。现代服务业的发展本质上来自社会进步、经

济发展、社会分工的专业化等需求,具有智力要素密集度高、产出附加值高、资源消耗少、环境污染少等特点。故而现代服务业的发达程度是衡量一个国家和地区经济、社会现代化水平的重要标志。

（一）加大支持力度,助力现代服务业发展

温州市出台了多个有关服务业的"大政策",其中包括 2009 年,出台《关于进一步加快温州市服务业发展的实施意见》;2012 年,出台关于推进服务业发展的"1＋X"文件。"1"指的是纲领性文件《关于推进服务业跨越发展的意见》,该意见指出要通过优化发展环境、强化要素保障、加大税费支持、加大财政扶持、加强统筹协调等五方面的政策支持,加快推进温州市服务业发展,实现"十二五"期末服务业增加值占地区生产总值比重达 50％的目标。"X"包括《关于进一步加快温州地方金融业创新发展的意见》《关于促进文化产业发展的若干意见》等 15 个配套文件,分别就优化发展环境,加大税费、财政支持等方面出台具体政策。

此外,温州市对于现代物流业、养老服务业等相关产业也专门出台过《关于加快现代物流业发展的实施意见》《关于做好养老服务业综合改革试点加快推进温州市养老服务业发展的实施意见》《关于加快发展人力资源服务业的实施意见》等多个文件。

与此同时,温州市每年都会印发当年的服务业发展行动计划,明确当年温州市服务业发展工作重点、目标任务和工作要求。值得注意的是,房地产业被列为《2018 年温州市服务业发展行动计划》提升发展的四大生活性服务业之一,但在新出台的《关于进一步加快现代服务业高质量发展的若干政策意见》当中,明确规定"房地产企业（项目）不享受本政策全部条款"。这一点在其他产业政策当中也得以体现。由此可以看出,温州市委、市政府对于扶持实体经济发展有着清晰的定位。

为发展现代服务业,温州市于 2020 年出台了《温州市人民政府关

于进一步加快现代服务业高质量发展的若干政策意见》。新"意见"在
2018 出台的"意见"（简称"新 30 条"）基础上，将温州市涉及现代服务
业的有关产业政策"整合升级"，推出现代服务业的"新 32 条"。新"意
见"共分为"创新发展现代金融业""着力培育时尚创意设计产业""升
级发展休闲旅游业""促进科技服务业提质增效""提升发展商贸服务
业""培育发展文化产业""加快发展体育产业""大力发展健康养老服
务业"八大类别，并细分为 32 条。"新 32 条"除了正文 32 条，还有附
则以及执行责任分工表，从整体来看，奖励补贴力度空前。创投产业、
数字创意产业、高技术服务业、新零售、会展业等多个科技含量高、附
加值高的现代服务业相关产业，得到了实实在在的政策和资金支持。
从政策具体条款来看，"新 32 条"体现了精准扶持的意图，而不再是过
去"撒胡椒面"式的扶持。以现代金融业为例，围绕现代金融业的发
展，新"意见"一共有 5 条举措，包括大力引进金融总部、鼓励产业基金
落地、积极培育创投产业、支持发展科技金融服务业、引导金融服务机
构优化服务等。其中设立或引进总部在温注册的银行、保险、证券、期
货、金融租赁、金融资产管理等金融机构，实缴资本在 1 亿元以上的按
实缴资本 4％给予不超过 2000 万元的开办补助。新"意见"的出台为
贯彻落实新发展理念，推动生产性服务业向专业化和价值链高端延
伸、生活性服务业向精细化和高品质转变，进一步加快温州现代服务
业发展，促进经济提质增效、转型升级，提供了政策和资金保障，对于
温州市做大做强现代服务业具有重大作用。

（二）以文促旅、以旅促文，文旅联动、融合提升

温州是国家历史文化名城，素有"东南山水甲天下"之美誉，具有
得天独厚的山海江俱佳的自然环境。正如习近平同志所指出的："要
发挥'景'的优势，坚持把发展旅游业放在重要位置，充分利用自然优

势与自然景观,同时要加强人文景观开发。"①故而在做强现代服务业这一工作上,温州尤其重视发挥自身的独特优势,推动文旅产业融合发展。

温州市高度重视文旅融合发展,全力建设国际化休闲度假旅游城市。聚焦诗画山水、休闲乡村、时尚都市、活力海洋、文化温州等区域文旅内涵和魅力,匠心打造瓯江夜游、塘河夜画、青灯市集、百县千碗、楠溪漂流、海上花园等一批独具特色的文旅 IP 项目,推动温州文旅产品逐渐从"游山玩水"向"溯历史、看文化、玩民俗"转变,有力提升了温州文旅品牌知名度和吸引力。

公园路片区内藏着温州老城的历史记忆和历史文化。2020 年国庆节,经过改造提升的公园路街区正式开街,与 2018 年改造提升的五马街、禅街"联结成线",形成以步行街、慢行为主的历史文化商圈主动脉,老城区以全新的面貌彰显城市文化底蕴。从开街至今,公园路热度不减,每逢节假日,这里就成为市区的"流量担当",常常是人山人海,甚至有游客感叹犹如世博会。公园路—五马街—禅街这条"网红"步行街已然成为温州的"文旅新地标"。

以全球最大山体灯光秀为亮点,将诗画孤屿灯光秀、水幕光影秀和山体灯光秀串联推出的"瓯江夜游",以及中国首部城市记忆主题行进式夜游演出——"塘河夜画",吸引大批游客前来打卡,成为温州市新晋网红景点。

"夜游瓯江"于 2019 年"五一"期间正式运营,该项目以瓯江两岸山体、建筑、桥梁、景观等为载体,用绚烂的灯光演绎独具温州特色的山光水色和瓯越文明,重头戏"瓯越大桥水幕光影秀"和"胜美尖山体灯光秀"曾获两项吉尼斯世界纪录。为配合"瓯江夜游"而专门打造的"良辰号"豪华游船身长 45 米,高 3 层,配有观光甲板、活动大厅、豪华

---

① 习近平:《干在实处　走在前列——推进浙江新发展的思考与实践》,中共中央党校出版社 2006 年版,第 496 页。

包房、KTV 等设施，可同时容纳 220 人。在游船徜徉在诗意山水之间时，游船上的工作人员还会分享温州有趣的人文历史，让游客对温州有更加立体的理解。

继"瓯江夜游"之后，温州市于 2020 年正月初一又推出"塘河夜画"，即塘河核心段夜游项目，打造温州文旅新地标，助力温州夜游全新升级。"塘河夜画"是中国行进式夜游演出典范，也是夜游经济与文化有机结合的又一创新实践。该项目东起南塘风貌街、西至鹿城龙舟基地，集游船、情景小剧、科技化秀场于一体。游客可乘画舫赏光影塘河，穿越千年东瓯。整个演出分为"千年塘河""风雅塘河""记忆塘河""曲韵塘河""古今塘河""梦回塘河"等六大主题篇章，充分挖掘了温州本土人文底蕴，将郭璞画城、韦庸治水、谢灵运山水诗、南戏文化、永嘉学派、温商文化等人文特色孕于光影之中，凸显了温州"诗画山水，温润之州"的城市魅力。

除此之外，温州市还改造升级江心屿东园，开发完善三垟湿地等新地标；文成刘伯温故里景区升级为 5A 级景区，且被列入全省首批未来景区改革试点；永嘉楠溪江风景区着力创建 5A 级景区，不断夯实文旅产业发展基础。温州市于 2020 年 12 月入选文化和旅游部、国家发展改革委、财政部公布的第一批国家文化和旅游消费试点城市，这是继 2020 年 7 月温州市入围浙江文化和旅游消费试点城市名单后，获得的又一殊荣。同年，乘着文旅融合发展的东风，温州文化和旅游 IP 联盟宣布成立，并发布了《温州宣言》。该联盟由温州市文化广电旅游局发起，浙江省现代旅游产业研究院、温州文旅 IP 企业等共同组建，旨在壮大文旅 IP 产业、推动文旅事业繁荣发展，助力温州打造一批创新型、示范型、成长型文旅 IP。

《温州市国民经济和社会发展第十四个五年规划和二〇三五年远景目标纲要》对于推动文旅产业融合发展明确指出：以打造国际化休闲度假旅游城市为目标，加大文旅宣传推广力度，放大文旅综合效应，打响"诗画山水，温润之州"文旅品牌。加快建设瓯江山水诗路文化带,陆海联动推进海洋旅游大发展,加速创成一批国家级和省级全域旅游示范区。深入挖掘具有温州特色的文化元素,着力打造一批标志性功能性文化地标,集聚形成"名城、名镇、名村、名街、名居"等文旅发展体系。继续打响雁荡山、楠溪江等旅游品牌,加大新5A级景区、国家级旅游度假区创建力度,打造一批千万级核心景区。推进城市旅游化改造,打响瓯江夜游、塘河夜画等品牌,全面激活月光经济。因地制宜发展乡村旅游,深入实施"千村百镇十城景区化"工程,狠抓西部生态休闲产业带建设,大力培育森林康养、"侨家乐"品牌民宿等新增长点。

第三节　服务创新,展示改革先行新经验

　　温州是我国市场经济和民营经济的发祥地之一。温州的市场经济和民营经济因改革而兴,也在不断深化的改革进程中发展。习近平同志在浙江工作期间一直关心温州的市场经济和民营经济发展,一直关注温州的改革进程。2006年6月,他指出:"在改革创新方面,温州一直走在全国的前列。温州人向来都有一种敢为天下先、敢吃天下苦、敢闯天下难的创业精神。"①在改革上继续走在前列,要按照落实科学发展观的要求,加快建立转变经济增长方式的新体制、新机制,加快建立资源支撑保障体系和要素集约利用机制,消除经济运行中不健康、不稳定因素,在一些重要领域和关键环节实现改革的新突破;要在法治建设特别是深化政府改革、转变政府职能、建设公共服务型政府方面走在前列。②

---

　　① 习近平:《干在实处　走在前列——推进浙江新发展的思考与实践》,中共中央党校出版社2006年版,第495页。
　　② 习近平:《干在实处　走在前列——推进浙江新发展的思考与实践》,中共中央党校出版社2006年版,第495页。

温州市委在习近平同志讲话精神和"八八战略"的指引下，一直重视经济领域的改革，在民间金融改革、要素配置市场化改革、政府的"放管服"改革等方面取得了突破性进展。

一、深化民间金融试验区建设，发展现代金融高地

温州金融改革，一直让全国瞩目。1980 年 10 月，平阳县金乡信用社（后归属苍南县）首破利率改革禁区，在全国率先试行利率浮动。1986 年 11 月，股份制的鹿城城市信用社与东风城市信用社竞相成立，成为全国首创的民营股份制金融机构。1987 年 9 月 21 日，经中国人民银行批准，《温州市利率改革试行方案》实施，温州成为全国唯一的利率改革试点城市。2002 年 12 月，温州再次被中国人民银行批准为全国唯一的深化金融体制改革试点城市，开始了国有银行小额贷款、利率市场化、农村信用社等六方面改革。2012 年 3 月，温州被国务院确定为全国首个金融综合改革试验区，其改革任务有 12 条。2015 年 3 月，温州出台《关于进一步深化温州金融综合改革试验区建设的意见》，再次提出了 12 条措施（被称为金改"新 12 条"）。2019 年 10 月，浙江省政府批准了《深化温州金融改革服务民营经济实施方案》，温州金改"深化版"正式开启。2020 年 12 月，温州金融综合服务平台正式上线运行。

（一）温州市被国务院批准为金融综合改革试验区的背景

设立温州市金融综合改革试验区主要是为了切实解决温州经济发展存在的突出问题，引导民间融资规范发展，提升金融服务实体经济的能力，促进温州经济的健康发展，为全国的金融改革和经济发展提供经验。

温州市民营经济发达，民间资金充裕，民间金融活跃，但一直存在着"两多两难"现象，即民间资金多、投资难，小微企业多、融资难。温州自 2002 年深化金融体制改革试点以来，经济对金融的依存度显著

增加,民间金融越来越活跃,一些深层次的问题也随之逐渐凸显,突出表现为正规金融和民间金融二元结构发展不协调,风险隐患很大。2011年9月,受宏观政策环境、企业经营状况、银行信贷偏好等多重因素叠加的影响,温州发生局部金融风波。风波发生的路径是:首先由投机性更强、杠杆率更高的民间金融领域开始,集中扩散后逐步传递到银行业金融机构;一些企业因受资金互保联保影响而关停,甚至出现了个别企业主跳楼事件,引发了国内外各界的普遍关注。

2011年10月,时任国务院总理温家宝到温州调研,浙江省委、省政府和温州市委、市政府提出在温州设立金融改革试验区,希望将民间金融纳入监管轨道、降低风险,引导隐藏在"地下"的数千亿民资早日实现"阳光化"。2012年3月,国务院批准了《浙江省温州市金融综合改革试验区总体方案》,其总体思路是:鼓励和引导民间资本进入金融服务领域,畅通民间投资渠道,改善小微企业和"三农"金融服务;改善融资结构,培育发展金融市场,提高直接融资比重,拓宽企业融资渠道;规范发展民间金融,维护金融秩序,强化市场监管,防范金融风险。其目标是:构建与温州经济社会发展相匹配的多元化金融体系,有效提升民间资金向产业资本转化的能力;切实改进金融服务,完善专注于小微企业和"三农"的金融产品创新体系;建立条块结合、分工协作的金融管理机制,确保区域金融和经济社会稳定发展;建立健全地方金融风险预警机制,增强防范和化解金融风险的能力,优化地方金融生态环境。到2015年,金融业成为温州市国民经济的重要支柱产业,在促进产业升级、经济转型中发挥重要作用。其改革的任务主要有12条,包括:规范发展民间融资、加快发展新型金融组织、大力发展专业资产管理机构、研究开展个人境外直接投资试点、加强社会信用体系建设、建立金融综合改革风险防范机制等。

(二)温州金改"新12条"

2012年,温州市全面启动金融综合改革试验区建设,积极谋篇布局、精心筹划。2014 年,温州"金改"呈现出"四大亮点"。一是推动正规金融服务实体经济方面,商业银行创新推出 80 多种金融产品服务小微企业,涉及金额 700 多亿元。二是创新拓展应用资本市场工具方面,创新开展小额贷款公司定向债试点,备案 4 亿元,已发行 5000 万元。率先开展民间资本管理公司私募融资,募集的 3 亿元资金投入特定项目,并参与化解银行机构不良贷款近 10 亿元。三是完善地方金融监管体系建设方面,有序开展地方金融管理局、金融仲裁院、金融犯罪侦查支队和金融法庭等机构工作。对地方金融市场主体开展现场检查,上线非现场监管系统,促进地方金融组织合规经营,防范地方金融风险。四是引导民间融资规范化、阳光化方面,出台并实施《温州市民间融资管理条例》,推进民间融资备案管理,温州市共备案民间借贷 598 笔,累计 10.76 亿元。

　　由于改革方案的 12 项任务都基本完成(只有个人境外直接投资因涉及资本项目开放而没有完成),又由于上海自贸区等地区的金融改革积累了一些新经验,温州"金改"亟须根据新情况、新形势进一步丰富改革内涵。因此,2015 年 3 月,温州市在国家金融综合改革试验区获批 3 周年之际,根据"问题导向""效果导向"的原则,出台了《关于进一步深化温州金融综合改革试验区建设的意见》,再次提出了 12 条措施:做强做优做大地方法人金融组织,鼓励民营银行创新发展,加快筹建民营资本发起设立的保险公司、证券公司;创新优化金融产品和服务;深入推进农村金融改革发展;深化保险服务实体经济;支持互联网金融创新发展,支持发起与设立互联网金融发展专项子基金,重点投向初创期、成长期互联网金融企业;大力发展多层次资本市场;探索建立政府增信长效体系;拓展外向型金融服务交流;构建区域金融稳定机制,设立区域性金融资产管理公司;创新司法实践,保障金融稳定;推进地方金融监管创新,探索建立经济金融数据共享平台;优化区域金融生态环境。其中新增加的内容有:设立区域性金融资产管理公司,支持互联网金融创新发展,探索建立经济金融数据共享平台。

（三）温州金融改革的"深化版"

温州市于 2019 年开启金融改革的"深化版"是因为温州金融改革进展顺利，效果明显，国务院决定深化区域金融改革试点。温州自 2012 年成为国家金融改革试验区以来，关键金融指标不断向好，信贷投放有力增长、供需逐渐匹配、金融资产风险持续降低。2019 年三季度末，温州存贷款余额均超过万亿元；出险企业数量下降为最高峰的二分之一；温州市不良贷款率降至 1%，比最高峰降低 3.69 个百分点；民间融资综合利率由 2011 年的 25.4% 降至 15.9%。2019 年 7 月，国务院常务会议决定部署深化区域金融改革试点，增强金融服务改革开放和经济发展能力。温州以此为契机，谋划了温州金改"深化版"方案。

《深化温州金融改革服务民营经济实施方案》有"十大创新亮点"项目，其中在全国范围内具有突破性意义的有五大项目：一是探求小微金融破题之道的项目，即深化农民（小微）资产授托代管融资模式；二是完善风险处置全周期服务的项目，即探索破产重整企业信用修复机制；三是探索个人破产机制的项目，即探索建立个人债务集中清理机制；四是突破外贸金融服务体制的项目，即民营外贸主体参与新型国际贸易收结汇机制；五是丰富完善温州金融业态的项目，即探索多家机构联合发起设立投资管理型村镇银行试点。在全省范围内具有示范性意义的，也有五大项目：一是破解企业"首贷难"的项目，即企业首贷户增量扩面提效；二是提升金融服务质效的项目，即完善企业信用评价机制；三是探索打破银企信息不对称的项目，即搭建完善金融综合服务平台；四是探索地方金融监管路径的项目，即探索建立地方金融"1＋2＋X"联动监管模式；五是探索建立地方金融风险监测预警机制的项目，即探索温州"金融大脑"数字化管理新路径。

（四）温州金融综合服务平台

温州金融综合服务平台是在温州"金融大脑"平台的基础上建成

的。温州"金融大脑"平台由温州市金融办与蚂蚁金服集团联合开发，于 2019 年 4 月 2 日正式对外发布并上线运行。该平台首次实现以数据整合、共享和分析为核心，以大数据、云计算、人工智能为技术支撑，构建集"风险预警、风险监测、信用评价、数据分析"功能于一体的大数据综合服务平台，在推进政府管理数字化转型的同时，为全省乃至全国推进大数据在金融领域应用积累了成功经验。2020 年 11 月末，该平台已实现金融机构（共 51 家）全部入驻；发布金融产品 251 个，遍及抵押、信用、公积金贷款、银税互动贷款等各类专项贷款产品；实现贷款发放 357 亿元，成功支持 12470 户小微企业获得 391 亿元授信，平均成交利率降至 4.7%。为解决抵押贷款步骤烦琐、手续办理时间冗长问题，该平台还率先开发集"查、评、登"功能于一体的不动产抵押登记系统，实现不动产抵押登记查询业务日均 1100 单，每单缩短抵押贷款发放时间 2—3 个工作日，业务量稳居全省第一，真正实现抵押贷款办理"最多跑一次"。

温州金融综合服务平台以数据整合共享和信用评价为核心，以大数据、云计算、人工智能为技术支撑，以破解银企信息不对称和疏通民企融资堵点为目标。它有三个优点。一是以数据归集为核心，有效破解银企信息不对称。它汇集了近 30 家政府部门超过 80 类近 4800 万条企业信用数据，同时接入企业保证登记业务数据，率先尝试将民间借贷信息纳入建模运算，形成五力评分，助力金融机构快速完成尽职调查，扫除企业画像在民间融资方面的信息盲点，让银行更全面地了解企业真实情况及需求，让大数据成为企业融资的"信用担保人"和"风险控制人"。二是以服务企业为初心，切实提升融资畅通水平。首次尝试地方政府金融部门牵头，吸收人民银行征信经验与银保监局监管服务能力，以企业点单、抢单双模式并行，倒逼金融机构优化信贷流程，提升企业线上申贷体验，实现"1 日接单、3 日审批"，相比传统信贷模式加快 1 周。截至 2020 年末，通过银行抢单机制竞争，平台现有企业获得贷款利率较传统模式下降 0.9 个百分点。以金融业考核为抓手,引导金融机构加大首贷户、小微企业信用贷款的投放力度,促进金融资源流向实体经济。三是以科技赋能为重心,做强综合服务干线系统。加强省市县上下贯通和市级层面横向联通,有效解决信息化建设重复和冗余问题。省级层面,与省人行的保证登记系统、省银保监金融综合服务平台对接,实现包括企业用户登录体系、产品、订单、运行数据等的融合。市级层面,与信用温州(市发改委)、帮企云(市经信委)、金融大脑(市金融办)、惠企直通车(市大数据局)、不动产抵押登记系统(市银保监分局)、信保业务系统(市信保基金)对接,形成集金融产品比选、线上融资(实现"贷款跑0次")、线上增信、政策服务、贷后风险跟踪等功能于一体的金融服务闭环。县级层面,在洞头区设立金融服务线下试点,探索O2O模式在金融服务领域的运用。通过各类平台融合,形成金融服务企业的集中地,为企业提供一站式服务。

经过近10年的艰辛实践与探索,温州金融改革取得了多项全国第一,金融生态不断趋好。在全国成立首批民营银行、首批具有地方特色的民间资本管理公司与民间借贷服务中心、首个地方金融管理局,在全国首创民间金融组织非现场监管系统和民间融资立法,在全国首先发行小额贷款公司优先股、定向债和地市级城市保障房私募债。首创反映民间借贷平均利率的"温州指数"并面向全球发布,引导民间融资利率市场化;首创"地方发、地方用、地方还"的"幸福股份"和"蓝海股份"模式,成功吸引32亿元民间资金投入城市轨道交通和围海造田建设。成立全国首个地级市人民银行征信分中心,成为全国首批外商投资企业外汇资本金意愿结汇试点城市等。推出"农民资产授托代管融资模式""联合授信管理机制"等20余项"全国率先"探索项目,在金融服务民营经济和民营企业金融风险处置、民间融资规范和地方金融监管等方面取得较好成效;民营企业债务风险逐步化解,民间金融秩序逐步规范,"三农"小微融资渠道逐步丰富,地方金融监管机制逐步形成。

二、推进要素配置市场化改革，完善交易服务体系

深化要素市场化配置改革，构建更加完善的要素市场化配置体制机制，建设统一开放、竞争有序的市场体系，可以提高要素配置效率，进一步激发全社会创造力和市场活力，推动经济发展质量变革、效率变革、动力变革。温州在推进金融改革的同时，也积极推进要素市场配置改革，以解决资源要素瓶颈制约问题、加快经济转型升级、淘汰落后产能、加强生态环境保护。2014 年 9 月，瑞安市、乐清市被浙江省确定为资源要素市场化配置综合配套改革首批扩面地区，瑞安市还同时被浙江省确定为土地管理相关审批权限先行下放的县（市、区）。2018年 7 月，乐清市获批浙江省深化资源要素"三有"（政府有为、市场有效、企业有利）改革试点地区。

（一）瑞安市要素市场化配置改革

瑞安的要素市场化配置改革主要是为了解决两大问题。一是市场资源有限而配置分散无序，主要是落后企业挤占优势企业资源，要素无序流动甚至是"逆流动"。如个别企业年用电量达百万千瓦·时而产值税收几乎为零，而有些税收大户的用电却得不到保护。二是政府有心优化资源配置但缺乏有力市场调控手段。瑞安市是国家知识产权试点城市、省创新型试点城市、省综合性"腾笼换鸟"试点城市，有大量优质产业政策，但因淘汰落后产能进展缓慢而无法落实。

为解决这两大问题，瑞安市将政府职能从对某个产业甚至个别企业的微观干预上抽离出来，转移到制定资源要素配置的统一市场规则——通过差别化的产业政策，实现资源要素"正向"流动集聚。首先，制定产业差别化的标准和规则。建立工业企业效益评价机制体系，根据效益将工业企业分为 A、B、C 三类，分别代表重点发展类、鼓励提升类、帮扶整治类。工业企业效益评价体系最初采取比较简单的以"电税比""电产比"（分别占 60%、40%）为核心的"电产效益"评价体

系,后来逐渐过渡到"亩产效益"评价体系。成立以分管工业副市长为组长的领导小组,并在市经信局设立办公室,联合电力、统计、国税、地税等部门,组建工业企业效益综合评价专门机构,建立企业综合效益评价数据库和排序名单动态调整机制,实行一年一评价。其次,出台差异化的政策。优先保障A类企业用地、用水、用电、融资等,优先享受排污权(并给予价格优惠)、人才引进、技改补助等政策和申报"机器换人"、"两化"融合(信息化和工业化的高层次的深度结合)、"三名"(知名企业、知名品牌、知名企业家)培育试点企业。B类企业执行常规的企业用地、用电、用水、用能、排污权和城镇土地使用税政策。C类企业是实施有序用电和节能管理的重点限制对象,不得享受技改投入、科技项目、人才引留等优惠奖励政策;同时对其加强能耗对标、环保监管、安全生产、产品质量、税务稽查等专项执法,倒逼其规范生产经营或主动关停退出。最后,打造资源要素流动的平台。建成投用浙江股权交易中心瑞安运营中心、瑞安排污权储备交易中心等一批要素交易平台,鼓励优势企业通过股权注入、资产收购等方式兼并重组落后企业,引导破产企业出售排污权、用能权,畅通要素"正向"流通渠道,激活要素流通动能,使优势资源通过市场机制进一步向优势企业集聚。

（二）乐清市要素市场化配置改革

乐清市自2014年被列入浙江省资源要素市场化配置改革试点首批扩面地区以来,其改革大体上以2018年获批浙江省深化资源要素"三有"改革试点为界,分为两个阶段。

第一阶段的改革与瑞安市要素市场化配置改革基本一样,不同点在于:一是工业企业效益评价体系不同。瑞安市是分两步走,乐清市是一步到位,直接建立亩产效益综合评价排序机制,以亩均税收、亩均工业增加值和单位能耗工业增加值等指标作为基本评价标准,对温州市工业企业进行分类排名,建立温州市企业绩效档案。它更有利于提高土地的使用效益。二是与农村产权交易制度改革相结合。乐清市建立了农村产权交易体系，开展农村宅基地跨村置换、有偿退出、有偿使用试点工作，推动农村土地承包经营权、林地使用权、林木所有权、山林股权、农村集体资产所有权等农村产权的规范交易。它更有利于盘活农村土地资源。三是与金融服务体系改革相结合。乐清市展开了建立以农商行和村镇银行等地方小型银行为主体、以小额贷款公司和农村资金互助会等为补充、以服务小微企业和"三农"为目标的社区金融服务体系的探索，它更利于小微企业和居民规范方便地筹资。

第二个阶段改革是资源要素市场化配置改革的深化，被称为"三有"改革试点。其目标为：到 2019 年底，以产权界定清晰、目录管理、统一平台、规范交易、全程透明为主要内容的资源要素最优配置体系基本建立，劳动效率、资本效率、土地效率、资源效率、环境效率和科技贡献效率全面提高。其具体任务为：深化亩产效益要素市场化配置改革，构建实体经济发展正向激励机制；深化科技创新要素市场化配置改革，构建持续激发经济增长内生动力机制；深化现代金融要素市场化配置改革，构建金融服务实体经济长效机制；深化人力资源要素市场化配置改革，构建经济高质量发展传导机制；深化农村产权要素市场化配置改革，构建产权保护有效激励和流转机制；深化生态环境要素市场化配置改革，构建资源保护与经济协调发展机制；探索大数据等新兴要素市场化配置改革，构建数字经济培育发展促进机制。

乐清自推出"三有"改革试点以来，单位产出指标一直位居全省前列，为如何更好地处理政府、企业、市场三者关系提供了资源要素改革方面的重要借鉴。

在"十四五"期间，温州全力以赴争取国家综合改革试点落地，加强顶层设计，注重基层创新，推动国家试点争取和自主改革实践相促进，重塑"精准、高效、法治"的要素配置格局。以试点为引领，推出更多引领性、首创性、先行性改革举措，学习借鉴各地先进经验；以问题为导向，紧贴推动高质量发展、打造共同富裕市域样板，加大探索力度,破解体制机制障碍;以改革为动力,运用数字化改革思维,以强有力改革推进要素配置方式创新。

三、加快"放管服"系统改革,打造一流营商环境

2014 年,温州市范围内全面推行"三单一网"改革,后经"四单一网""最多跑一次"改革,全力打造一流营商环境和建设全国民营经济示范城市。

(一)从"三单一网"改革到"四单一网"改革

"三单一网"改革是浙江省委、省政府部署推行的政府权力清单、企业项目投资负面清单、政府部门专项资金管理清单以及建设省市县三级联动的行政审批和便民服务网的简称。推行政府权力清单,目标在于划清政府与市场的边界,确需设置的行政审批事项,要建立权力清单制度,一律向社会公开;清单之外无职权。设立企业项目投资负面清单,目标在于减少政府对微观事务的不当干预,更好激发市场主体活力;根据"法无禁止即可为"的理念,只有政府明确规定的、关系国家安全和生态安全的企业投资项目才需要政府核准,其他投资一律由企业依法依规自主决策,政府不再审批,只是根据企业的事前承诺备案,在企业建成后验收,并强化事中监督和事后违诺追责。设立政府部门专项资金管理清单,目标在于加强对市级专项转移支付、专项性一般转移支付和市本级事业发展项目支出等财政专项资金的管理,提高专项资金绩效,推进专项资金管理信息公开。

温州市于 2014 年初在浙江省地级市中率先全面实施"三单一网"改革。温州市政府坚持简政放权这一工作主线,全面"清权"、大幅"减权"和公开"晒权",详细梳理出温州市深化改革的权力事项以及面向市场和社会组织的政府职能转移目录。到 2014 年 8 月,温州市政府首次晒出的权力清单,亮出了 44 家市级部门的权力家底,保留行政权力 4168 项,精简率达 67.2%;在省级产业集聚区(核心区)开展负面清

单外工业投资项目不再审批改革试点,首个零审批企业已落户;对照省级财政专项资金管理清单,按照"归大类、竞争性分配、控规模、提绩效"的要求,将最初梳理的 120 项市级财政专项资金管理事项压缩至 89 项,清理出 31 项清单。三个清单都公布在连接省—市—县—乡镇(街道)—社区(村)五级的政务服务网(它于 2014 年 6 月底在全国率先开通),所有人都可以在网上看到。温州市在实施"三单一网"改革的同时,还大力推进市县两级同权扁平化审批试点,并结合省市县三级联动的行政审批和便民服务网建设,加快形成一站式、全流程、高效能的审批服务体系。

"四单一网"改革开始于 2014 年 12 月,是在"三单一网"改革基础上增加责任清单,其目的是加强政府的服务责任,方便群众办事。如政府有责任在半个工作日内办好"房产三证",有责任在 10 个工作日内为在社区服务点填写好申报材料的渔民办好船员证。

2016 年,温州继续深化"四单一网"改革,推行审批系统制度重建综合改革,让企业和群众切实体验到行政审批制度改革带来的便利。全面推行"互联网+",将受理点和出证点前移到基层窗口,办事群众就近到基层窗口申报受理,经部门网上审批后直接由基层窗口出具审批文件,变"群众跑"为"数据跑",提供"家门口"服务。在全省率先开展"证照网上申请、快递送达"试点,办事群众只需动动手指、点点鼠标,足不出户就能办证。在全省率先推行企业准入工商、质监、税务、统计、社保"五证合一、一证一码",办证时限由 20 个工作日压缩至 3 个工作日以内。在全省率先开展"网上开证明",实现证明材料网上申请、网上开具、网上验收、快递送达,解决群众办证明成本高等问题。还推出了无休日办公、否决事项双告知、网上申报、"互联网+中介"等,为群众提供贴身服务。为提高投资项目审批效率,温州全面铺开企业投资项目"负面清单"外政府不再审批模式,采取"标准+承诺"的方式,加快项目进度。与此同时,整合全流程审批、模拟审批、园区前期捆绑审批、零地技改项目审批以及联合审批、联合验收等 6 大审批模式,优化组合,编制公开审批流程图和办事指南,列明各项审批的条件、范围、标准及各个环节的时限,使企业一目了然,便于选择具体的审批模式,解决企业对审批流程不熟悉而影响进度的问题。通过企业"点菜"选择审批方式,项目进度提速明显。如:基建项目全流程审批(含中介服务)100天,其中部门审批仅30天;园区前期捆绑审批,企业取得土地后马上进入项目设计阶段,可节省时间达2个月以上。

"四单一网"改革通过权力的"减法",换取审批速度的"乘法",进一步深化了之前"三单一网"的改革,取得了良好的社会效用。在2014年权力清单保留1003项审批事项的基础上,再次缩减262项,精简比例达26%,市本级审批办件100509件,即办比例达52%,承诺件平均办理时间为2.44天,提速达66.48%,提前办结率达97.65%。

(二)"最多跑一次"改革

"最多跑一次"改革是浙江于2016年12月在全国率先提出实施的,指群众和企业到政府办理"一件事情",在申请材料齐全、符合法定受理条件时,从受理申请到作出办理决定、形成办理结果的全过程一次上门或零上门。

温州市"最多跑一次"改革于2017年初在全市范围内铺开。其主要亮点有:一是出台"八个一律"管理规定,以提高行政审批服务窗口的服务效率。主要包括:审批性和涉密性的窗口岗位一律由正式在编人员担任;行政审批职能部门新招录的公务员、事业单位人员和新选调人员一律择优优先满足本部门审批窗口需求;窗口正式在编人员在窗口岗位工作未满两年,除特殊情况外一律不得转岗;行政审批职能部门派驻、调整工作人员到窗口工作,一律应先征得同级审管部门同意,并实行实名制管理;不合格窗口人员一律由派驻部门召回;一线窗口工作经历一律视同基层工作经历;窗口人员在上岗之前一律由派驻部门组织专业培训,并经测试合格后才能上岗;窗口人员不能胜任工作或违反相关规定造成较大负面影响的,一律由审管部门通报派驻部门召回。二是推出政务服务网"四个一"（一站导引、一网通办、一库共享、一端服务）创新工程。"一站导引"指政务服务网汇集了所有部门"最多跑一次"审批服务事项和办事指南，以场景导航、在线问答等形式，让群众通过政务服务网或微信公众号就能了解怎样只"跑一次"就真正办成事。"一网通办"指政务服务网将省市部门自建的 42 个涉及审批业务系统、8 类综合窗口业务全部纳入"一窗受理"信息平台。"一库共享"指政务服务网归集了 73 类群众办事中常用的政务数据。"一端服务"指政务服务网建立了统一的网上申报平台和移动端服务平台，推出 7935 个可网上办理的具体事项、80 个手机便民应用和 343 个财政非税收入网上缴费项目。三是推进便民服务"机器换人"工程。温州市依托乡镇（街道）"四个平台"构建深入街（镇）、村居（社区）的便民服务网，让更多的人享受改革的惠民成效，特别是方便了很多山区的老百姓。同时，温州通过打通综治、公安、民政、综合执法、卫计、消防等部门在基层的"信息孤岛"，依托网格员队伍开展代办服务，进一步扩大改革普惠面。

"最多跑一次"改革在温州已经实现全覆盖。它主要包括：全面推行企业投资项目"双提速"改革、推行涉企证照"无差别受理、一窗通办"；深化涉批中介市场化改革，建成温州市统一的涉批中介网上超市；启用市民中心，率先实现社会事务、涉企证照、医保社保、住房公积金等专区无差别受理，使窗口压缩近 40%，平均办事效率提高近 50%；率先以群众眼中的"一件事"为标准，将 116 件跨部门"一件事"纳入综合窗口"一窗受理、并联审批"；充分运用互联网、视联网、大数据、云平台等技术，实现 1227 项事项可"一网通办"，公布两批 382 项"一证通办"民生事项；推行人脸识别、掌上办事、24 小时自助服务不打烊、群众诉求代办、预约无午休和周六无休日办公等服务，有效解决群众办事问题，持续提升审批服务质量，不断优化投资营商环境。

（三）优化营商环境，建设全国民营经济示范城市

2019 年 8 月，温州市提出深化"放管服"改革的目标是优化营商环

境。其重要举措包括:一是以市场化原则为利器,着力破除制约经济高质量发展的体制弊端、机制障碍和束缚创新发展活力的桎梏,释放更加强大的市场活力,激发更加强大的创新驱动力,使经济真正走上依靠创新提质增效的发展路子,引导产业链从低端向中高端迈进。二是以法治化原则为尺度,真正做到规则公开透明、监管公平公正,依法保护各类所有制企业合法权益。依法坚持权利平等、机会平等、规则平等,切实保护各种所有制经济产权和合法利益,加紧废除对非公有制经济各种形式的不合理规定、消除各种隐性壁垒,更大地激发各类所有制企业活力和全社会创造力,汇聚攻坚克难的强劲动力。三是以国际化原则为钥匙,进一步打开国门、扩大开放,积极寻求新突破。要精心统筹好国内国际两个大局,围绕优化内外联通的国际一流营商环境,学会在复杂环境中更好地利用国内国际两个市场。

2020年8月,温州市委通过《关于打造一流营商环境 建设全国民营经济示范城市的决定》,将温州市定位为民营经济高质量发展"重要窗口",目标是2025年营商环境综合排名居全国前列。其重点任务是:致力推进便利化创新,实现涉企服务最高效率;致力建立法治化体系,强化护航企业最硬内核;致力推动市场化配置,形成创业创新最强活力;致力提升国际化水平,塑造对外开放最亮标识;致力打造新型政商关系,构建合作共赢最佳机制。

从2013年把简政放权、放管结合作为"当头炮"和"先手棋",到2014年强化放管结合的"三单一网""四单一网",再到2017年的"最多跑一次"、2019年的"优化营商环境",温州"放管服"改革已形成多管齐下、全面推进的格局,改革综合效应显著。首先,"放管服"改革大大降低了制度性交易成本和生产经营成本,市场主体增多且日益活跃,创造了大量就业岗位,有力支撑了经济平稳运行;其次,"放管服"改革与"大众创业、万众创新""互联网+"紧密结合,深刻改变着社会的生产方式、人们的工作和生活方式,加快了新旧动能接续转换和经济结构优化升级;最后,"放管服"改革致力于营造法治化、国际化、便利化的营商环境,以开放倒逼改革,提升了开放型经济水平,培育了国际竞争新优势。

第四节　统筹国内国际两个大局,
提升对外开放新水平

　　温州是海上丝绸之路的重要节点,有着悠久的对外开放传统和开展海上国际贸易的历史。南宋时温州被辟为对外通商口岸,有"一片繁华海上头,从来唤作小杭州"之称。温州人很早就开始出国经商,有"中国的犹太人"之称,但大规模的出国经商是在改革开放后,特别是在进入 21 世纪以来,存在资本"走出去"多于"引进来"的现象。对此,习近平同志在浙江工作期间就进行了科学分析,并提出了针对性建议。他于 2006 年 6 月指出:温州资本"走出去"虽然会减少一些地方财政收入,但老百姓可得到更多财富,也可为国家作出更大贡献;我们要客观冷静地看待资本外流和回流问题,把自己该做的工作做好做实,并注意在发展中做好资本集聚的文章,为民间资本创造良好的发展平台;温州也要引进外资,但必须引进高质量的外资,"要引进与外资'捆绑'在一起的先进的技术、管理、制度、理念,以及高素质的人才和更高层次、更加广阔的国际市场,从而提升温州企业和产业的档次,不断丰富和发展温州的经济发展模式"①。温州市委以习近平同志的讲话精神为指引,积极实施"走出去""引进来"相结合战略,提升温州经济的开放水平。

---

　　①　习近平:《干在实处　走在前列——推进浙江新发展的思考与实践》,中共中央党校出版社 2006 年版,第 491 页。

一、提升对外开放能级，塑造开放新格局

温州着力打造改革开放标杆城市。首先，强化系统集成协同高效，致力于高标准建好用好温州综合保税区、跨境电商综试区、浙江自贸区联动创新区，深度参与长三角"单一窗口"跨区域互联互通协作，打造买全球的"世界超市"、卖全球的"国际通道"；其次，高标准规划建设世界华商综合发展试验区，打造世界华商回归创业创新主要目的地、国际贸易创新发展集聚地，形成一批具有温州辨识度的改革成果和高能级开放平台。

（一）推动开放型经济高水平发展

温州全面拓展"一带一路"沿线国家和地区的新兴市场，积极创建制造模式先进、市场占有率高的全球精准合作示范基地。鼓励温企开展境外投资并购和资源开发合作，加快建立海外生产基地、研发机构、设计中心、营销网络，形成一批参与全球价值链分工的本土跨国公司，打造民营企业国际化经营样板。进一步提升境外经贸合作区建设水平，鼓励在"一带一路"沿线国家和地区投资新建经贸合作区。积极适应贸易规则变化，认真运用 RCEP 等规则，进一步开拓国际市场。强化境外经贸服务体系布局，提升海外仓服务能力。加快优化出口产品结构，大力培育发展外贸新业态，推动外贸高质量发展。创新利用外资方式，加大招商引资力度，瞄准世界 500 强等大型企业，积极招引引领性、标杆性的高大上项目和高能级企业。深入实施"新乡贤·新家园鹿鸣计划"，加快世界温州人资源转化，促进情感回归、智力回归、项目回归、资金回归。

（二）提升对外开放能级

温州着力推进构筑高水平开放平台"裂变式"协同联动改革，建设联通世界的区域门户枢纽，提升国际贸易服务便利度，完善外来投资服务体系。

第一，构筑高水平开放平台。一是坚持温州综合保税区、国家跨境电商综试区、浙江自贸区联动创新区协同发展，推进制度探索、模式创新，努力打造对外开放示范区。二是加速综合保税区海关封关验收，加快谋大招强，力争在标杆型重大项目招引等方面取得新突破。推动跨境电商综试区"一区一核多园"落地建设，创新和拓展跨境电商B2B、B2B2C 等模式，推动公共海外仓、海外贸易中心的建设。三是创新跨境电商人才培育模式，集聚一批实操型、特色型人才。围绕"民营经济＋国际化"，积极做好自贸区经验复制和事权承接，形成具有代表性、体现温州特色的创新成果。四是更大范围复制推广温州（鹿城）市场采购贸易方式试点，推进"义新欧"温州号班列运营，提高全域联动水平。打造一批具有区域辐射力、影响力的进口展销平台，持续办好浙江（温州）进口博览会，加快进口商品集散中心建设，用足用好外贸政策工具，畅通线上线下供应链，稳住外贸基本盘。

第二，提升国际贸易服务便利度。温州实施"提前申报"模式，建立口岸通关"提前申报"容错机制，实现"通关＋物流"并联作业全覆盖，加快进出口货物口岸流转速度，推广概要申报和完整申报"两步申报"改革试点，出口、直航进口整体通关时间压缩至 2 小时和 36 小时以内。温州加强与口岸单位系统互联互通和大数据共享应用，实现国际贸易"单一窗口"进出口业务应用率 100%。加强口岸收费管理，完善收费目录清单，进一步规范和降低口岸费用。

第三，完善外来投资服务体系。温州市坚持国资、民资、外资招引"三资齐招"，着力引进优质项目、企业、品牌；健全科学规范、精准对接的服务机制，实行首办负责、主动服务、全程护航，推动外来投资项目更快落地，实现更好发展。围绕项目落地、企业经营和方便群众生活，温州优化社会公共服务设施布局，增强教育、医疗等优质资源供给。利用承办亚运会赛事契机，温州加快建设一批高品质基础配套设施，规范设立公共场所多语言标识，打造国际化生产生活环境。积极探索海外码头（海外驿站）建设工作，加强与海外特别是"一带一路"沿线国家和地区重点侨团和侨领的联系,促进温州人经济和温州经济互动融合发展。开展文化体育国际交流活动,大力举办品牌展会,着力提升城市国际知名度和美誉度。

二、积极"引进来",建好"本土的温州"

在温州市对外贸易中,引进外资一向是温州的短板。2002 年,温州市实际利用外资仅为 8023 万美元。"八八战略"实施后,温州积极实施"引进来"战略,利用外资呈较大幅度增长,截至 2020 年 12 月底,温州市共批准设立外商投资企业 3260 家(除注销、停产、筹建等外,正常运营企业 1060 家),合同外资 15.6 亿美元,累计历年实际使用外资71 亿美元。

(一)引进海外投资,侨胞助力温州发展

温州积极引导海外温州侨胞投资温州,助力温州发展。2020 年,温州共有海外华侨华人、港澳同胞 68.84 万人,归侨侨眷 50 万人。他们分布在 131 个国家和地区,建立了 350 多个海外温籍侨团,为住在国和地区的发展做出了巨大的贡献;同时,他们关心家乡的建设和发展,纷纷回乡投资兴业,支持家乡公益事业,为温州社会经济发展做出积极贡献。他们通过自身的人脉优势,以侨为桥,以商引商,构建了内外互动、连接世界的信息网、资金网、供销网和乡情网。

温州市也在积极建设华商华侨综合发展先行区,助力华侨回温发展。一是创新为侨服务机制。首创为侨服务"全球通"平台,覆盖政务、司法和信访等 120 个事项的服务内容都可在网上办理,2020 年已在 11 个国家和地区、14 个城市设立了 16 个办事服务点,服务覆盖温籍华侨 80% 以上。此项目荣获中央统战部 2019 年实践创新奖。二是积极搭建回归平台。筹办世界温州人大会,大力实施"新乡贤·新家园鹿鸣计划",继续建设好世界温州人家园,打造世界温州人情感地标、精神家园、回归示范,多渠道引导人才回归、资金回归、贸易回归。

温州努力打造内外温州交流互动、联络联谊的重要平台和温州统战工作"金字招牌"；组织开展"寻根之旅"、海外侨胞故乡行、侨界瓯越文化之旅等活动，增强海外侨胞对家乡的发展认知和情感认同，提振回归发展的信心。三是促进海内外温商互动融合发展。积极打造"全球温商发展联盟"，加强海外侨团与国内温州异地商会联系，促进互动，优势互补，共同发展，充分利用侨贸小镇、全球贸易港等平台，引导海外侨胞资本回归、贸易回归，同时为温州企业走向海外、开拓国际市场牵线搭桥，为先行区建设和温州高质量发展凝聚侨界合力。四是加强中外文化交流。至 2020 年，温州助力温州华侨在世界各地设立了 50 多所海外华文学校，建立了 12 个"海外瓯越文化传承基地"，创办了 50 家海外华文媒体，向世界传播中华文化，促进中西文化交流。温州还定期举办"青蓝新学"、世界温州人经济理论研修班、新生代国情培训班和侨界青年综合素质研修班，着力增进华侨对国情、市情和形势政策的了解，增进华侨华人特别是华裔青少年对中华优秀传统文化的了解；利用春节、国庆等重要节日，组织"亲情中华"、世界温州人乡音使者文艺演出团到海外展演，向世界讲好温州故事、中国故事。

（二）人才交流，科技引领温州智慧发展

温州重视科技引领在城市发展中的重要地位，举办世界青年科学家温州峰会，制定大力引进国外人才政策，取得良好效果。

世界青年科学家峰会于 2019 年 10 月开始，每年一届。首届世界青年科学家峰会的参会代表有诺贝尔奖得主、海外院士专家、著名青年科学家代表以及国际科技组织负责人等约 800 人，覆盖 102 个国家、地区和国际组织，并成立了"一器一园一基金"（即世界青年科学家创业孵化器、青科产业园、总规模 20 亿元的青科基金），国家主席习近平致信祝贺。2020 年世界青年科学家峰会共设线上、线下两个平台，实现境内境外互动，来自 96 个国家和 29 个国际组织的 12 位诺贝尔奖获得者等顶尖科学家、113 位中外院士通过线上、线下模式参加峰

会,其中线下参会院士达到 80 位。世界青年科学家峰会在展现温州国际形象和引进国际智力方面发挥了重要作用。

温州大力引进国外人才的政策主要有:一是把引智工作作为直接服务经济建设的重要载体。增加投入,建立三级资助体系;完善组织机构,健全引智网络。二是进一步拓宽引智领域,扩大引智规模。围绕发挥地方优势、调整农业结构、发展高新技术和优势产业、城市建设和治理、财政金融等有显著社会效益的项目开展引智工作。三是开辟多种渠道引进国外智力。温州市积极组织项目,参加外国专家需求项目洽谈会,争取更多的项目立项,获得尽可能多的国家级和省部级资助;充分发挥市国际智力交流中心及海外联络点的作用,把华人华侨科技专家和境外留学人员作为引智的重要对象;支持企业运用市场机制高薪聘请外国在职专家,积极参与国际人才与智力资源争夺,逐步形成政府、民间与市场方式齐头并进的全方位引智体系。四是做好表彰和宣传工作,巩固扩大引智成果。温州市各级政府及其人事部门定期或不定期地对在引智工作中有突出表现的外国专家、引智工作者、有关部门和单位给予表彰,对做出过突出贡献的外国专家还要积极为他们申报省级和国家级表彰。温州市也重视引智宣传工作,大力宣传引智工作的重要意义和作用,宣传外国专家的敬业精神和工作作风,宣传引智成果,特别是有重大推广价值的引智成果,以扩大引智工作的社会影响。温州引进国外人才和智力项目不断取得丰硕成果。

(三)文化交流,教育实践推动温州深入发展

温州市重视以侨为特色的世界温州人文化建设,以温州大学、温州医科大学等高校为载体,形成了良好的中外文化交流平台;重视中外教育交流,以温州肯恩大学为代表的一批中外教育交流学校项目相继成立。

2008 年 11 月 8 日,温州市世界温州人研究中心由温州大学和世界温州人联谊总会合作创立,以研究海内外温州人、发扬温州人精神、

促进世界温州人联谊工作为宗旨。研究中心以温州大学的科研队伍为基础,联合校内外、海内外相关学术力量,提倡采用跨学科研究方法,加强温州人学术研究,为党和政府有关部门以及国内外企业提供咨询服务。温州大学连续 18 年开设海外华文教师培训班与温州华裔青少年"寻根之旅"夏令营,前后共有 2000 余名华裔青少年参加该项活动,成为温州侨界的品牌项目,深受国侨办和省、市侨办以及海外华侨华人的好评;连续 10 年开设"亲情中华"温州市侨界留守儿童快乐营等,服务侨界留守儿童近 20000 人次,服务范围覆盖温州 11 个侨乡,获益家庭超 2000 户,成为中国侨联的品牌项目。

2011 年 11 月 16 日,教育部批准温州大学与美国肯恩大学合作筹备设立温州肯恩大学。2014 年 3 月 31 日,教育部批准正式设立温州肯恩大学。温州肯恩大学是浙江省和美国新泽西州友好省州合作项目,是一所具有独立法人资格的中美合作大学。学校实行理事会领导下的校长负责制,由中美双方共同组成的理事会是学校最高决策机构,开设国际商务、视觉传达与设计等特色专业。

除温州肯恩大学之外,温州医科大学已与澳大利亚昆士兰大学共建高等研究院,与加拿大麦吉尔大学、阿尔伯塔大学等开展全科医学专业等方面的合作共建,与澳大利亚莫纳什大学合作建立以癌症研究为重点方向的研究院,与韩国全南大学、泰国东方大学等高校合作开展中韩药学博士项目和中泰护理学硕士项目等;温州大学在意大利佛罗伦萨大学创建温州大学意大利分校(普拉托校区),与意大利锡耶纳大学签约创办温州大学意大利分校(阿雷佐校区);温州职业技术学院在柬埔寨设立首个海外分校——亚龙丝路学院,开设电气自动化等专业。

三、持续"走出去",打造"世界的温州"

温州自古是海上丝绸之路的重要节点,有着悠久的对外开放传统和开展海上国际贸易的历史。2006 年 6 月,习近平在温州调研时对温州继续"走出去"提出新要求:选商引资要抓一个"合"字,结构调整要抓一个"集"字,项目建设要抓一个"大"字,改革创新要抓一个"深"字。① 温州不畏艰辛走出国门,把握"一带一路"建设和加入 RCEP 的时代契机,鼓励企业开展海外投资并购,进一步总结经验、抢抓机遇、发挥优势,加快"走出去"的步伐。

(一)不畏艰辛走出国门

习近平同志指出:"一部浙江改革开放的发展史,很大程度上是一部浙商敢为人先、勇立潮头的创业史;希望浙商做科学发展的实践者、和谐社会的建设者、改革创新的先行者。"② 对于浙商要不要"走出去"有不同看法,很多人担心大量浙商向外发展,会对浙江经济造成"空心化"。对此,习近平同志形象地提出"地瓜经济"的比喻:地瓜的藤蔓伸向四面八方,但根茎还是在这块土壤上,藤蔓是为了吸取更多的阳光、雨露,发挥更多的光合作用;"跳出浙江发展浙江",是浙江经济社会发展的必然要求,也是一种全局意识和政治责任的体现;要正确认识"浙江经济"与"浙江人经济"的关系,把在外浙商与浙江经济更加紧密地联结起来,促进在外浙商更好地为发展浙江服务。③

温州的海外华侨大多是改革开放后出国的新侨,占总数的 80% 以上。改革开放以来的温州人移居国外大体分为四个阶段。一是从改革开放到 20 世纪 80 年代中后期。此时能够出国的温州人数量非常有限,绝大部分期望出国的温州人被挡在国门外。这一批走出国门的温州人以劳务输出居多,移居西班牙、德国等欧洲国家,通过与从我国台湾地区移居欧洲的温州侨民后代通婚等方式拿到长期居住权;也有

---

① 习近平:《干在实处　走在前列——推进浙江新发展的思考与实践》,中共中央党校出版社 2006 年版,第 491—495 页。

② 中央党校采访实录编辑室:《习近平在浙江》(下),中共中央党校出版社 2021 年版,第 260—261 页。

③ 中央党校采访实录编辑室:《习近平在浙江》(下),中共中央党校出版社 2021 年版,第 261 页。

小部分温州人通过外资合作项目的方式迁居他国。二是从 20 世纪 80
年代末至 20 世纪末。"出国热"在温州"蔓延",温州籍的出国人数呈
井喷状态。三是 21 世纪第一个十年。温州籍投资移民接过了劳务经
商移民的棒子,成为奔赴国外的"生力军"。此时,他们的目的地已从
西班牙、意大利、法国换成了美国、加拿大、澳大利亚等成熟的移民国
家。他们移民的目的不再仅是挣钱,而更多是从生活环境、子女教育、
养老置业等角度进行考虑。四是 2012 年以来,随着世界经济持续衰
退,我国经济稳定增长,温州移民的数量大幅度萎缩,移民回流初现
端倪。

　　温州的海外华侨在多年的创业打拼中积累了比较雄厚的经济基
础,普遍具有较强的家国情怀,踊跃回国回乡投资创业。到 2020 年,
温州共有涉侨企业 3000 余家,在温州市外贸 1800 多亿元的出口额中
80％是直接或间接通过华侨和涉侨企业实现的。

(二)把握"一带一路"和 RCEP 的时代契机

　　温州市深度参与"一带一路"建设,积极应对中国加入 RCEP 所带
来的发展契机,推动温州市出口贸易快速增长。

　　2017 年,海外温籍侨胞分布在"一带一路"沿线国家和地区的人
数超过 38 万人。温州市于 2015 年开始鼓励海外温籍侨胞深度参与
"一带一路"建设。2017 年,温州市首开"一带一路"世界温州人圆桌
会议。2019 年,温州市制定深度参与"一带一路"建设行动方案:全力
建设世界(温州)华商综合试验区和浙江(青田)华侨经济文化合作试
验区,积极参加中国国际进口博览会;高水平建设保税物流中心(B
型),积极创建跨境电商综合试验区,申报建设综合保税区,加快融入
全省世界电子贸易平台(eWTP),深化鹿城国家级市场采购贸易方式
试点建设,探索市场采购进口模式,积极申报建设中国(浙江)自由贸
易试验区联动创新区;融入全省世界级港口集群建设,强化与宁波舟
山港、台州港、丽水青田港的业务协作,参与港航国际合作项目;加强

与"一带一路"沿线国家和地区经济合作,推进公共海外仓、境外服务站等布局,争取列入中欧班列节点城市;强化与港澳台经贸合作,深化海峡两岸(温州)民营经济创新发展示范区等重点经贸平台建设。2020年,温州市全面拓展"一带一路"沿线国家和地区的新兴市场,积极创建制造模式先进、市场占有率高的全球精准合作示范基地,鼓励温企开展境外投资并购和资源开发合作,加快建立海外生产基地、研发机构、设计中心、营销网络,形成一批参与全球价值链分工的本土跨国公司,打造民营企业国际化经营样板,进一步提升境外经贸合作区建设水平,鼓励在"一带一路"沿线国家和地区投资新建经贸合作区。2020年,温州市对"一带一路"沿线国家和地区出口721.3亿元,同比增长52.0%。在温州市进出口额中的占比达到46%,比上年提升了3.1个百分点。

2020年11月,RCEP协定正式达成。温州市积极运用RCEP协定,助力出口贸易,进一步开拓国际市场,强化境外经贸服务体系布局,提升海外仓服务能力,加快优化出口产品结构,大力培育发展外贸新业态,推动外贸高质量发展。

(三)鼓励企业开展海外投资并购

早在"十五"期间,温州市就开始鼓励中小民营企业直接参与国际竞争,2015年温州市出台促进外贸出口稳增长十条举措,2020年温州市进一步出台开放型经济新政策,将"引进来"与"走出去"结合起来,打造高质量外资集聚地,鼓励企业开展境外投资并购,加快培育外贸竞争新优势,展现温州海外竞争宏图。

第一,打造高质量外资集聚地。2020年,温州市打造高质量外资集聚地,实施招引新动能重点项目,扩大重点领域外资招引,支持外商投资企业利润再投资,鼓励加大投资促进工作力度,实施投资促进激励机制。

第二,积极鼓励企业开展境外投资并购。温州市推动高水平建设境外经贸合作区,引导和鼓励企业参与境外经贸合作区建设,支持企业实施境外并购,支持本土跨国公司发展,鼓励设立境外研发机构。

第三,加快培育外贸竞争新优势。一是支持企业参加重点展会,对参展企业给予各种形式的补助。二是支持跨境电子商务发展。温州市鼓励企业建设公共海外仓,利用在外温商网络优势,全力开展中国(温州)跨境电商综合试验区创建工作,打造跨境电商产业链与生态链。三是支持企业自主品牌出口。四是支持新型外贸公共服务平台建设。五是支持进口商品集散中心建设。支持海关特殊监管区为商品进口提供保税服务,引进知名进口跨境电商平台落户。六是扶持进口指定口岸发展。七是支持服务贸易发展。八是推动完善外贸预警机制。

第二章 实施城乡
区域协调发展战略

习近平总书记在党的二十大报告中指出:"全面建设社会主义现代化国家,最艰巨最繁重的任务仍然在农村。坚持农业农村优先发展,坚持城乡融合发展,畅通城乡要素流动。"①城乡区域间发展不平衡问题是制约地方经济社会高质量发展的突出问题,是实现高质量建设共同富裕示范区的重要障碍。21世纪初,习近平同志在浙江工作期间就敏锐地观察到了这一问题,并适时提出和作出了一系列城乡区域协调发展的理念和战略部署,如把"加快推进城乡一体""推动欠发达地区跨越式发展"等作为重要内容纳入"八八战略",亲自部署实施山海协作、百亿帮扶、欠发达乡镇奔小康等重大工程,并就城乡区域协调发展和消除贫困发表了系列重要论述。温州市在忠实践行"八八战略"过程中,一直以习近平同志的重要讲话精神为指导,致力于城乡区域的协调发展和高质量建设发展共同富裕示范区。

第一节 城乡一体,推动温州新跨越

习近平同志在浙江工作期间一直重视统筹城乡发展,强调"要把

① 习近平:《高举中国特色社会主义伟大旗帜 为全面建设社会主义现代化国家而团结奋斗——在中国共产党第二十次全国代表大会上的报告》,人民出版社2022年版,第31页。

农村和城市作为一个有机统一的整体统筹协调，充分发挥城市对农村的带动作用和城市对农村的促进作用，形成以城带乡、以工促农、城乡互动、协调发展的体制和机制"①。以工业化、城市化带动农村发展，一方面要加快先进制造业基地建设和城市化进程，以中心城市、中心镇和块状特色经济的发展壮大带动产业和人口的集聚，使全省四分之三的农村劳动力转移到二、三产业就业，成为推动工业化、城市化的生力军；另一方面要加快城市基础设施向农村延伸，加速公共服务向农村覆盖，形成城乡互动互助机制。

温州市在"八八战略"和习近平重要讲话精神的指导下，致力于统筹城乡发展和缩小城乡差距，通过新型城镇化、农村产权改革和农村新型合作体系建设，弥补农村发展的短板，推进县域经济社会的协调发展和全体人民的共同富裕。

一、推进新型城镇化，实现县域发展大跨越

新型城镇化是以城乡统筹、城乡一体、产业互动、节约集约、生态宜居、和谐发展为基本特征的以人为核心的城镇化，是大中小城市、小城镇、新型农村社区协调发展、互促共进的城镇化。新型城镇化是实现中国特色社会主义现代化的必由之路和推进共同富裕的重要举措。推进新型城镇化是解决农业、农村、农民问题的重要途径，是推动区域协调发展的有力支撑，是扩大内需和促进产业升级的重要抓手，对全面建成小康社会、加快推进社会主义现代化、推进共同富裕具有重大现实意义和深远历史意义。党的二十大报告强调，"推进以人为核心的新型城镇化，加快农业转移人口市民化。以城市群、都市圈为依托构建大中小城市协调发展格局，推进以县城为重要载体的城镇化建

---

① 习近平：《干在实处　走在前列——推进浙江新发展的思考与实践》，中共中央党校出版社2006 年版，第 150—151 页。

设"①。自中央开始实施新型城镇化战略以来,温州一直走在全国前列,龙港更是全国新型城镇化的标杆。

自龙港诞生之日起,改革就始终伴随着其发展。建镇之初,从五个小渔村共 8000 人起步,龙港在全国率先推出户籍制度、土地有偿使用、发展个体私营三大改革,迅速集聚了人口,解决了城镇建设资金问题。农民自己集资兴建了"中国第一农民城",被海内外誉为中国农民自费造城的样板。建镇之后,龙港不满足于"农民城"的称号,积极开展多项城镇综合改革试点,试图实现由城镇向城市的转型发展。1996年,龙港被国家有关部委确定为全国小城镇综合改革试点,在行政管理体制、财政管理体制、计划管理体制、户籍管理体制、工业管理体制、城镇建设和管理体制、教育体制等七个方面进行大刀阔斧的改革。2009 年,龙港被列为温州市五个强镇扩权改革试点镇之一。2010 年,龙港被列为浙江省首批小城市培育试点镇,在扩充土地使用权、财政支配权、行政审批权和事务管理权等四大权限方面进行了积极探索。龙港通过改革,极大地解放了生产力,有力促进了经济社会发展,也为全国的小城镇改革创新、探索发展、培育推动等工作提供了宝贵的发展经验。2013 年 12 月中央城镇化工作会议提出,要选择若干个建制镇开展新型城镇化试点。龙港因丰富的改革经验、良好的试点基础,得到了国家有关部委和省市县的重视、支持。2014 年 12 月,国家发改委等 11 个部门联合印发《关于开展国家新型城镇化综合试点工作的通知》,批复全国 62 个地区为第一批国家新型城镇化综合试点单位,其中龙港镇是全国第一批仅有的两个镇级试点之一。

龙港在试点期间,努力实现责权利相统一,机构设置进一步优化,行政成本得到严控,公共服务显著改善,城市治理明显提升,体制机制创新取得成效,探索出一套精简、高效、创新的设市模式,统筹带动鳌

---

① 习近平:《高举中国特色社会主义伟大旗帜　为全面建设社会主义现代化国家而团结奋斗——在中国共产党第二十次全国代表大会上的报告》,人民出版社 2022 年版,第 32 页。

江流域协调发展,促进海西城市群加快发展,打造在全国具有示范意义的新型设市模式的典范。试点期间,龙港镇固定资产投资和地区生产总值的增速均超过平均水平。2016年、2017年地区生产总值增长率分别为10.7%和10.3%,增速超同期2个百分点以上。经济结构持续优化,第三产业对经济增长贡献率提高2个百分点;高新技术产业增加值增长迅速,年均增长率超过12%。

2019年9月25日龙港正式撤镇设市,这标志着全国最年轻的城市龙港市正式成立。龙港坚定扛起新型城镇化"领跑者、探路者"职责使命,持续推进37项重点改革项目,聚力形成一批具有"窗口"标准、富有龙港特色的重大标志性成果,全力打造全国新型城镇化综合改革"示范窗口"。自2020年以来,龙港市创新实施"十个一"的改革路径,成功搭建龙港改革的"四梁八柱",形成了一批实践成果、制度成果和理论成果,争取到6个省级以上改革试点和省市专门为龙港出台的3个政策文件,成功举办国家级改革高峰论坛。同时,以改革办法推进效率变革、城市变迁、社会变化,得到了省市主要领导35次的批示肯定和国家发改委、民政部及省市相关部门的认可好评,达到了改革破题、顺利起步的预期目标。龙港的成功经验和改革成果主要有以下几个方面。

（一）坚持系统集成,持续优化大部制高效运行新机制

一是探索"一枚印章管审批",打造政务服务新模式。开展相对集中的行政许可权改革升级试点,将分散的1129项行政许可审批事项集中划转至行政审批局,实现全省首个全领域"一枚印章管审批",并通过流程再造精简审批人员20%、压缩审批时间50%。二是探索"一支队伍管执法",打造综合执法新模式。把温州市执法事项全部划转至综合行政执法局,并将一线人员整编进入32个执法责任区,探索推行"综合查一次",率先在县级层面构建跨领域、跨部门执法事项最集中的执法管理体系。三是探索"一张清单转职能",打造政府瘦身新模

式。梳理建立政府职能转移清单154项,加速政府转型、瘦身、提效,打造县域"多元共治"的龙港模式。四是探索"一张智网管全域",打造整体智治新模式。着力创建全省首个县域"整体智治"示范城市,率先实现全域5G网络全覆盖,推进"全域一张网"建设,全力打造"整体智治"现代政府。

(二)坚持整体协同,不断完善扁平化基层治理新模式

以打造高效能治理的"全国标杆"为目标,实施基层治理扁平化、社区化、网格化、信息化"四化"集成改革,全力做强社区、做实网格、做优服务,不断完善"市管社区、分片服务、智能高效"的基层治理体系。一是通过扁平化实现直接管理。102个社区由市委直接进行考核排名,社区主职干部由市委提级管理、直接任命,工作指令直接下达到社区,重要问题直报市委、市政府解决。二是通过社区化实现一站式服务。在全域"村改社区"的基础上,大力推进"一站服务解民忧",启动9大片区便民服务综合体建设,形成"15分钟便民服务圈"。三是通过网格化实现就近处置。将温州市划分为103个全科网格,明确网格职责,建立网格事项准入、网格员考核管理、网格信息闭环处置等制度,并由市领导领衔分片区管理,将综合执法、市场监管、一线民警、基层治理网格员和所有社区干部整编入格,实现90%以上基层问题在网格一线解决。四是通过信息化实现智能高效。按照"一社一品"要求,推进全域智慧社区创建,因地制宜、分门别类打造托育养老、健康服务、消防安全、出租房管理等不同特色智慧应用的社区品牌,努力成为数字化社区的样板。

(三)坚持创新引领,努力开创经济高质量发展新局面

坚持高标准规划、高水平建设、高质量管理,加快要素市场改革,加快培育新型发展动力,推动龙港争当县域高质量发展的排头兵。一是加快区域协同发展。健全与苍南区域协同发展体制机制,深化与龙湾(高新区)战略合作,推进温州高新区龙港分园建设,着力打造区域

一体化发展强强联合、优势互补的示范标杆。二是加快创新要素集聚。以温州新时代"两个健康"先行区实践基地创建为契机,加快推进经济领域商会协会改革,出台"人才优政50条",举办首届全球创业创新大赛,建成投用人才客厅、新时代"两个健康"先行区实践中心,加快打造"一城、一港、一厅、一小镇"创新格局,全力构建全域创新生态体系。三是加快干部团队打造。创新机制破解制约高端人才的瓶颈,开展公务员聘任制、政府雇员制、报备员额制等改革。

（四）坚持共建共享,着力构建全域城市化发展新格局

按照一体规划、同等标准、全域覆盖的要求,积极推进以人为核心的新型城镇化,加速实现全域城市化、农村社区化、就地市民化。一是推动城市形态加速蝶变。实施全域土地综合整治、农村宅基地跨合作社置换流转和集体建设用地入市联动改革,启动首批6个温州市域土地综合整治项目,大力推进乡村片区化、组团式发展,加快构建"一区两园六组团"的全域城市化空间格局。二是实行"一种模式管人口",加快推进全域人口市民化,以"没有本地人外地人,来了都是龙港人"为导向,出台《龙港市户口迁移落户规定》,全面放开落户限制,推行公共资源和公共服务均等化。三是推动民生事业跨越发展。探索联合办学、合作办医、社会养老等新模式,如:与温州附一医、温州教育部门建立战略合作,温州附一医龙港院区实现运行;推动温州中学与龙港中学一体化合作办学;开工建设公共服务中心、新龙港人民医院、龙湖公园等设市十大标志性项目。

从全国首个"农民城"到党的十八大以来首个"镇改市",龙港改革形成了"大部制、扁平化、低成本、高效率"的改革特色,初步构建了简约、高效的基层治理体系。龙港改革为新型城镇化建设提供了多方面的重要经验和探索。一是为新型城镇化发展提供重要动能。龙港设市以来,医疗、教育、公共服务等一批民生项目列入规划建设,龙港经济开发区、温州高新区龙港分园等高能级平台建设迈开步伐,未来社

区建设、城中村清零工程等加快推进,基础设施快速改善,产业平台快速升级,加速了农业人口就地、就近市民化,增强了区域综合承载力,带动了当地的投资增长和消费需求。二是为行政低成本运行做出积极探索。龙港通过市直管社区,精简了人员编制和中间环节,如龙港市行政事业人员编制核定1640人,仅为其他同等规模县市的五分之二。管理层次的减少、人员数量的精减,叠加政府数字化建设,各种行政开支大幅减少,有效节约了管理费用。三是为高效率治理贡献有益经验。龙港通过"大部制"改革,打通职能相近的部门,实行块状管理模式,对内采取科室协同,对外积极发展社会组织参与公共服务,致力于打造精简高效型政府,有效提升了行政效能;取消乡镇层级,实行市直管社区,扩大了管理幅度,缩短了管理链条。

除龙港外,温州其他县镇也在积极探索新型城镇化。2020年国家发改委公布了"县城新型城镇化建设示范名单",全国120个县城入选,乐清名列其中。党的十八大以来,乐清市不断提升城市品质,全面完成中心城区城中村改造征迁,建成"大建大美"项目43个,新建综合功能服务站10座,新建智能公交廊点237个,新增优化公交线路43条,城乡公交一体化发展水平、公交化率均居全省各县(市)首位。同时乐清市不断扩大产业优势,深入推进国家新型工业化示范基地等一批试点建设,拥有"中国电器之都"等11张"国字号"金名片;乐清经济开发区被评为省级高新技术产业区,创建省级产业创新服务综合体2个、省级特色小镇3个,乐清湾港区积极融入全省"大湾区"建设,乐清湾铁路支线投用、港区口岸临时开放,启动保税物流中心(B型)建设,接轨"义新欧",打造公铁海联运的综合性枢纽港。除乐清外,文成、泰顺积极发挥生态环境、人文资源优势,加快建设一批全域旅游、休闲度假、康养体育等重大产业项目,积极培育和打造特色"旅游小镇",发挥都市区生态功能板块后发优势,率先成为全省美丽大花园示范区和全国"绿水青山就是金山银山"转化样板区。

温州市将在现有基础上继续加快新型城镇化步伐,进一步优化城镇空间布局和功能等级，推动形成大中小城镇协调发展的格局。把县城作为新型城镇化的重点来抓，大力提升县城公共设施和服务能力，推进县域经济向城市经济升级。加快推进龙港国家新型城镇化综合改革试点，努力把龙港建成全国新型城镇化改革策源地。加快西部特色化新型城镇化进程，推进重点镇、中心镇转型发展，着力构建"中等城市—小城市—特色镇"梯次衔接、功能配套、用地节约的组团式城镇体系，有效发挥联结城乡、吸纳农村人口的纽带作用。加大县域城镇化、补短板强弱项力度，推进环境卫生设施提级扩能、市政公用设施提档升级、公共服务设施提标扩面、产业配套设施提质增效，支持更多中心镇纳入国家中小城市综合改革试点和省级小城市培育试点，加快实现由"镇"向"城"的功能升级。健全城乡融合发展体制机制，争创国家城乡融合发展试验区，推进城乡要素平等交换与合理配置，发挥强镇、中心镇的重要节点作用，有序推动农业转移人口市民化，大力提升城乡一体化发展水平，加快实现基本公共服务均等化。实行以经常居住地登记户口制度，推动公共资源按常住人口规模配置，将新型城镇化推进到新水平和新阶段。

二、深化农村产权制度改革，促进乡村振兴

深化农村产权制度改革，激活农村资源和生产要素，是提高农民收入、缩小城乡差距和推进共同富裕的重要举措。习近平总书记在党的二十大报告中指出："深化农村土地制度改革，赋予农民更加充分的财产权益。"[①]

农村产权制度改革是温州市被列为新一轮首批全国农村改革试

---

① 习近平：《高举中国特色社会主义伟大旗帜　为全面建设社会主义现代化国家而团结奋斗——在中国共产党第二十次全国代表大会上的报告》，人民出版社 2022 年版，第 31 页。

验区^①后承担的第一项改革任务。其主要做法是:坚持以"赋予农民更多财产权利"为导向,以"确权、赋权、活权、保权"为主线,加快实现"产权到人(户)、权随人(户)走",构建清晰完整的现代农村产权制度体系和产权价值实现体系;重点任务主要有农村集体资产产权制度改革、农村产权交易体系建设、农民资产授托代管融资试点、农村宅基地管理制度试点等。

(一)农村集体资产产权制度改革

温州市农村集体资产产权改革的核心目标是,将农村集体资产清查核算,将能够量化的资产以股份的形式量化到户、到人,简称股改。

在开展股改之前,温州市开展了两项基础性工作:一是规范村级合作社建设,进一步厘清村经济合作社与村民委员会职能。主要措施是把以村委会名义开设的账户更改到村经济合作社,真正使村经济合作社承担农村集体资源开发利用、资产经营与管理、生产发展与服务、财务管理与服务的职能。二是健全农村集体"三资"(资金、资产、资源)的管理体系。主要举措是健全"三资"监管机构、制度和网络平台,实现农村集体"三资"管理网络化、产权明晰化、监督多元化、运行公开化、管理信息化。

温州农村集体资产产权制度改革的主要步骤是:第一,出台实施方案,成立领导机构和工作小组。2012年,温州市出台了《关于进一步推进农村集体资产产权制度改革的实施意见》,成立了市、县(市、区)、乡镇三级农村集体资产产权制度改革领导小组和办公室,领导小组由政府主要领导担任负责人,办公室设在农业部门。村级建立改制工作小组,具体成员由社员(代表)大会决定,拟定的实施方案经社员(代表)大会充分讨论和三分之二多数通过后实施。第二,核算农村集

---

① 温州市于2011年底被列为新一轮首批全国农村改革试验区,这是继1987年9月被列为全国农村改革试验区之后,温州再次成为中国农村改革"试验田"。这是对上一轮温州农村改革试验成果的充分肯定。

体资产。农村集体资产包括农民集体所有的土地、森林、荒地、滩涂等资源性资产,用于经营的房屋、建筑物、机器设备、工具器具、集体投资兴办的企业及其所持有的其他经济组织的资产份额、无形资产等经营性资产,用于公共服务的教育、文化、卫生、体育等方面的非经营性资产。所有资产的核算都要经过摸底调查、勘测编绘和登记公示三个环节。每宗地的土地权属,只有严格经过土地登记程序,才能得到最后的确认;对存有争议的土地,先解决争议再登记;对农户不配合确认的,则予以暂缓登记。第三,确认集体成员,将资产量化到人。成员确认和资产量化的总原则是"宜宽不宜严、宜纳不宜排、宜配不宜补、宜简不宜繁",在不违背法律规定的情况下以村民决议为准。温州市中级人民法院还制定了"农嫁女"、定销户、政策性移民等特殊群体的社员资格认定的指导意见。第四,给股权赋权。基本上是一村一策。但总的原则是促进流转、保证安全。如鹿城区大南街道丰收村规定:股东死亡后其股权自行冻结,股权继承人在半年内持合法有效的证件办理继承手续,办理完成后股权自行解冻,冻结期间的股利按实际结算。

温州市农村集体资产产权制度改革的好处主要有三:一是厘清了集体资产的"家底",解决了长期以来农村集体资产不明晰、所有权被虚置等问题。二是盘活了农村集体资产,增加了股民收入。三是加强了集体资产的监管,从制度上遏制了"小官巨贪"和"微腐败",融洽了党群干群关系,增强农村基层党组织的凝聚力、战斗力。

（二）农村产权交易体系建设

建设农村产权交易体系主要是为了促进农村产权健康有序流转,充分利用农村资源。温州市农村产权交易体系建设开始于 2012 年,其工作思路是"一步规划、分步实施,由点到面、先易后难,多品种试验、多模式探索"。

"一步规划、分步实施,由点到面、先易后难"主要指,先由温州市农业农村局牵头成立温州市农村产权服务中心有限公司,负责市属四个区的产权交易平台建设,并指导各县(市)的产权交易业务;然后在各县(市)搭建产权交易中心,在乡镇(街道)成立产权交易服务站。

"多品种试验"就是交易的产权品种多样,最初有 12 类:农村土地承包经营权,林地使用权、林木所有权和山林股权,水域、滩涂养殖权,农村集体资产所有权,农村集体经济组织股权,农村房屋所有权,农村集体经营性建设用地使用权,农业装备所有权(包括渔业船舶所有权),活体畜禽所有权,农产品期权,农业类知识产权,其他依法可以交易的农村产权等。重点是农村土地承包经营权和农村集体经营性建设用地使用权。后来,苍南县开展了小额的村级工程招投标业务;瑞安、乐清开展了农村承包土地的经营权和农民住房财产权的抵押贷款试点。

"多模式探索"指产权交易中心承建的主体不同,市本级及三个区由温州市农业农村局承建,苍南县、永嘉县、平阳县由民营资本承建,乐清市由市公共资源交易中心承建,瑞安市由瑞安市供销社承建。同时,招募拍卖机构、评估机构、融资担保公司、律师事务所等中介服务组织进驻,探索"项目＋服务"的定制模式;增加线上交易模式,重点推进平台网络竞价系统,能够发挥网络交易、信息发布、法律咨询、资产评估的服务功能。

温州市规范交易行为、防范交易风险的主要措施如下。一是严格遵守交易规则。明确规定交易范围、交易程序和分类交易细则。为防止私下交易,特别规定,涉及村集体产权权属变更的,须提交农村服务机构出具的《产权交易鉴证书》。二是强化交易项目监管。推动村集体经营性资产分级分类进入各级市场公开交易;充分发挥乡镇街道"三资"办的监管职能,建立了村集体资产交易备案制;实施交易资金实时监管,交易金、交易保证金全部纳入产权中心专用账户管理。

2018 年,温州市农村产权交易体系基本建成,多层次、多功能的阳光交易市场开始形成。2020 年,市产权交易平台完成农村产权交易 813 宗,交易总金额 231250.69 万元。其中涉及土地承包经营权流转 8 宗,交易金 323.33 万元;村集体经营性资产交易 805 宗,交易金额 230927.36 万元,有力推动了农村经济的发展。温州市农村产权服务中心作为农村产权流转交易市场的承建主体,充分引导全市交易,强化交易市场管理,交易不断活跃,行为有效规范,截至 2022 年,全市累计交易总金额突破 180 亿元,走在全省前列。①

(三)农民资产授托代管融资试点

农民资产授托代管融资试点是为了解决农民融资的无担保、难评估、高利息难题,于 2015 年 10 月开始在瓯海区试点,2019 年在温州市推广,并被国家 14 个部委纳入农村改革试验区拓展试验任务,被省委改革办纳入"一批需要在全省复制推广的改革事项清单"。

农民资产授托代管融资是以农民"信用＋资产"为授信依据的融资模式。它是以信用为基础、以资产为保障的承诺贷款。以信用为基础是指该项贷款没有任何抵押、保证,本质是信用贷款;以资产为保障是指农户的有价"非标"资产经过评估,并根据评估价值确定贷款额度,确保农户的还款能力有所保障。承诺贷款指的是一种双向承诺,银行通过发放准贷证向农户承诺发放贷款,农户通过书面承诺委托授权银行方处置资产。它具有一定的"软约束"。

其主要创新点有三:一是推行"政府引导＋银行主推＋村居协助"三方联动,搭建起了农户与银行之间的沟通桥梁。把村股份经济合作社作为融资申请"主窗口"并聘任当地村干部或最有威望的村民为协贷员,共同开展农户走访、实地调查,建立农户信息档案("一户一档")等。二是扩大授信范围,降低贷款利率,提高贷款额度,使农民享受信用服务的范围扩大和收益增加。农户可以用来授信的资产有 40 多种,不仅指房屋、车位、种在地里的林木、养殖场里的鸡鸭鹅等有形资产,而且指养老社保权益、村级股权、拆迁指标、安置房指标等经济权

① 《温州市农村产权服务中心瓯海分中心授牌成立》,温州市国资委,2022 年 11 月 14 日,http://wzgzw.wenzhou.gov.cn/art/2022/11/14/art_1221492_58938444.html。

益,还指"最美温州人""文明家庭"等荣誉称号带来的信用。对授信资产原则上按抵押利率执行,并结合政府荣誉、支持"三农"政策等实行差别化待遇,最低利率可降至 4.5% 左右。政府专门设立风险缓释基金,按年度新增贷款金额的 1%,为试点银行提供贷款贴息,鼓励银行提高每一宗授信额度,并向小微企业倾斜。三是实施综合监管,全面构筑风险防控体系,建立了风险处置的多元化机制。在准入上,银行建立"负面清单"制,"一户一审"评判农户家庭资产价值,精准识别风险客户和优质客户;在贷后管理上,通过协贷员及时掌握贷款农户生活及生产变化、授托资产状态变化,防止授托资产被私自处置和贷款逾期风险;通过评选"信用村"激励村两委主动采取措施,降低不良率;设立区、街道、村居三级调解机制,培养农民"诚信光荣、失信难行"的意识。

其主要优点也有三:一是实现了农民资产从"确权"到"确值"转变。从机制上破除阻碍农户获得无抵押贷款的制约因素,银行由注重传统抵质押物的权属证明上升为对资产价值的确认,极大拓展农民的产权价值,激活农村巨量沉睡资产,实现农户增信、资产增值。二是实现融资方式从"担保"到"信用"转变。银行针对农户可托管资产对农户进行授信,农户无须登记、无须担保、无须保险,只凭一纸承诺就可实现贷款。银行不为可能存在的 3% 不良风险排挤 97% 的有效客户,实现农户信用与银行信誉的有效对接。三是实现风险处置从"法治"到"德治"转变。利用授托承诺,通过协贷员和村两委调解、劝导相关资产权利人,以自行处置的方式,实现资产的变现,最大限度发挥道德"软约束"作用。

(四)农村宅基地管理制度改革试点

农村宅基地管理制度改革试点以保障和维护农民宅基地权益为引领,以土地的节约集约利用为重点,以农村宅基地"三权"分置、有偿使用、有序退出为突破口,以探索出一条"利用集约、布局合理、权益保障、管理高效"的农村宅基地管理新路子为目标。它于 2019 年 10 月被农业农村部列入乐清市 2020 年农村改革试验区拓展任务。

乐清市 2015 年底就被作为农民住房财产权抵押贷款全国试点 49 个县(市)之一。截至 2019 年 1 月底,温州市农房抵押贷款余额达 66.91 亿元,受益农户 33706 户,年平均不良率 0.72%,贷款规模和风控成效全国领先。截至 2019 年 9 月底,温州市闲置农房盘活利用 579 幢,面积 11.67 万平方米,投入资本 15292.56 万元,增加农民收入 2196.15 万元,村集体增收 1443.2 万元,带动农户就业 1667 人。

乐清市的主要创新点有两点:一是建立宅基地信息化管理平台,开发农村宅基地信息化审批系统,通过共享宅基地历史数据、不动产登记数据、户籍信息、婚姻信息等与宅基地审批相关数据,建立乡镇与自然资源所并联审批通道,实现让数据"多跑路"、群众"少跑腿"。二是建立宅基地竞价择位、有偿使用、确权颁证、抵押贷款、有偿退出全流程制度,加大宅基地综合整治、空心村改造、闲置农房盘活利用。在地质灾害避险搬迁、下山脱贫移民、土地综合整治等山区村,率先开展宅基地有偿退出试点;在乡村振兴示范带建设点的行政村、自然村率先开展闲置农房盘活利用改革试点。

三、建设农村新型合作体系,培育现代农业

小农只有组织起来才能成为现代农业发展的主体并享受现代农业发展的成果,才能实现共同富裕。通过专业、供销、信用"三位一体"农村新型合作体系将农民组织起来,是习近平同志点题的"命题作文",并且他一直牵挂在心。2006 年 12 月,习近平同志到瑞安召开全省发展农村新型合作经济工作现场会,对生产、供销、信用"三位一体"综合合作体系进行了高度评价:"发展农村新型合作经济,是促进现代生产要素投入农业和现代生产方式改造农业、促进现代农业发展的一个重要选择;是在坚持和稳定农村基本经营制度基础上,进一步推进

农业经营体制创新,完善农村生产关系的一项重要举措;是政府转变农业管理职能,有效落实对农业农村的支持保护政策的一种有益尝试;是农民专业合作、供销合作、信用合作谋求自身发展壮大的一条现实途径。"①调任中央后,习近平同志又多次过问推进情况。

(一)"三位一体"农民综合合作体系探索的背景与过程

成立"三位一体"综合合作体系主要是为了解决农民专业合作社"弱而散"的问题。

2006年1月8日,在浙江省农村工作会议上,习近平同志首次提出:积极探索建立农民专业合作、供销合作、信用合作"三位一体"的农村新型合作体系,努力服务于社会主义新农村建设。2006年3月,全国首家集农村金融、农产品生产和流通于一体的综合性农村合作组织——瑞安农村合作协会正式成立,由农村合作银行、供销联社等8家核心会员单位和100余家农民专业合作社、农机合作社等基本会员单位组成,标志着"三位一体"农村新型合作体系的改革试验正式拉开帷幕。2006年12月,习近平同志在瑞安召开的全省发展农村新型合作经济工作现场会上对"三位一体"综合合作体系给予高度评价,并要求深入探索实践。随后,温州6个县(市、区)先后被列入浙江省试点。

2011年,温州市成立了首个地市级农村合作经济组织联合会(简称"农合联"),初步聚合综合服务功能,推动"三位一体"向更深层次发展。

2017年中央1号文件《中共中央、国务院关于深入推进农业供给侧结构性改革加快培育农业农村发展新动能的若干意见》提出,加强农民合作社规范化建设,积极发展生产、供销、信用"三位一体"综合合作。② 2017年7月,温州"三位一体"农民合作体系建设申报获批全国

---

① 《大力发展农村新型合作经济　扎实推进社会主义新农村建设》,《浙江日报》2006年12月20日。

② 《中共中央、国务院关于深入推进农业供给侧结构性改革加快培育农业农村发展新动能的若干意见》,《人民日报》2017年2月6日。

农村改革试验区拓展试验任务。2018—2019 年，温州市下辖的瑞安、泰顺、乐清、平阳 4 地被农业农村部列为农民合作社质量提升整县试点，平阳县开始以"三位一体"为载体平台，探索小农户与现代农业发展有机衔接机制改革试点，提升为农综合服务水平，温州瑞安梅屿蔬菜合作社、温州乐清金穗水稻专业合作社联合社被农业农村部列为"三位一体"类农民合作社和农业社会化服务典型案例。

截至 2020 年，温州市构建了由市农合联、11 个县级农合联、124 个乡镇农合联、52 家产业农合联组成的农合联组织体系，8131 家农民合作经济组织、为农服务组织（企业）加入了农合联，成立农村资金互助会 53 家，会员 4.62 万户，筹资总额 7.41 亿元，累计发放互助金近 45 亿元。培育了农产品区域公用品牌"瓯越鲜风"，遴选了 21 家首批品牌授权使用单位和 26 个首批重点推荐的优质特色农产品，同时依托温州早茶、雁荡山铁皮石斛、温州大黄鱼、泰顺三杯香、平阳黄汤等特色农产品品牌，助推优质农产品优价销售。

（二）"三位一体"综合合作体系建设的主要举措

第一，聚力"规模化＋智慧农业"，推动生产合作提质增效。一是提升合作社质效。锚定农民专业合作社"规范提升一批、整合联合一批"，建设国家、省、市、县四级示范合作社。组建蔬菜、粮食、渔业、林果等四大产业农合联，带动农户，连接特色产业基地，建设特色示范基地。二是加速产业链跃迁。出台农业、农村、农民扶持若干政策意见，推进土地流转，建设粮食生产功能区、现代农业园区，夯实现代农业发展基石。将"三位一体"与"田园综合体"有机结合，推出研学旅游、乡村民宿等新型业态，打造一批田园综合体"新风口"。三是推动数字化转型。组建科技创新中心、庄稼医院服务网、"5G＋智慧农业"等平台，推广标准化、数字化农业生产技术，探索农业科技创新服务新模式，为农业基地提供选种、配肥、植保、农机等全周期数字化服务，实现"种出好品质、卖出好价钱"。

第二，聚力"市场化＋现代流通"，推动供销合作做大做强。一是"品牌赋能"带动供需对接。加快农业供给侧结构性改革，培育壮大优势农业产业，将农产品产业优势转化为品牌优势，推动统一筛选、统一划分、统一包装，提升市场占有率。二是"电商助农"拓宽营销渠道。大力推行线上平台引领、专业团队营办，推出"综合电商"促销、"网上菜场"直销、"阳光农场"种养等营销模式。三是"现代物流"提高流通效率。以现代物流业为依托，打造"1＋5＋X"（即以瑞安农贸城为核心、5个乡镇集散中心为支撑、若干个乡镇特色市场为补充）农产品线下交易市场体系，同时引导农业龙头企业开设线上旗舰店，借力菜鸟、京东等智慧物流，提高农产品流通效率。

第三，聚力"普惠式＋金融创新"，推动信用合作有力保障。一是扩容普惠金融。建立"农户综合信息管理"平台，发挥银行农村金融主力军作用，对村集体、合作社及农户评定信用状况，构建"无感授信"白名单，提供纯信用、广覆盖、低门槛小额普惠贷款；设立农民合作基金，保障为农服务事业、涉农产业扶持、农村合作金融风险补偿支出等。二是创新担保方式。创立县级农信担保公司，落实保费补助政策。探索"农业先锋贷"新模式，银行、保险公司、农信担保公司按2：6：2比例分摊本息损失风险，为"十大农创客"、示范合作社等提供信用贷款，其中高于基准利率的额外利息以及相应保费由财政专项资金承担。三是推进金融互助。探索推动财险农村保险互助社试点，开办兴民农村保险互助社，提供三大类10个险种保险服务。推进全省首批农村资金互助社试点，开办经银监会批准的汇民农村资金互助社。

第四，聚力"组织化＋资源整合"，推动综合服务一体发展。一是构建"农有、农治、农享"组织体系。推动供销社综合改革，构建以农合联为载体，以农民合作基金和农合联实业有限公司为两翼，以为农服务中心、产权服务中心、品牌运营中心和会员服务中心为支撑的"一体两翼四支柱"组织体系。强化县级农合联自身建设，广泛吸纳农民专业合作社、农业龙头企业等新型农业经营主体，构建"1个县级农合联

＋10个乡镇农合联＋N个产业农合联"的"1＋10＋N"农合组织体系，形成县域农合联通用性服务与产业农合联专业性服务经纬衔接的新型农业社会化服务格局。健全农合联理事会、监事会运行机制，让农民享有决策权、治理权、考核权。二是发挥"政府、平台、社会"服务优势。推出"政府平台＋社会服务"与"社会平台＋政府补助"两种模式，搭建"综合服务型""三产融合型"等五大特色为农服务中心。三是放大"政策、信息、创新"叠加效应。整合各方力量资源，一体推进政策、文旅、技术、信息、人才等方面的兴农举措，提升为农服务协同度，让农民"不怕种不好、不怕卖不掉"。出台民宿发展十条政策，推进乡村振兴示范带、西部休闲产业带项目，打造温泉康养、十大民宿群等新业态。

（三）"三位一体"综合合作体系的突出亮点

第一，建立了多功能为农服务中心，可以为农民提供集农业技术指导、农资购买、农产品销售、农业保险、资金储蓄与借贷等多种服务于一体的一站式服务。为农服务中心不仅集中了县级涉农事业单位、行业协会、合作社联合社、庄稼医院、农资公司等农业服务主体，而且鼓励种业公司、大型农资连锁超市、农信担保公司、资金互助社、保险互助社、电子商务等市场主体免费入驻，为农民提供种苗服务、病虫害防治、农资购销、信用贷款、产品质量追溯、信用等级评定和授信、农产品网上销售等一站式服务。如马屿为农服务中心（益农信息社）占地近40亩，总投资1800万元，统筹农业公益服务、农村社会化服务两类资源，内设金融服务、公共服务、农产品公共品牌展示、科技示范、农资购销、电子商务、保险、邮政、培训等服务平台。其中金融服务平台入驻了3家由农民专业合作社自己办的金融服务机构、2家银行、1家农信担保公司、1家保险公司；公共服务平台设有农村产权交易、农技推广、农产品质量安全等多个涉农公共服务窗口；农产品公共品牌叫"瑞安农产"，其优质农产品来自本土专业合作社、农业龙头企业，既有线下实体网点,又有"农商行丰收购""农行微商城"等线上平台,消费者只需下单,即可享受原产地直送到家的服务;科技示范平台依托浙南地区规模最大的神鹿种业公司,采用四大先进系统进行订单式、集约化育苗,是周边地区重要的种苗繁育基地;农资购销平台由多家主体联合打造,种子、农机、化肥、农药等各类品种一应俱全,所有的农资直接从厂商进货并实行平价经营,提供品质保障,凡在这里购买的农资均可享受产品技术指导、农机具维修等跟踪服务,其中新型庄稼医院实现高级农艺师、乡土农业专家现场坐诊和全国各地庄稼医生线上看诊相结合。

第二,打造了跨乡镇的田园综合体,可以延长农业产业链、打造农业品牌、促进三个产业的融合。田园综合体由县级政府规划和组织,依托大面积连片农田,由县级农联合与高科技农业企业合作建设,以"MAP+三位一体"模式引领农民专业合作社高质量发展。如瑞安市滨海十万亩都市田园新天地,依托10万亩连片种植的花椰菜基地,由瑞安市农联合与中化现代农业有限公司合作建设,打造中国第一家"MAP+三位一体"现代农业服务中心,为瑞安市农业生产提供选种、配肥、植保、检测、农业机械、农业金融、农产品收购等"7+3"全产业链服务,满足新型农业经营主体对耕、种、管、收、卖等环节的多样化服务需求。同时,建设以水肥一体化为重点的花椰菜标准化生产示范区;通过建立种子基因库,选育30个彩色花椰菜品种,打造300亩彩色椰菜花田,提升农产品特色化、景观化功能;通过物联网技术及数字化农业服务,搭建"互联网+农业"服务平台,建设"空天地"一体化、互联互通、开放共享的数字农业服务中心,实现地块高效管理、遥感观测作物长势、精准气象预报、农事提醒、病虫害预警、种植数据分析等,为农民专业合作社提供农业信息化服务,提高经营管理效率。

第三,充分发挥了县级党委的领导和统合作用,后者可以组织县域内所有涉农的党政机关、事业单位、民营企业、国有企业、银行、保险公司、行业协会、合作社等不同类型、不同性质的主体参与为农服务中心建设,也可以整合县域内的优势农业资源打造跨乡镇的田园综合体。这也是为农服务中心能为农民提供一站式的各种服务、田园综合体能促进三产融合和提升农产品价值的根本原因。只有县级党委才能通过党的领导系统将县域内的党政机关、企事业单位、行业协会、合作社特别是供销社、银行、保险公司组织起来共同为农民服务,只有县级党委才能通过跨乡镇的农民专业合作社协调不同乡镇的土地资源。因为跨乡镇的供销社、银行、保险公司、国有企业、民营企业、行业协会、农民专业合作社、资金互助社都设有党组织,都必须接受县级党委的领导。

第二节　山海协作,提升区域发展温州新优势

充分发挥山海资源优势,大力发展海洋经济和山地农业,推动欠发达地区跨越式发展,是"八八战略"的重要内容,也是统筹区域发展、缩小区域差距的重要措施。习近平同志非常重视区域统筹发展工作。2004年12月提出,"发达地区要发挥自身优势,尽力帮助欠发达地区加快发展;欠发达地区自身要转变观念、创新体制、改善环境、不懈努力。推进'山海协作工程',就是要通过发达地区和欠发达地区全方位的合作,有的放矢地加大工作力度,做长欠发达地区这块'短板',使全省各个地区的人民共享经济社会发展成果"[1]。"把促进发达地区加快发展与欠发达地区跨越式发展有机统一起来。跨越式发展不是指更快的速度、更大的总量,而是指在发展过程中跨越传统发展模式中的某个甚至某几个阶段。"[2]

21世纪初,温州的欠发达地区主要集中在山区(主要是泰顺、文

---

① 习近平:《之江新语》,浙江人民出版社2007年版,第92页。
② 习近平:《之江新语》,浙江人民出版社2007年版,第163页。

成、平阳、苍南 4 县)和海岛(主要是当时的洞头县)。习近平同志在浙江工作期间,非常重视这些地区的发展。温州以习近平同志讲话精神为指导协调城乡区域发展:为加快推动山区发展,探索将山地资源优势转化成发展优势的道路;为实现海洋经济的跨越式发展,坚持合理开发海洋资源和打造"海上花园"原则;为充分发挥发达地区在共同富裕先行市的创建过程中的带动作用,重视优化城市的布局空间,提升中心城区首位度。

一、发挥山地优势,实现欠发达地区跨越式发展

在"八八战略"和习近平同志讲话精神的指引下,温州一直致力于在保护和改善生态环境的过程中改善民生,探索出一条生态美好与生活富裕互促互进的路子。

(一)大力发展乡村旅游,促进欠发达地区快速发展

文成、泰顺是温州的欠发达地区,也是山区、革命老区、民族地区、国家重点生态功能区,与全国大多数欠发达地区类似。两地以"八八战略"为指导,充分利用山区的生态优势、革命老区的红色文化优势、民族地区的特色文化优势,发展乡村旅游业,实现了快速发展,为全国欠发达地区跨越式发展探索了道路。

文成县和泰顺县发展乡村旅游的主要措施有以下几点。

一是实施生态立县战略,突出生态优势。文成统筹推进绿色村庄规划与建设,大力发展珍贵树种、乡土树种,优化农村生态环境,如注重打造"四季常绿、三季有花"旅游景观:春季,杜鹃花海漫山遍野,苦楝花开吸引眼球;夏季,油桐花如"五月雪"洁白绽放;深秋初冬,丹枫似火,与古道相映,吸引八方来客。泰顺县紧盯环境质量、绿色经济、节能减排、生态保护等六大指标体系,确保水质、空气、土壤等指标走在全省前列;大力开展飞云湖周边违建乱点集中整治和畜禽养殖业、小矿山等专项治理;在全域内实施污水处理和垃圾无害化综合处理。

二是实施大、小交通战略,提升县域内外的畅通度。实施对外重大交通项目,先后建成通县的省道、国道、高速公路,文成、泰顺县城到温州市区的车程逐渐缩短,2014 年分别缩短至 2 小时、2.5 小时,2018 年分别缩短到 1.5 小时、2 小时,2020 年分别缩短到 1 小时、1.5 小时。实施交通"内畅"工程,提高县内干线道路密度,提升乡村公路的等级,扩大公交客运的覆盖率。2018 年文成、泰顺县实现了村村通客车,实现了县城到各乡镇的交通时间不超过半小时、到建制村的交通时间不超过 40 分钟。

三是实施旅游主业化和全域化战略,加强景区建设,推进农旅融合、文旅融合、康旅融合、体旅融合,不断延伸旅游产业链。文成县已建成 5A 级景区 1 个,4A 级景区 4 个,3A 级景区 9 个,省级康养基地 3 个。泰顺已建成 4A 级景区 3 个、3A 级景区 4 个、4A 级和 3A 级景区镇各 4 个、3A 级景区村庄 25 个、旅游风情小镇 2 个、国家级旅游度假区 2 个。此外还举办"长桌宴""百家宴""三月三"畲族风情节等特色节庆活动和旅体品牌赛事、特色水果采摘等农旅活动,做到月月有活动。

四是突出文化特色,提升乡村旅游的文化品牌度。泰顺县挖掘和展示提升廊桥文化、状元文化、畲族文化、石文化、茶文化、红色文化,推出文化公众号"泰顺 3000 年",打造司前竹里民族风情小镇、百丈时尚体育小镇、泗溪廊桥风情小镇等特色文旅小镇,并带动了民家乐和民宿的发展。文成县突出刘基文化、华侨文化、畲族文化、红色文化,创建了"侨家乐"品牌民宿。

(二)开展山区人口集聚与农民增收致富改革试点

人口集聚与农民增收致富改革试点于 2019 年被国家列入温州农村改革试点任务,主要是为了解决生态功能区的生态移民"下得来、稳得住、富得起"问题,为实现避灾安置、生态保护、山区城镇化三重目标积累经验、提供示范。

泰顺县之所以被确定为人口集聚与农民增收致富改革试点县,是因为泰顺有"九山半水半分田"之称,是浙南重要的生态屏障和水源保护地;又是地质灾害多发区,当地城乡危旧房、地质灾害隐患点量大面广,迫切需要有好的集聚避灾安置政策,推动受灾群众转移搬迁、安居集聚。泰顺县在 2003 年就把下山搬迁作为脱贫攻坚主抓手,并得到了时任浙江省委书记习近平的肯定。后来,又接连推出了"一镇带三乡"①"无区域生态移民"②等搬迁模式,2017 年创新推出生态大搬迁模式,搭建"三个 1.5 万"(即县城无区域生态移民区搬迁 1.5 万人、15 个抗震安居安置点搬迁 1.5 万人、18 个乡镇台风避灾安置小区搬迁 1.5 万人)生态大搬迁平台,对抗震安居重建、地质灾害避让、台风倒房户和严重受损户、D 级危房等"四张清单"对象实施统一搬迁。截至 2020 年底,全县累计完成总投资 105 亿元的"3 个 1.5 万"搬迁平台的 59 个安置小区项目建设,累计搬迁安置农户 26949 户 96315 人,实现整行政村、整自然村搬迁 384 个,集中安置率达 72.51%,让约占全县总人口四分之一的群众实现安居梦。通过农村宅基地空间置换复垦耕地1000 多亩,城镇化率接近 75%,县城常住人口超过 10 万人,占全县常住人口总数的 65%;珊溪水库区、乌岩岭国家自然保护区、重点地质隐患区、地震灾区的群众向县城和中心镇集聚后,生态压力大大减轻;城乡居民可支配收入持续快速增长。2020 年,全县环境空气质量优良率、地表水水质和集中式饮用水源地水质达标率均达 100%,城乡居民可支配收入分别达到 42479 元、20347 元。

泰顺县搬迁模式的主要创新包括三个方面。

---

① 泰顺县 2003 年开始实施的项目,是以司前畲族镇为中心,将人口较少、资源贫乏、交通不便、居住分散的峰门、黄桥、竹里等乡作为一个整体,有组织、分阶段地搬迁到司前镇,农民建房采取"政府主导、百姓参与"的"浙派民居"统规自建模式,累计搬迁下山农户 3180 户 9540 人,使司前畲族镇的城镇化率从 38%提高到 82%,为山区城镇化提供了一个可复制、可推广的样板。

② 指不限定区域的、跨乡镇的搬迁,2003 年开始实施。按照"三个三分之一"(即约三分之一人口外出务工经商,三分之一集中到县城,三分之一集中在中心镇)的区域协调发展思路,在县城规划区内统规统建,委托浙江绿城房企代建,开展"无区域生态移民区"项目建设,实现全县群众可跨行政区域无障碍搬迁到县城。

一是搬迁政策创新。以"政府主导＋群众自愿"为原则，综合考虑农户收入能力、可支配能力、消费能力等因素，探索构建搬迁人口识别与评判综合指标体系，确定搬迁对象。破除传统下山移民"点多分散、重复搬迁"和"点对点"的限制，实现全县跨行政区域无障碍搬迁。在县城、中心镇选取优质的地块，统一规划建设高品质搬迁小区，引导搬迁群众向县城、中心镇集聚，争取一次搬迁到位。在落实安居圆梦补助基础上，统筹下山脱贫、生态移民、大拆大整、灾后重建、宅基地复垦等政策，对搬迁农户加大补助力度，最大限度降低群众进城入镇成本。在搬迁小区保障房中预留 10％作为困难家庭公共租赁房和共有产权房房源，兜底保障困难群众"下得来"。

二是民生保障制度创新。在县城无区域生态移民区等较大规模搬迁点周边配套建设学校、医院、文体活动中心等公共设施，优先安排小微园、来料加工点等产业配套，解决好搬迁农户子女教育、医疗服务、劳动就业，不断提升农户搬迁后的归属感。对搬迁困难群体的城乡居民基本养老保险、基本医疗保险、大病保险等费用进行全额补助，逐年提高最低生活保障标准。实施低收入农户家庭子女就学助学补助扩面工程，对搬迁农户子女的就学补助覆盖学前教育至大学阶段。开展低收入农户意外伤害补充保险全覆盖行动，破解搬迁农户因病因意外伤害致贫返贫的困境。

三是产业扶持政策创新。以"资源盘活＋造血帮扶"，构建"农民下山、产业上山""搬家不搬田"的可持续发展模式，打消村民下山无田可种的后顾之忧；创新实施"双增消薄法"，将原先相对独立的低收入农户增收和村集体消薄整合，县财政专门安排扶持资金入股低收入农户"圆梦工程"项目，村集体消薄、低收入农户增收与入股效益挂钩，其中 30％归农村集体所有，70％用于分配低收入农户，改变以往强村不富民、富民难强村的状况。以"政策引导＋平台搭建"，建立"两专双十"服务团，根据茶叶、猕猴桃、石雕等特色产业以及科技、金融、法律、商贸等不同业务领域，组建 10 个专业服务团和专家服务团，上百名专家人才在"云"间、田间、车间开展线上线下服务,大力扶持搬迁农户自主发展茶叶、猕猴桃、中蜂、中药材等优势产业。以"多元谋划＋特色培育",探索山区生态工业高质量发展改革,在农民易地搬迁安置小区和扶贫重点村就近布局小微创业园、竹木产业加工园和来料加工点,配套开展生产实用技能培训,促进搬迁群众"进城就业"和产业集聚发展。鼓励搬迁农户以闲置土地、房屋、林地等资产作价入股现代农业、休闲旅游等项目,按股分享经营收益,利用山上闲置资源实现稳定增收。

(三)创建"美丽田园＋"发展模式,促进乡村振兴

要推进城乡一体化发展,必须充分发挥农村的资源优势,而农村的资源优势在于田园风光;只有将田园风光优势转化成经济优势,才能实现乡村振兴和城乡一体化发展。为了促进乡村振兴,推动"美丽田园"向"美丽经济"转变,温州市探索出了"美丽田园＋"发展模式。它以习近平生态文明思想为指导,以"三位一体"农民综合合作体系建设、农村产权改革为契机,以大力发展田园经济为目标。

第一,整治耕地,整出粮食生产新潜能。一是向失管田要空间。组织开展失管农田大排查,建立失管农田清单和责任清单,并实施失管农田整治"红黑榜"制度,对长期失管农田由村集体统一耕种,全力挖掘粮食生产新空间。二是向抛荒田要空间。全面推行农田网格化管理,建立县、乡、村和经营主体四级"田长制",完善"干部包片、党员包户"包干责任体系;建立"智慧田管"系统,利用无人机定期对农田进行巡拍,定期对季节性抛荒进行督查,并及时反馈给田长和相关经营主体,有效治理农田季节性抛荒;积极推广轮作技术,全力提高农田复种指数,有效减少季节性抛荒现象。三是向低效田要空间。优化农田建设布局,统筹整合资金,因地制宜开展农田水利、耕地保护、地力提升等建设,大力推进高标农田建设,真正让高标农田成为农民愿意种的"稳产田""高产田"。

第二，净化和美化乡村，化出乡村旅游新业态。一是全面开展田园环境整治。清理整治田间乱点疤点和积存垃圾，拆除简易棚架、乱搭设施、违章建筑，整治住人棚窝。二是深度发掘农业文化创意元素。深入挖掘、开发、整合农业的生产、生活、生态和文化功能，打造具有山水田园特色的农业休闲园区和田园综合体，实现"农业园区"变"观光景区"。三是大力发展乡村旅游。结合乡村民宿、森林康养、研学旅游、科普教育等乡村生态休闲产业发展，培育乡村旅游新的增长点。

第三，推进产业升级，探索田园经济新路子。一是推进产业生态化。突出优质、安全、绿色导向，完善生态循环、环境友好、节本增效生产方式，深化肥药"两制"改革，着力推进农业绿色发展先行区试点创建，健全农业投入品"闭环"监管机制，重点实施测土配方施肥工程和统防统治工程，推动乡村产业绿色可持续发展。二是推进产业融合化。结合西部生态休闲产业带和乡村振兴示范带建设，将美丽田园创建与乡村民宿、森林康养、研学旅游、科普教育等乡村生态休闲产业有机结合，推进"一产""接二连三"。三是推进产业聚集化。突出培育产业平台，重点推进田园综合体、现代农业园区、特色农业强镇以及森林康养基地等一、二、三产业融合发展平台建设。

第四，转变管理机制，管出美丽田园新气象。一是创新经营机制。围绕"种什么、怎么种"，全力推进农业适度规模经营和统一品种布局，建立农田现状电子档案，通过转包、租赁、托管、入股等手段，使失管地、抛荒地、边角地通过流转得到统一开发利用。二是创新管理机制。围绕"谁来管、怎么管"，全面推行四级田长制，创新"田管家"，建立网格化的田园环境整治和保护体系，实现温州市农田网格管理全覆盖、责任全落实；建立并完善"智慧田管"平台，将 529 个田块航拍信息全部纳入平台统一管理，实现智控管田。三是创新服务机制。围绕"帮什么、怎么帮"，实施经营主体定期轮训制度，对重点田块经营大户一年一轮训，引导调整种植业生产方式，提升种植技术。推行日常保洁管护服务制度，每个乡镇建立 1 支日常管护队伍，并引导有条件的地方以村为单位建立市场化队伍,负责农田日常保洁和管护。

到 2020 年底,温州市已累计整治田块 577 个、面积 48.4 万亩,新建农业生产管理房 1833 座,落实样板田块创建点 34 个,温州市田园环境得到很大的提升改善;耕地复种指数达到 1.52,其中粮食生产功能区粮食复种指数达 1.58,复种面积达 121 万亩;建成农业休闲观光园和生态休闲农庄 134 个、省级“最美田园”18 个,形成以美丽田园为主题的休闲农业旅游线路 35 条;培育建设各类市级以上产业平台 18 个,其中国家现代农业产业园 1 个、国家级特色农业强镇 2 个、省级现代农业园区 4 个、省级田园综合体 3 个、省级特色农业强镇 11 个、市级田园综合体 9 个、县级田园综合体 18 个;创成全国美丽休闲乡村 3 个、省级休闲乡村 9 个、省级农家乐集聚村 41 个,培育发展乡村民宿 1413 家,市级森林康养基地 26 家。

二、发展海洋经济,实现城市从滨江到湾区大跨越

温州东临东海,是我国连接长江三角洲和海峡西岸经济区的重要节点城市,是浙江省三大中心城市之一。温州海域总面积 8649 平方公里,拥有海岛 714.5 个;海岸线总长 1293 公里,约占浙江省的 19.3%;海域滩涂资源约 86.22 万亩,占浙江省的 25.14%。温州市要实现共同富裕,必须充分利用这些海洋资源,高质量地发展海洋经济。在“八八战略”的指引下,温州高质量完成了半岛工程,实现了由滨江城市到滨海城市再到湾区城市的两个跨越。

温州半岛工程是在 20 世纪 70 年代提出的,旨在以多座跨海桥梁和拦海大堤使洞头与温州连接,建设温州半岛,形成温州大港。工程虽于 1996 年 12 月动工兴建,但一直进展缓慢,其主体工程是在 2003 年“八八战略”提出后、在习近平同志的亲自关心下完成的。

2003 年下半年,半岛工程加速推进,温州开始以“迈向东海时代”进行战略布局,海洋产业跨越式发展。2003 年 11 月,温州市成立了以

市长为组长的海洋经济工作领导小组,建立了联席会议制度,定期研究分析全市海洋经济发展情况。2004 年初,以"一港、两岛、三江、四湾"为重点的海洋经济格局建设海洋强市的规划正式实施。一港,就是把温州港从内港转为外港,从河口港转向近海深水港,为实现温州港由地区港口向主枢纽港的转变,建设现代化沿海主枢纽港和集装箱重要港口奠定基础。两岛,就是加快建设以港口建设与临港产业、近海特色养殖和海岛旅游为重点的洞头列岛,以及以生态保护、海岛旅游、近海生态养殖为重点的南麂列岛。三江,就是大力搞好瓯江、飞云江、鳌江等口域扇形沿岸地带滩涂的围涂造地工程。四湾,就是大力开发乐清湾、温州湾、大渔湾与沿浦湾的滩涂资源,发展滩涂浅水海水养殖,加快特色养殖基地的建设。2004 年 11 月,半岛工程灵霓北堤基础部分全线贯通,大轮径汽车首次实现从大陆直抵洞头县。2005 年 6 月,温州市委提出了以五大功能区为建设重点"向海洋进军,再造一个海上温州"的发展战略。五大功能区指:以外贸远洋集装箱和国际大宗散货运输为主的状元岙港区;以发展临港工业为重点的乐清湾港区;以建设石化产业基地为目标的大小门岛港区;以七里、灵昆、龙湾港区为主体的瓯江口内港区;以瑞安、鳌江、舥艚、霞关为主体的瓯江南部地区的港区。同时提出,在开发海洋资源时,要坚持以科技为动力、以市场为主导,坚持开发保护相统筹的原则,大力发展港口运输业、临港工业、海洋渔业、滨海旅游业和海洋新兴产业。2006 年 4 月,灵霓海堤堤顶工程(防浪墙和水泥路面)全线完工,实现了海岛与大陆通车这一几代人的愿望,温州半岛工程基本完成。2011 年底,温州市瓯江口新区开发建设管理委员会组建,作为市政府的派出机构,负责瓯江口新区半岛建设。自此温州完成了从滨江城市到滨海城市的跨越。

2019 年,温州市委提出了打造海洋经济发展示范区的构想:按照"海上花园"的功能定位,充分发挥海洋、海岛、海湾等优势,在差异化发展中赢得更多主动权和更大空间。重点是提升发展临港工业、绿色石化、港航物流、现代渔业等主导产业;抓好环境综合整治,保持海岛渔村原生态本色,做好保护、修复、提升的文章,让"海"的特色更浓、"岛"的韵味更足;抓好旅游产业发展,顺应休闲度假时代需求,引入优秀团队、植入文化创意,创新开发建设模式,以艺术家的眼光打造旅游新产品,使温州真正成为令人向往的休闲度假胜地。

2019年,温州打造海洋经济发展示范区的构想得到国家支持。温州海洋经济发展示范区面积约148平方公里,其中启动区面积约24平方公里。空间布局是一核(瓯江口核心区)、一轴(灵昆—半岛发展轴)、四区(洞头海洋旅游区、状元岙港区、大小门临港产业区、蓝色产业新城)、多岛(规划范围内的相关海岛)。总体定位是,发展海洋生态经济,打造国家"海上花园"。示范任务是,探索民营经济参与海洋经济发展新模式,开展海岛生态文明建设示范。具体包括四项:民营经济参与海洋经济发展示范区、生态海岛美丽湾区建设示范区、陆海统筹发展示范区、海洋新兴产业发展示范区。

2019年,温州抓住长三角区域一体化发展上升为国家战略的机遇,出台《温州大湾区建设行动方案(2019—2022年)》《温州大湾区沿海产业带发展规划(2019—2022年)》,开始了温州大湾区建设。温州大湾区包括由中心城区(鹿城区、龙湾区、瓯海区、洞头区)的平原地带、永嘉县沿瓯江平原地带及乐清市、瑞安市、平阳县、苍南县的沿海平原地带组成的"皇冠型"区域,陆域面积约为2353平方公里。温州大湾区的核心区域是沿海产业带,其规划是依托温州海洋经济示范区建设,发展壮大以临港产业、海洋新兴产业、海洋旅游业、海洋服务业为主导的现代海洋产业体系。洞头海洋生态经济区作为示范区核心区块之一,实施以生态美带动产业美战略,综合开发渔、港、景等海洋资源,打造以"海、岛、城"为一体的洞头海洋生态经济区。同时,集中力量推进瓯江口产业集聚区、浙南产业集聚区、温州高新区(浙南科技城)三大主平台开发建设,加快打造瑞安、乐清、瓯江口产业集聚区、浙南产业集聚区"万亩千亿"新产业平台的步伐。其中乐清湾港区将做大做强电气装备产业，重点发展港口物流、临港产业和海洋新兴产业，打造成为具有装卸储存、中转换装、多式联运、组织代理、信息服务等功能的多功能港区。

洞头区是我国 14 个海岛区（县）之一，是温州市唯一的海岛区，拥有岛屿 302 个，海域面积 2652 平方公里，分别占温州市岛屿总数的 42.45%、海域总面积的 30.66%。洞头区作为温州市打造"海上花园"、建设海洋经济发展示范区的主战场，在发展海洋经济方面有许多重要举措。一是充分发挥人才资源和民间资本丰富的优势。举办温州洞头院士论坛，大力吸引高层次人才聚焦洞头，紧盯温州转型升级发展的趋势，为温州健康快速发展出谋划策；引进台资企业和文化创意公司打造同心旅游小镇和海霞小镇，推出渔村摄影游等 12 条具有影响力的旅游线路及大众海钓等 30 余种文旅体休闲产品，形成以海霞村为核心，整合周边 6 个行政村（社），集养生度假区、海上娱乐区、文俗体验区、乡村休闲区、美食购物区、山野风貌区于一体的特色红色小镇；引入民资建设"白龙屿"和"黄鱼岛"项目，"深水养殖＋休闲渔业＋岛礁观光"的大黄鱼养殖模式全国领先；引进近亿元民资，建成 6 艘远洋渔船赴西非开捕，实现温州市远洋渔业"零的突破"。二是呵护碧海蓝天，推进海岛生态实践新模式。完成渔港清淤疏浚 157 万立方米，修复沙滩 15 万平方米，建设海洋生态廊道 23.73 公里，这些成果带来"黄沙变黄金"效应：蓝湾整治成为全国样板，入选自然资源部十大典型案例和国土空间生态修复案例，亮相"伟大历程　辉煌成就——庆祝中华人民共和国成立 70 周年大型成就展"。实行"小岛迁、大岛建"策略，实现"退人还岛"，完成大瞿、南策整岛搬迁，修复南北爿山岛鸟类栖息地和生态系统，被央视《朝闻天下》栏目称赞为绿色发展的成功典范。在全区范围内实施花园公路、花园景区、花园渔港、花园公厕等十大花园细胞建设工程，形成层次分明、绿树成荫、季相变换的花园景观，已建成 70 多个"产业＋旅游＋文化＋村居"花园村庄。三是创新和完善海洋经济发展的保障机制，形成一批特色改革成果。

探索开展"标准海"改革，发布实施养殖类与文旅类"标准海"出让标准、养殖用海生态保护与管理暂行办法。借鉴治水"河长"工作制，实施"湾（滩）长"制度，以公开招标形式，吸收第三方力量参与海域管理。实施海岛生态型"透水式"建设用海试点，探索产权证办理改革。开展海岛发展差异化标准体系改革，发布实施小型休闲船艇管理、"海上花园"建设、渔港管理等 20 项个性化标准，突破了部分制约海岛发展的瓶颈。

2003—2020 年，温州市海洋产业增加值由 80 亿元提高到 1200 亿元，占地区生产总值的比重由 8％提高到 16.8％，高于全省平均水平近 3 个百分点。温州市由滨江城市到湾区城市的跨越，海洋经济的迅速发展，为温州市创建共同富裕先行市提供了助力。

2021 年的全国两会上，粤闽浙沿海城市群写入了国家"十四五"规划，温州的区位优势进一步凸显：不仅是长三角的"金南翼"，还是粤闽浙沿海城市群的"金北翼"。这给温州打造属于自己的湾区城市提供了千载难逢的机会。温州湾包括瓯江口外的洞头、大门、玉环等岛，面积约 500 平方公里的海域及其沿海地区陆地和岛屿，可以将乐清南部、龙湾、永强片、洞头区整合为一个"江、海、城、岛、山、林、田"相互辉映、功能互补、和谐宜居的"湾区城市"。温州真正实现从滨海城市迈向湾区城市，对温州巩固提升区位优势，推进共同富裕，有着不可估量的战略意义。"十四五"期间，温州将从以下几个方面大力打造"湾区城市"。

第一，加快推动瓯洞一体化发展。全力推进瓯江口一期、大门海洋经济产业区块、洞头海洋旅游开发区块建设，实施海洋产业项目、城市配套和公共服务项目、基础设施项目、生态屏障项目等四类超千亿项目，有效支撑示范区高质量发展。聚焦海洋战略性新兴产业培育，全力加快温州综合保税区、温州瓯江口产业集聚区、南塘工业区、杨文工业区、健康产业园等产业平台整合提升，积极争创高能级产业平台。深化洞头省级海岛公园建设，通过提升美丽海岛风貌、加快陆岛交通建设、推进陆岛协同发展、丰富海岛公园旅游产品、加大绿色科技支撑、提升滨海旅游品牌等六大系列建设,实施十大标志性工程,全力打造国际休闲度假型海岛旅游目的地。

第二,推动都市区主中心环山跨江面海协同融合发展。优化调整城市东部空间和功能布局,高起点、高标准建设温州东部新区,整合优化提升瓯江口产业集聚区和洞头区,科学推进瓯飞围垦空间开发利用。加快以沿海县城为重要载体的新型城镇化建设,推进公共服务设施提标扩面、环境卫生设施提级扩能、市政公用设施提档升级、产业培育设施提质增效,补齐县域城镇化短板。支持沿海城镇打造中心镇、强镇,培育一批依托"港、渔、涂、岛、景"等海洋资源建设的滨海特色城镇。

第三,加快产业带沿线产业平台整合提升。打造以高能级战略平台为龙头、高质量骨干平台为支撑、特色小镇为补充的多层次沿海产业平台,力争将温州东部新区、乐清经济开发区(高新区)、瑞安经济开发区(高新区)等创建成为省级高能战略平台,创成 2 个以上"万亩千亿新产业平台"。推动产业带沿线"一主两辅多点"港口建设,构建由G228、G1523、S2 线、甬台温福高铁形成的沿海大通道,强化甬舟台联动发展,推动以交通链共建产业链、创新链、供应链。推动沿海产业平台向宜居宜业的现代化滨海新城转变,着力培育一批产城融合型、职住平衡型、生态宜居型新片区,高质量打造产城人融合发展样板。

第四,加快全市开发区(园区)整合提升和海洋成果转化。重点打造温州高新技术产业开发区(温州经济技术开发区)、浙江乐清经济开发区(乐清智能电气高新技术产业园区)、浙江瑞安经济开发区(瑞安智能成套装备高新技术产业园区)等产业平台,实现产业平台陆海联动发展,支撑全市海洋经济高质量发展。依托温州国际未来科技岛建设,发挥瓯越院士之家人才优势,引导科技岛增强海洋科技成果转化能力、提升海洋科技金融服务功能、加快海洋国际人才集聚。充分发挥洞头在海洋产业领域的独特优势,聚焦海洋渔业、海洋生物医药和临港产业,积极培育参与区域海洋科技竞争的新优势,着力建设海洋科技创新岛。完善全链条科技企业孵化育成体系,深化温州市海洋科技创业园、海洋科技创新园、海洋经济产业科技孵化园等平台建设,建成一批海洋产业技术研发转化中心、推广中心和孵化基地。加强温州海洋科教创新技术中心、洞头区水产科学研究所博士后工作站等科技创新服务载体建设,形成一批高能级的产学研用协同创新联合体。

第五,优化港区功能定位和布局。加快构建形成以乐清湾港区为主港区,状元岙、大小门岛为特色辅助港区,瓯江、瑞安、平阳、苍南为城市配套港区的"一主两辅多点"港口空间结构。乐清港湾区突出以温州港为未来主体港区的发展定位,侧重乐清湾港区码头泊位布局和综合港区建设,大力发展海铁联运和集装箱多式联运。状元岙港区作为温州港当前外贸集装箱中转主要作业区,进一步增建集装箱泊位,增强集装箱运输处理能力。大小门岛港区依托石化产业岛功能定位,突出以货主专用码头为主。

三、提升中心城区首位度,加快建设区域中心城市

温州市一直恪守"八八战略"的总体部署和习近平同志的科学指示,在城市建设、产业升级、配套建设等方面持续发力,以增强中心城市的承载力、集聚力和辐射力,充分发挥中心城区在共同富裕先行市创建方面的带动作用。

"十一五"期间,温州全面实施大都市区战略,使城市和基础设施建设大步推进。中心城区功能不断提升,滨江商务区建设全面启动,龙湾中心区初具规模,瓯海新城建设整体推进,建成区面积达到185平方公里,城市面貌逐步改观。工业经济转型升级步伐加快,企业整合重组力度加大,新增产值超亿元企业383家,高新技术产业增加值占规模以上工业增加值比重提高了3.2个百分点,新能源、新材料、生物医药、环保设备等新兴产业蓬勃发展。此外,温州建成泵阀、轻工等

一批公共创新服务平台，并有 7 项科研成果获得国家科学技术奖励，温州被评为"中国十大品牌城市"。

"十二五"期间，温州强化都市区发展理念，调整完善城市总体规划和土地利用总体规划：按照温州大都市区理念，确立了以 1 个大都市核心区（三区、洞头、瓯江口、瓯江北岸及上塘）、6 个副中心（乐清、瑞安、平阳、苍南、文成、泰顺）、50 个左右具有区位优势、产业依托和自身特色的中心镇为重要节点的"1650"大中小城市网络型组团式都市发展新格局。全面启动新一轮市区城中村改造，滨江商务区、中央绿轴等城市亮点区块形象初现，顺利通过国家历史文化名城、国家环保模范城市评估验收，成功创建国家园林城市，成功实现"六城联创"。实施创新驱动发展战略，加快建设创新型城市，积极推进产业集聚区、开发区（工业园区）整合提升，启动浙南科技城规划建设，实施"五一〇"产业培育提升工程，制定出台领军企业、高成长型企业培育计划，积极推进"机器换人"和企业股份制改造，新增高新技术企业 133 家、"企转股"210 家，技改投资增长 24%。大力发展旅游、电商、物流等服务业，积极培育新的消费热点，社会消费品零售总额增长 11%。深入实施"温商回归"工程，实际到位内资 1110 亿元。

"十三五"期间，温州大力推进都市区建设，持续开展"大拆大整"，拆除城中村整村 155 个，获国务院督查激励。常住人口城镇化率从68% 提高到 71%。谋划实施千个"大建大美"项目，瓯江沿线、塘河沿线、历史文化街区、三垟湿地和中央绿轴等"两线三片"成为城市新地标、市民休闲好去处。环保事业进展迅速，绿色发展指数跃升至全省第二，创成全国水生态文明城市，入选中国气候宜居城市。产业科创方面，系统构建"一区一廊一会一室"创新格局，全面启动浙南科技城建设，环大罗山科创走廊成为全省重要科创大走廊，新增国科大温州研究院、浙大温州研究院等高能级创新平台 29 家，瓯海国家大学科技园跻身全国 10 强，温州市研发经费支出占地区生产总值的比重从1.71% 提升至 2.2% 左右。高新产业增加值占规上工业比重从

36.8%提高到60.9%,传统制造业改造提升水平指数和数字经济发展综合评价指数均居全省第二。高新技术企业从700家增加到2401家,科技型中小企业从2652家增加到10340家。产业升级正在加速推进,成效明显。同时,在交通运输业、现代服务业、公共服务等方面温州都在加大建设力度,配套机制逐步健全。2017年,温州被国家定位为"全国性综合交通枢纽""国家历史文化名城,东南沿海重要的商贸城市和区域中心城市",在"一带一路"建设和全国全省发展大局中扮演着越来越重要的角色。这为温州市提升区域中心城市首位度提供了重要支撑,也对温州市提出了更高的要求。为此,温州市委先后出台《关于深入贯彻落实省委"四大"建设决策部署 加快打造全国性综合交通枢纽的决定》《关于全面提升中心城区首位度 加快建设区域中心城市的决定》《关于深入实施创新驱动战略 建设高水平创新型城市的实施意见》等文件,对提升温州市中心城区和区域中心城市首位度进行战略部署,提出未来发展规划和愿景。2025年的目标是:(1)温州市区域中心城市地位更加凸显。全面对接融入国家重大发展战略,成为长三角一体化发展重要"南大门"和对接闽台的"桥头堡",将温州打造为民营经济创新示范城市、上海高端资源溢出的重要承接城市、长三角联动海西区的桥头堡和重要节点枢纽。温州市地区生产总值突破1万亿元,常住人口达到1000万人,人均生产总值达到10万元/人,真正发挥全省经济增长第三极的重要作用。(2)中心城区首位度明显提升。中心城区扩容提质加快推进,实现人口、产业、基础设施、公共服务高度集聚,高端要素集聚效应更加明显,都市区辐射能力和中心城区首位度显著提升。为达成上述目标,温州市将在以下几个方面重点布局和建设。

(一)优化都市区空间布局,推进城市主中心一体化发展,在此基础上推动中心城区向东面海发展

以"一主一副两极多节点"空间结构为骨架,形成"中心集聚、南北

联动、全域融合、城乡协调"的大都市区体系。以环大罗山区域为主中心,拓展区域发展空间,优化中心城区布局,加快推进"东拓、西优、南联、北跨":向东建设温州东部新区和推进瓯洞一体化发展,推动温州都市区由"瓯江时代"向"东海时代"迈进;向西优化提升市区西部城市功能,推进西部生态新城和多式联运枢纽建设;向南推进温瑞同城化发展,加快建设都市区主中心南部新区;向北推进与永嘉、乐清拥江发展。加快建设由平阳、苍南、龙港组成的南部副中心,推进一体协同共进,构建具有中国气派、浙江气度、温州气质的现代化大都市区。

(二)推动中心城区全面崛起,全面提升中心城区首位度

加快中心城区扩容提质步伐,全面提升城市规划水平和建设品质;强化公共服务功能,坚持"高端服务集聚成板块、基层服务全覆盖"理念,加快发展教育、医疗、文化、养老、家政、体育等社会事业;充分发挥温州山水自然和历史人文资源优势,加快推进瓯江山水诗路文化带建设,深入挖掘红色旅游资源,推动温州文旅产业融合发展;提升城市设计水平,制定出台城市设计导则,引进国际国内一流设计团队,分层分类推进城市设计全覆盖,确保城市设计贯穿于城市规划全过程。

(三)构建便捷通达的交通网络

全力构建便捷通达的轨道交通网络,加快建设集高速铁路、城际铁路、市域铁路于一体的现代轨道交通体系,打造全国重要的区域性国际枢纽机场,建设辐射浙南闽北赣东的重要枢纽港口,构筑区域一体的立体交通走廊。

(四)推动产业升级

积极融入长三角先进制造业集群,对接上海电子信息、汽车两个万亿级产业集群培育计划,推动培育世界级智能电气产业、千亿级时尚智造产业和新能源智能网联汽车产业等优势特色集群。深入实施数字经济、智能装备等五大战略性新兴产业 5000 亿元培育计划,共建长三角生命健康产业链协同创新示范基地;加快打造现代服务业高

地,着力建设区域商贸服务中心;着力打造"总部温州""总部经济";推
进滨江商务区、科技金融港等金融平台建设,加快打造成为新兴金融
中心,推动温州现代金融业集聚发展;推动会展业与温州优势产业、新
兴产业融合发展,着力将温州打造成为区域性国际会展中心;大力提
升文化创意园发展水平,努力把文化产业培育成为千亿级产业;大力
培育"月光经济"产业,加快打造月光经济休闲街区和产业带,推动旅
游经济的发展。

(五)聚力提升科技创新能力,把温州建设成为区域性科技
创新中心

高起点打造环大罗山科创走廊,推进国科大温州研究院、浙大温
州研究院、华科大温州研究院、北斗产业基地、"中国眼谷"、中德智能
制造研究院等一批重点项目建设,筹建中国(温州)技术产权交易所,
促进科技成果就地产业化发展。推动高校、科研机构、企业共建研究
中心或联合实验室,积极争取更多国字号创新平台在温落地,实现创
新、创业、创投、创客"四创联动",最大限度集聚创新资源要素。完善
落实人才新政,打好"人才净流入攻坚战",全力引进国内外高层次人
才,大力发展人力资源服务业,着力打造浙南"人才高地"。深化温沪
科研合作,拓展"技术在上海、转化在温州"合作模式。

第三节　共建共享,探索幸福温州发展新路子

实现共同富裕,必须首先消除贫困,建立健全遇困就帮及先富帮
后富的帮扶机制、就业保障体系和社会保障体系,确保每一个劳动者
都能实现高质量就业,确保每一个困难群众都能免于贫困并过上有尊
严的生活。习近平总书记在党的二十大报告中指出:"我们要实现好、
维护好、发展好最广大人民根本利益,紧紧抓住人民最关心最直接最

现实的利益问题,坚持尽力而为、量力而行,深入群众、深入基层,采取更多惠民生、暖民心举措,着力解决好人民群众急难愁盼问题,健全基本公共服务体系,提高公共服务水平,增强均衡性和可及性,扎实推进共同富裕。"①温州作为东部沿海发达地区,在践行"八八战略"的过程中,不仅高质量消除了绝对贫困,壮大了中等收入人群,而且建立健全了对城乡困难群众的帮扶机制、基本公共服务均等化的机制、就业保障和社会保障机制。

一、完善减贫制度,健全先富帮后富机制

习近平同志在浙江工作期间,一直重视对城乡贫困群众的帮扶。他在 2003 年 7 月提出:"帮助群众特别是困难群众解决各类实际问题,除了要不断完善面向全社会的各类社会保障制度外,还要建立面对困难群体的长效帮扶机制。"②温州作为东部沿海发达地区,一直注重面向困难群众的帮扶机制建设。在 2004 年 5 月上海全球扶贫大会上,以自力更生和民本经济为主要特点的浙江省温州市"内发性脱贫模式",成为大会一大亮点,并当作全球扶贫典范在会议上作经验交流。在大会开幕式上播放的中国扶贫宣传资料片中,用 4 分多钟介绍了温州的扶贫成功案例。温州用 20 年的时间,解决了 700 多万人口的温饱问题,35 万家(户)个体工商户和民营企业给本地农村和外地贫困地区农民提供了近 200 万个就业机会。不同于其他地区普遍依靠帮助的"输入性"脱贫,"温州模式"正是以其"内发性"脱贫并迅速发展的独特魅力,成为全球成功脱贫的案例之一。

2003 年以来,温州着力扶持欠发达地区和农村发展,区域城乡更加协调。2015 年,温州与全省同步实现消除绝对贫困;2016 年开始,

---

① 习近平:《高举中国特色社会主义伟大旗帜　为全面建设社会主义现代化国家而团结奋斗——在中国共产党第二十次全国代表大会上的报告》,人民出版社 2022 年版,第 46 页。

② 习近平:《之江新语》,浙江人民出版社 2007 年版,第 4 页。

温州市扶贫工作进入减缓相对贫困的新阶段;2021年,温州市农村居民人均可支配收入为35844元,增长10.5%,扣除价格因素增长9.0%,低收入农户人均可支配收入提高到14645元,增长15.2%。温州坚持开发扶贫与保障扶贫两轮驱动,区域发展与精准扶贫统筹推进,构建专项扶贫、行业扶贫、社会扶贫"三位一体"模式,全力推进扶贫开发工作,探索出具有温州地域特色的经验和做法。

(一)创新社会扶贫机制

社会扶贫可以弥补政府扶贫工作的不足,完善扶贫治理结构,丰富扶贫资源,还能最大限度发挥扶贫主体的能动性,更好地满足贫困群体的需求。温州多举措创新社会扶贫方式方法,积极开展志愿扶贫、企业结对扶贫、信息化扶贫、温商回归反哺扶贫等,推进社会力量参与扶贫。为了更好利用社会力量扶贫,温州还打造了"四大项目"鼓励民间力量参与社会救助。(1)建立"基金项目",以财政资金"撬动"社会捐赠资金。(2)开展"全城发现"项目,通过服务热线、媒体等形式发动全城力量,帮扶困难群众。(3)实施"爱心驿站"项目,搭建政府与社会的信息沟通桥梁。(4)开展"社工介入"项目,为困难群众提供多元帮扶、一站式服务。社会扶贫激发了温州社会的能动性,展现了温暖之州大爱之城的力量,为温州扶贫开发注入了活力,成为温州扶贫的重要举措。

(二)落实精准扶贫战略

2013年,习近平总书记在湖南湘西考察时首次提出了"精准扶贫"理念。[①] 之后,他多次在考察和讲话中强调精准扶贫的重要意义。精准扶贫不仅成为指导中国农村扶贫的基本方针,而且成为扶贫实践的主要抓手。温州积极推进"低收入农户收入倍增计划",开展精准扶贫,效果显著。温州实施的精准扶贫战略主要体现在以下几个方面:

---

① 本书编写组编:《不忘初心　继续前进》,人民出版社、学习出版社2017年版,第27页。

（1）精准识别。扶贫部门对 2013 年低收入农户数据库进行全面梳理，采取倒排法，制定标准，认定重点帮扶对象。同时，确立了帮扶对象进入和退出机制。（2）精准施策。对重点扶贫对象实施产业帮扶，发展特色种养业、来料加工业、乡村旅游、光伏产业等。对低保对象，实施低保兜底；对缺乏劳动能力的困难农户实施社会救济；对缺乏资金、项目、技术的劳动力，开展职业技能培训，实施就业帮扶；对居住条件差的贫困农户，通过危房旧房改造或易地搬迁改善居住条件。（3）精准帮扶。温州领导干部带头结对帮扶。温州共有 1707 个经济薄弱村，工作人员逐一进行分析，做到"一村一策"、精准帮扶。（4）精准考核。建立扶贫工作县、乡、村三级责任捆绑制度，实行"政治、经济、荣誉"三挂钩，明确可量化、可核查的工作任务，并列入年度考绩项目。完善干部结对帮扶，切实做到责任到人、干部到户、措施落地。加强财政监督检查和贫困农户检测工作，切实掌握贫困农户的实际情况。

文成县用大数据助力精准扶贫，创新推出脱贫攻坚"小康码"，以确保低收入农户精准认定、扶贫资金足额发放、各种服务及时到位、扶贫项目规范化建设。主要做法是：（1）架设全量信息数据中心。在县大数据中心开通政务网虚拟服务器，整合全县低收入农户基本信息、结对帮扶措施、扶贫项目进展情况等全量信息，打造扶贫数据集成中心，构建起规范、高效、全面的脱贫攻坚"小康码"系统平台。（2）建立扶贫信息共享库。利用大数据管理和数据分析，将扶贫对象、扶贫资金、扶贫项目等相关信息归集入库，进行多部门数据互联互通，对扶贫工作及成效进行实时核对、跟踪管理、动态监测、定期评估，达到主要扶贫数据"一网通"，实现信息资源共享。（3）推行数据授权管理机制。"小康码"系统只开通政务网授权 IP，所有用户数据更新操作都在政务内网进行，保证系统安全运行。经授权管理"小康码"系统的部门，对使用过程中的数据安全、农户个人信息保密实行"一把手"主体责任、专人管理具体责任工作机制，确保安全管理责任和技术防护措施落实到位。

（三）构建网络扶贫平台

在国家大力开展精准扶贫之际，温州着力打造信息化帮扶平台，促进扶贫开发向精、准、深发展。2016年4月27日，温州"互联网＋精准扶贫"平台正式启动。与此同时，"温州扶贫"微信公众号同步开通。这一平台是国内首个实现一对一网上帮扶、项目自助对接帮扶的平台，广受社会好评，入选国家网信企业参与网络扶贫"双百"项目。互联网扶贫平台自成立以来影响力逐步提升，成为温州市委农办（市农业局）、温州市扶贫办工作创新的重要载体。温州扶贫互联网平台提供的扶贫项目对接、扶贫点子征集、扶贫申请、志愿服务等综合功能，解决了此前扶贫信息不对称、扶贫不到位、不精准等问题，实现了"互联网＋政府＋乡村＋项目＋公众参与"①的立体式精准扶贫。网络扶贫平台是传统扶贫模式的有益补充，进一步开拓了温州扶贫开发的渠道。

（四）推动金融扶贫发展

温州较早成立了农村资金互助会、县扶贫资金互助联合会、专业合作社扶贫资金互助会以及来料加工资金互助会等组织并积极开展扶贫小额贷款业务，首创省内金融扶贫模式。2015年底，温州全面消除了绝对贫困现象，但是仍面临相对贫困问题。为了帮助低收入农户增强自身发展能力、拓宽农业增收渠道，温州市委、市政府不断加大金融扶贫力度。2016年5月，中国人民银行温州市中心支行联合温州市扶贫老区工作办公室发布《温州市金融扶贫工作实施方案》。温州坚持金融政策与扶贫政策相协调，实施"信贷扶贫""结算扶贫""信用扶贫""知识扶贫"四大工程，使低收入农户能够享受到现代化金融服务，为低收入农户持续增收提供金融支持。

---

① 《互联网＋精准扶贫平台启动　温州实现一对一网上帮扶》，《温州日报》2016年4月28日。

（五）探索生态扶贫模式

生态扶贫是一种新型扶贫开发模式，是指在绿色发展理念下实现贫困地区的可持续发展。温州积极探索生态扶贫之路，既要青山绿水也要百姓脱贫致富，积极发展生态农业、农村旅游业等。在落实"139富民攻坚计划"①的三年期间，温州共投入农业开发资金4亿元，巩固和开发种植业基地17.8万亩，培育了一批"国字号"农业生产基地和市级以上扶贫龙头企业。建立专业合作组织279个，带动11.4万农户参与；建立来料加工基地618个，从业人员5万多人；形成"农家乐"休闲旅游村、旅游点193个，经营户946户、从业人员6417人，年营业收入1.3亿元。温州积极探索生态扶贫道路，促进了贫困地区的可持续发展，为贫困农户带来持续增收和能力提升的新契机，实现了脱贫与生态文明建设的双赢。

党的十九大以来，在习近平新时代中国特色社会主义思想指引下，温州全面实施乡村振兴战略。2018年，温州市以"六千六万"行动为主抓手，以乡村振兴示范带和西部生态休闲产业带建设为重点，集中资源力量，全力推动"三农"高质量发展，成效卓著。2020年温州农村居民人均可支配收入32428元，居全省第7位，高出全省平均水平498元，同比名义增长7.3%，居全省第3位；扣除价格因素，实际增长5.2%。城乡居民收入比为1.96：1，比2019年缩小0.06。虽然2020年初温州受新冠疫情影响较大，但经济回升向好态势持续显现，城乡居民收入增速持续回升，城乡收入差距进一步缩小，居民消费持续恢复。

---

① 浙江省温州市262个乡镇中，属于欠发达的就有139个。温州市于2005年启动"139富民攻坚计划"，下决心帮助139个欠发达地区的老百姓过上好日子。按照计划，到2007年底，全市139个欠发达乡镇农民人均纯收入指标要高于当年全国平均水平，同时明显改善交通、卫生、医疗、教育等方面条件。

二、完善基本公共服务均等化体制机制

缩小城乡差距和区域差距,实现共同富裕,需构建覆盖城乡和各个区域、公平合理、普惠标准不断提高的基本公共服务体系,推进基本公共服务均等化。在一定程度上,基本公共服务均等化是共同富裕的基本前提和重要体现。自"八八战略"实施以来,温州市基本公共服务均等化进程明显加快。

自 2003 年开始,温州致力于通过村庄整治工作弥补农村基本公共服务的短板。2003—2008 年,全市共投入建设资金 46 亿元,完成环境整治村建设 2320 个,创建示范村 238 个;完成生活污水集中处理村 560 个,农村生活垃圾集中收集行政村 3504 个,覆盖率为 65%。2006—2007 年,全市通村公路建设(康庄工程)路基改造、路面硬化 7167.1 公里,实现等级公路通村率、硬化率分别达到 95% 和 93%;客运班车通村率达 79%。2006 年就实现了全市"户户通电",提前实现了省定目标。温州的村庄整治采取的是"先布局、后建设,整体推进、分步实施"的做法,极大地避免了因布局不合理而导致资金浪费、重复建设甚至做无用功的问题,能极大提高资金使用效率和供给水平。

自 2010 年开始,温州探索"新居民积分制管理"制度,已将基本公共服务有序覆盖到外来务工人员。2010 年温州市第六次全国人口普查主要数据公报显示,温州的外来流动人口超过 340 万人。庞大的流动人口在为温州经济发展做出巨大贡献的同时,也给政府的公共服务供给和社会稳定带来了巨大的挑战。温州在探索中形成了具有鲜明地方特色的外来人口管理新模式——新居民积分制管理。2010 年 9 月,温州市瓯海区开始新居民积分制管理的试点;2012 年 6 月,扩大到全市。积分项目涵盖实际居住年限、年龄、特殊身份、学历、技能水平、社会保险、劳动合同等方面,外来务工人员可根据积分的高低申请享受一定的基本公共服务。最初的基本公共服务项目是子女享受义务

教育。自 2013 年开始,温州在不断增加公办义务教育名额的基础上,还加大了优质教育资源的供给力度,尤其在住房保障方面,各地纷纷提供保障性住房。

2016 年开始,农村基本公共服务基础设施的提升与美丽乡村建设结合起来。主要内容有:(1)科学推进村庄规划编制。依托村居特色建筑、人文景观、自然风貌,探索浙南特色民居建设。(2)加强乡镇卫生院标准化建设,将符合条件的村卫生室纳入医保定点医疗机构管理。(3)加强农村优质教育资源供给,新建、改扩建幼儿园 30 所,农村普惠性幼儿园覆盖面在 70% 以上;创建义务教育标准化学校 80 所,创建率在 93% 以上。(4)推动基层公共文化体育设施标准化建设,完善农村基本公共服务运行维护机制。(5)改造升级农村联网公路,新建农村联网公路 100 公里、改造提升 350 公里,行政村通班车率达 93% 以上。

2018 年,温州全市各地借助高水平建设"四好农村路"的有利契机,围绕"公交进乡村、票价惠农民"目标,开展城乡公交一体化"三年行动计划"。先后投入资金 6.5 亿元,对 8 个县(市、区)2200 多辆农村客车进行公交化改造,累计开通城乡公交线路 400 多条,新建城乡公交停靠站 1600 多个。2019 年,文成县对全县范围内短途运输的 106 辆车进行整车收购,仅用 7 个月就完成了以珊溪、玉壶、南田、黄坦、西坑等五大中心城镇为节点,辐射周边乡镇村居的线网改造,城乡客运公交化比率达 100%,基本实现县域范围内各乡、镇、村城乡公交一体化目标,并逐步向便民化、规范化、品质化迈进。到 2019 年底,提前一年完成城乡公交一体化"三年行动计划",基本实现全域公交的目标,全市所有县(市、区)城乡客运一体化发展水平 5A 级比例达到 100%,跃居全省先进水平,已经基本建立了"以城区为中心,乡镇为节点,建制村为末梢"的城乡公交三级客运网络,老百姓的出行成本明显减少,总体票价下降了 60% 左右。

为加快完善温州基本公共服务体系,推进基本公共服务均等化,补齐公共服务有效供给短板,温州市统计局与发改委于 2018 年共同编制《温州市基本公共服务均等化实现度评价指标体系》,并对全市各县(市、区)公共服务均等化实现度开展首次评价。(1)编制评价指标体系。在《浙江省基本公共服务均等化评价指标体系》的基础上,结合温州的实际,广泛征求各部门意见建议,制定《温州市基本公共服务均等化评价指标体系(试行)》,分基本公共教育、基本就业创业、基本社会保障、基本健康服务、基本生活服务、基本公共文化、基本环境保护、基本公共安全等八大领域,总共 50 项指标,力求真实全面地反映全市城乡间、地区间和人群间基本公共服务均等化水平。(2)收集审核基础数据。公共服务均等化实现度评价涉及 21 个部门,需采集 11 个县(市、区)两年的数据,属多部门、多层次的综合统计项目,难度较大。为确保工作有序开展,温州市统计局指定专人负责,加强与成员单位的联系协调,并利用多种网络载体搭建业务交流和数据交换平台。从省市数据统一性、两年数据衔接性、市县数据匹配性、基础数据完整性等四个方面对报送的数据进行严格审核,对个别异常波动、存在疑问的数据进行核实,查找具体原因,确保基础数据真实准确。(3)测算县(市、区)实现度。完成基础数据的收集审核之后,分三步对全市各县(市、区)公共服务均等化实现度进行测算。一是对单项数据缺失的指标采用剔除或用全市平均值代替等方法进行技术处理;二是分别计算每一项评价指标的实现度,单项指标如已超过目标值,则实现度赋值为 100%;三是通过加权计算方法,利用领域内的各项指标实现度测算分领域实现度,然后在此基础上测算总实现度。(4)开展评价分析评估。对各县(市、区)的总实现度、各领域和各项指标的实现度,分别进行纵向和横向比较,对评价结果进行评估分析。根据初步测算结果,2016—2017 年全市基本公共服务均等化实现度稳步提高,均等化水平在更高的标准下快速提升,人民群众获得感、幸福感、安全感显著提升,评价涉及的八大领域都得到全面改善,地区间实现度差异逐步缩小,但部分指标的实现度仍然偏低,区域差距较为明显。

自 2019 年开始，温州市每年都要对全市各县（市、区）公共服务均等化实现度进行评价，而且不断完善。（1）优化评价指标体系。在广泛征求各部门意见建议的基础上，对 2018 年制定的《温州市基本公共服务均等化评价指标体系（试行）》，加以进一步优化完善。（2）协同部门通力合作。根据各相关部门的职责分工，将具体指标进行逐一落实，主动与教育、民政、人力社保、卫健、体育等多个相关部门进行沟通联系，要求各部门确定责任人，把工作落到实处，为各级党政领导科学决策提供有力的数据支撑与参考依据。

三、强化就业优先政策，织密扎牢社会保障网

温州不断加强就业和社会保障建设，构建扎实推动共同富裕的有效机制，扩大优质公共服务供给，持续打响中国最具幸福感城市品牌。2020 年，城乡居民人均可支配收入分别达到 89700 元、47200 元，低收入群体收入保持两位数增长。城镇新增就业 45 万人，城镇登记失业率控制在 3.5％以内。基本实现养老保险法定人群全覆盖，户籍人口基本医疗保险参保率 99％以上。

习近平同志强调："就业是民生之本，直接维系人民群众的生活来源。开发就业新岗位，就是要继续把实现充分就业放在突出位置，作为一项长期的战略目标来抓。"[①]"十三五"期间，温州市城镇新增就业 60.54 万人，帮扶失业人员实现就业 10.87 万人、就业困难人员实现就业 2.77 万人，零就业家庭实现动态清零，城镇登记失业率始终维持在 2％以下，处于全省较低位置。温州着重做好以下几个方面的工作：一是全力构建"全就业链"政策扶持体系。相继出台了《关于做好温州市新时期就业创业工作的实施意见》《关于进一步做好稳就业工作的实施意见》等一系列就业创业扶持政策，涵盖就业补贴、惠企稳岗、鼓励

---

① 习近平：《干在实处　走在前列——推进浙江新发展的思考与实践》，中共中央党校出版社 2006 年版，第 240—241 页。

创业、加强培训、就业帮扶、优化服务等各方面内容,形成了立体式、全方位、多层次的就业创业扶持体系。二是全力帮扶困难群体就业。持续开展"春风行动""就业援助月"等系列活动,大力开发公益性岗位,就地、就近安排困难群体就业,确保每一个有就业能力和就业愿望的贫困劳动力都有就业机会。温州市累计开发公益性岗位近 5000 个,发放岗位补贴 3786 万元,发放"两困"灵活就业社保补贴 8900 万元,惠及 1.9 万人次。三是全力推动创业带动就业。连续五年成功举办温州创业创新博览会,其 2020 年升级为长三角·温州双创大会,吸引了长三角三省一市和福建省宁德市 200 多家企业前来参展,现场达成签约和合作意向 500 多个,涉及资金 2.5 亿元。制定出台《创业担保贷款实施办法》,累计发放创业担保贷款 2444 笔、金额 8.01 亿元,带动近 1.9 万人创业就业。四是全力支持企业稳定就业岗位。"十三五"期间,共减免企业养老、失业、工伤三项社保费 87.5 亿元,完成社保费返还 33.5 亿元,惠及企业 13 万家、职工 164 万人,发放稳岗补贴 4.25 亿元,惠及企业 3.38 万家、职工 149.89 万人,这些直达市场主体的"真金白银",切实发挥了稳定就业岗位的作用。此外,全力做好劳务扶贫对口支援工作,帮助浙江省对口帮扶四省(四川、贵州、湖北、吉林)建档立卡人员到温州市实现稳定就业 12.2 万人次。

社会保障是民生的安全网、社会的稳定器,与群众幸福生活息息相关。习近平同志说:"社保是民生之需,直接维系人民群众的生活保障。"①温州市积极推进社会保障扩面提标。完善养老、医疗、失业、工伤和生育保险制度,推行被征地农民生活保障制度,稳步提高最低工资标准和城乡居民最低生活保障标准,构建了多层次、全覆盖、可衔接的社保体系。温州市不断推进全民参保、社保惠民工作,持续健全社会保险政策,逐步建成了同经济发展水平相适应、覆盖城乡的多层次

---

① 习近平:《干在实处　走在前列——推进浙江新发展的思考与实践》,中共中央党校出版社 2006 年版,第 241 页。

社会保险体系，让群众拥有实实在在的。其成效主要体现在"两个持续"：一是社保覆盖范围持续扩大。实现了从城镇到农村、从企业职工到全社会各类人员、从就业群体到全体居民的延伸，基本做到了应保尽保。截至 2020 年 11 月，温州市参加基本养老保险人数 583.72 万人，其中参加企业职工基本养老保险人数 336.71 万人，较 2015 年增加 79.77 万人；参加城乡居民养老保险人数 216.7 万人，较 2015 年增加 5.41 万人；工伤保险、失业保险参保人数分别达到 311.19 万人、143.14 万人，较 2015 年分别增加 71 万人、32.34 万人。二是社保待遇水平持续提高。"十三五"期间，温州市企业退休人员基本养老金从月人均 2381.56 元提高到 2699.16 元；温州市城乡居民基本养老保险基础养老金标准由每人每月 120—150 元提高至 195—245 元；工伤保险待遇、一次性工亡补助金标准大幅度提高，失业保险金发放标准从 2015 年的每月 1052.25 元提高到 1458.66 元。

　　温州全市上下牢记习近平总书记寄予温州"续写创新史"的殷殷嘱托和对温州工作作出的重要指示批示，打造高质量发展建设共同富裕示范区市域样板，不断加强民生保障建设，人民群众的获得感普遍提升。温州梳理形成了"健康防疫""明眸皓齿""温馨教室""安心托幼""尊老助残""交通畅通""家政便民""防灾减灾""安居改造""文体惠民""放心食安""医药惠民"等十多项民生实事项目；如今的温州正努力把实事办好，践行以人民为中心的发展思想，坚持在发展中保障和改善民生，促进更充分、更高质量的就业，不断完善覆盖全民的社会保障体系，让改革发展成果惠及温州市人民，让群众幸福更有质感，让温州城市更有温度！

第三章　建设人民满意的
服务型政府

　　中国特色社会主义最本质的特征是中国共产党领导,中国特色社会主义制度的最大优势是中国共产党领导,中国共产党是最高政治领导力量。全心全意为人民服务,是中国共产党的根本宗旨。我们要坚持和完善党的领导制度体系,不断优化政府职能,建设服务型政府。"八八战略"明确提出,浙江须进一步发挥优势,切实加强法治建设、信用建设和机关效能建设。2004年12月26日,习近平同志在瑞安市基层干部座谈会上明确指出:"现在政府职能转变的方向是明确的,就是四句话:经济调节、市场监管、社会管理和公共服务。"[①]他指出:"中央提出树立和落实科学发展观、建设社会主义和谐社会的要求后,我们可以领悟到,我们的职能还是应当归结到'人'这个根本上来,就是要以人为本,对基层来说就是要以老百姓为本。"[②]在贯彻落实"八八战略"过程中,温州市委、市政府紧紧围绕建设人民满意的服务型政府这个根本目标,发扬敢为人先的改革精神,对政府职能、机关效能、政商关系、服务意识与能力,以及诚信和法治建设等进行了卓有成效的探索,在全省乃至全国产生了典型的示范效应。

　　近年来,温州市坚持政治建设统领,坚定不移做"两个确立"忠诚

---

　　① 习近平:《干在实处　走在前列——推进浙江新发展的思考与实践》,中共中央党校出版社2006年版,第435页。

　　② 习近平:《干在实处　走在前列——推进浙江新发展的思考与实践》,中共中央党校出版社2006年版,第436页。

拥护者、"两个维护"示范引领者。不断提高政治判断力、政治领悟力、政治执行力，始终在政治立场、政治方向、政治原则、政治道路上同以习近平同志为核心的党中央保持高度一致。要把"五个深化"作为坚决拥护"两个确立"、坚决做到"两个维护"的具体行动，深入学习习近平新时代中国特色社会主义思想，打造学习研究、宣传阐释、实践笃行习近平新时代中国特色社会主义思想的重要阵地；深化习近平总书记重要指示批示精神抓落实对标对表行动，确保执行不偏向、不变通、不走样，坚决做到"总书记有号令、中央有部署、省委有要求，温州见行动走在前"；深化"八八战略"温州实施报告制度，推动"八八战略"全面落地见效；深化拓展党史学习教育，建立常态化、长效化机制；深化"七张问题清单"整改工作，加快构建党建统领的整体智治体系。要严明政治纪律和政治规矩，牢记"五个必须"，杜绝"七个有之"，完善各级党委（党组）政治生态分析制度，常态化、清单化、可视化开展政治监督；全面贯彻落实民主集中制，严格执行新形势下党内政治生活若干准则。始终站稳人民立场，走好新时代群众路线，健全直接联系群众制度，切实尊重民意、发扬民主。发展积极健康的党内政治文化，切实增强自我净化、自我完善、自我革新、自我提高能力。

第一节　深化行政改革，增强机关效能

党政机关是团结带领人民群众促进社会发展、创造美好生活的领导核心、指挥中心和神经中枢，其工作作风不仅事关党的初心和使命能不能有效践行，也关系到党的执政地位。增强党政机关的服务效能，党政机关要明确自己的职责，党员干部要牢记初心使命，要摆正位置，强化服务意识，同时还要在改革中不断优化政府职能、简化工作程序，通过数字化、信息化等技术不断提高服务能力、增强服务效能。

一、改进机关作风,增强服务效能

机关作风的实质是机关干部的服务态度、服务意识和服务能力。好的作风产生好的服务,就能赢得群众;坏的作风导致差的服务,最终脱离群众。习近平同志在浙江工作期间高度重视党政机关的作风建设,多次强调要"努力实现干部作风的进一步转变,抓党风促政风带民风,为推动我省经济社会又好又快发展提供有力保障"①。党的十六大之后,为践行"八八战略",温州市委、市政府开展了创建文明机关、建设满意单位、创建服务品牌等活动,积极改进机关作风,持续推进服务型政府建设。

在创建文明机关活动中,各单位把提高机关人员素质作为创建活动的着力点,通过理论学习、在职业务培训和学历教育等方式,增强机关工作人员的思想政治素质和业务技术水平。2003 年 8 月,温州市委、市政府印发《关于加强市府办机关作风建设全面提高服务效能的若干意见》,在全市党政机关掀起了一场改进作风、增强服务的"效能革命"。这是一场特殊的革命,革命的主体是机关干部,革命的对象也是机关干部,革的是企业和群众深恶痛绝的所谓"衙门作风"的命。主要内容包括:一是加强思想教育。在机关部门兴起学习贯彻"三个代表"重要思想新高潮,用"三个代表"重要思想武装干部头脑,指导工作实践。开展"争先创优"活动,争创一流的文明机关,争创一流的工作业绩。二是注重制度建设。坚持标本兼治,探索建立长效管理机制,用制度管理人、规范人、引导人。根据不同部门、不同岗位,建立分类型、分层次的效能考核体系,把机关作风好坏作为检验部门工作成效、衡量领导班子和领导干部能力水平的重要尺度,作为选拔任用干部的重要依据,并把考核结果同奖罚措施结合起来,真正做到干好干坏不

---

① 《持之以恒抓作风——正风肃纪,永不停歇》,《浙江日报》2015 年 5 月 26 日。

一样。三是强化监督检查。采取明察和暗访相结合的方式，定期不定期地对与群众联系密切的窗口单位进行检查。更加注重监督检查实效，对督查中发现的热点难点问题，进行连续查、跟踪查，重点督促整改措施的落实。成立机关效能监察中心，与经济发展环境投诉中心合署办公，全权负责接受投诉和查处工作，做到件件有落实、事事有结果。四是严格执行纪律。实施"四条禁令"，即严禁有令不行、严禁办事拖拉、严禁吃拿卡要、严禁态度刁蛮。在具体实施过程中，坚持"三个一律"，即：有群众投诉的，一律追查到底；违反规定的，一律严肃处理；效能建设不力的，一律追究领导责任。据统计，不到半年时间全市机关部门就制定并落实各类整改措施近 3000 项，简化办事程序、缩短办事时限的有 1500 多项。此外，还积极为群众解决反映强烈的热点、难点问题，开设市长专线、"96150"热线、温州电视台《温州零距离》栏目、《温州日报》党报热线等各类为民服务热线，协调和解决了大量群众反映的问题。

在此基础上，2004 年 2 月，温州市人民政府印发《关于分解落实2004 年为民办实事项目工作任务的通知》；2005 年 5 月，温州市人民政府又印发了《关于分解落实 2005 年为民办实事项目工作任务的通知》；2005 年 8 月，市直机关工委专门发布了《关于在市直机关开展"建设满意单位、创建服务品牌"工作的意见》；2007 年 4 月，温州市委、市政府进一步发布了《关于在全市开展"作风建设年"活动的实施意见》；2008 年后，温州市每年都以发布纠风工作要点通知的形式，部署和推动机关作风建设工作。

党的十八大以来，以习近平同志为核心的党中央尤为重视党的作风建设。2013 年 6 月 18 日，习近平总书记在党的群众路线教育实践活动工作会议讲话中指出："党的作风建设始终是摆在我们面前的一项重大而紧迫的任务，抓作风建设一丝都不能放松、一刻都不能停顿。"①他明确指出："加强和改进党的作风建设,核心问题是保持党同人民群众的血肉联系;马克思主义执政党的最大危险就是脱离群众。"②为贯彻中央精神,进一步深化温州市党政机关作风建设,2013年9月27日,温州市召开全市作风效能建设大会,强调:"近年来,温州市不断加强作风效能建设,改善发展软环境取得一定成效。但与先进地区相比,与赶超发展的要求相比,与企业和群众的期望相比,还有不小的差距。"还强调:"机关作风效能好坏,群众最有发言权,把评判权、监督权交给群众、交给企业、交给服务对象,以外力驱动内力,促使机关干部从群众和企业'最怨、最恨、最急、最盼'的事抓起,以实际行动取信于民。"③为此,温州市推出了一系列改革新举措。

第一,加强网络问政工作。在信息化条件下,网络问政不仅切实保障人民群众的知情权、参与权、表达权和监督权,也是改进机关工作作风的重要手段。2014年3月,《温州市人民政府关于加强网络问政工作的实施意见》正式发布。该意见要求充分发挥以政府门户网站为主阵地,政务微博、政务微信等新媒体为辅助的网络问政平台作用,进一步畅通、拓展政府与群众沟通的渠道,建立网上听民意、汇民智、聚民心和网下察民情、办民事的长效机制。该意见规定:在政府门户网站建立群众诉求办理平台,集中受理、分头办理群众的咨询、投诉、求助。各单位接到群众反映后,24小时内快速首次回应,8个工作日内办理和答复,并将办理情况在网上公布。对涉及多个单位的问题,由网络问政工作领导小组办公室牵头,负责做好相关单位的协调沟通,并指定一个单位及时办理和答复。网络问政工作领导小组办公室负责定期统计、发布各单位的办理情况和排名。该意见的发布促进了网络问政工作的制度化、常态化和规范化建设。

① 《习近平谈治国理政》(第一卷),外文出版社2018年版,第366页。
② 《习近平谈治国理政》(第一卷),外文出版社2018年版,第366页。
③ 张茵:《温州书记陈一新:晒机关作风效能丑陋面实行问责》,中国新闻网,2013年9月27日,https://www.chinanews.com.cn/df/2013/09-27/5332650.shtml。

第二，开展"敢担当、树标杆"作风建设行动。2016年3月，温州市委、市政府开始实施"敢担当、树标杆"作风建设行动，具体包括：一是组织开展"大起底"行动，聚焦作风建设中的短板，聚焦群众反映强烈的突出问题，聚焦权力运行集中的重点领域和关键环节，切实把作风问题找准找实找具体。二是组织开展"大巡查"行动，深化拓展作风巡查，推动作风巡查常态化、长效化，真正用好作风巡查这把"尖兵利剑"。三是组织开展"大整治"行动，抓好集中整改，强化正风肃纪，推进建章立制，确保一抓到底、抓出成效。四是组织开展"大推进"行动，坚持抓环节、快节奏、讲结果，全力破解决策部署落实难、企业群众办事难、重大项目落地难问题，推动各项工作落实。

第三，开展"万人双评议"活动。"万人双评议"活动自2013年开始，已经连续开展了7年。评议对象是市级政府部门和企事业单位中直接面向企业、群众的中层处室或基层站所。具体又按"职能相近、行业相同"分为五大类：机关中层类、审批服务类、执法监督类、基础服务类、行业服务类。评议内容主要包括：一是围绕中心、服务发展——是否认真贯彻落实市委、市政府重大决策部署，认真履行职责，努力完成工作目标任务；是否扎实推进全市"敢担当、树标杆"作风建设五大行动，从严管理干部队伍。二是公开透明、依法办事——是否按规定公开相关政策法规、办事流程、收费标准、办理时限、服务承诺等；是否积极推行惠民、便民、利民措施，切实落实相关制度；是否按照法律法规、法定程序和有关规定的要求进行审批、监管、检查、收费和罚款。三是敢于担当、积极履职——是否认真落实中央和省委、市委关于作风建设的有关规定，转变机关职能和工作作风；是否存在责任欠缺、不敢担当、态度消极，不作为、慢作为、乱作为等问题；是否主动热情为基层、企业、群众办实事、办好事、解难事。四是廉洁从政、公平公正——是否存在利用职权吃拿卡要、徇私舞弊、故意刁难、利益输送等行为；是否存在执法不严、办事不公问题；是否存在乱检查、乱收费、乱罚款、乱摊派和乱设前置条件损害企业和群众利益等行为。"万人双评议"于

2013年首次"开考",这是加强作风建设的重要载体,也是检验各单位工作成效的重要途径。"万人双评议"活动进一步增强了各机关单位的服务意识,营造了持续改进机关作风的社会氛围,也进一步密切了党群和政群关系。

二、改革审批制度,转变政府职能

在改进机关作风、提高办事效率的同时,温州市将全面深化改革与转变政府职能结合起来,在浙江全省率先推动了行政审批制度改革。行政审批制度改革,是温州在全面深化改革的大背景下探索行政审批制度综合改革的一项重大举措,它在给政府做"减法"的同时,在激发市场和社会活力方面做"加法",有效地将发挥市场在资源配置中的决定性作用和更好发挥政府作用结合起来,方便了群众生活,加快了服务型政府的建设。

建立清单制度("四张清单一张网",以下简称"四单一网"),是行政审批制度改革影响深远的一次成果。2014年2月18日,温州市第十二届人大四次会议在《政府工作报告》中首次提出了"三张清单",即:建立政府权力清单制度,试行企业投资负面清单管理模式,开展负面清单外企业投资项目政府不再审批试点。2014年3月,浙江省委、省政府在此基础上,提出了以"四单一网"为总抓手的改革路线图,部署全省开展"四单一网",即权力清单、责任清单、企业投资负面清单、财政专项资金管理清单,以及建设省市县三级联动的行政审批和便民服务网。为响应省委部署,温州市迅速行动,全面推行审批制度改革,率全省之先打出了简政放权的"组合拳"。

为推进改革,在"四单一网"外,温州还在全国首创了政府职能向社会组织转移的"第五张清单"改革。温州市编办先后研究制定出台《政府职能向社会组织转移暂行办法》《政府向社会力量购买服务实施意见》等文件。2015年7月,温州市又专门印发了《关于成立温州市深化"五张清单一张网"改革,推进职能转变协调小组的通知》。温州市政府成立了深化"五张清单一张网"改革推进职能转变协调小组,统筹研究重要领域和关键环节的重大改革措施,协调推动解决改革中遇到的困难和重点难点问题,进一步将行政审批制度改革与转变政府职能结合在一起。

"最多跑一次"改革是清单制度改革的升级版。"最多跑一次"改革,就是坚持"群众和企业到政府办事最多跑一次"的理念和目标,从与群众生产生活关系最紧密的领域和事项做起,倒逼各级各部门减权、放权、治权,探索形成覆盖行政许可、行政处罚、行政征收、行政裁决、行政服务等领域的"一次办结"机制,形成"部门联合、随机抽查、按标检查、一次到位"的监管机制,形成各项便民服务"在线咨询、网上办理、证照快递送达"的运行机制。2015年9月,温州发布《关于印发2015年温州市推进简政放权深化行政审批制度改革工作方案的通知》,明确要求加强温州市政务服务平台硬件设施建设,着力推进集行政审批、便民服务、中介服务、公共资源交易、要素资源交易于一体的温州市政务服务中心场地建设,构建集中、规范、高效的服务机制,实行"一门受理、一站式办结"。该通知还积极推行基层便民服务中心"集中办公、一站服务",逐步将户籍、个体工商登记、社保、医保、农技推广、企业服务、宅基地申请、准生证办理、流动人员证办理、法律调解、婚姻登记、社会综治等行政审批职能纳入乡镇(街道)便民服务中心,实行集中办理。不难看出,"一门受理、一站式办结"就是"最多跑一次"改革最初的探索。

2017年2月,浙江省人民政府发布《关于印发加快推进"最多跑一次"改革实施方案的通知》(浙政发〔2017〕6号),要求全省深化简政放权、放管结合、优化服务各项工作,加快转变政府职能,推进服务型政府建设。同年2月27日,温州市人民政府进一步印发《加快推进"最多跑一次"改革实施方案和以"最多跑一次"为目标深化行政审批制度改革实施细则的通知》。该通知要求要按照群众和企业到政府办事

"最多跑一次"的理念和目标,坚持问题导向、需求导向和效果导向,以"政府提效、服务提质"为核心要求,以群众和企业满意为主要标准,以充分运用"互联网＋政务服务"和大数据为重要依托,倒逼"放管服"改革持续向纵深推进,努力推动温州市"最多跑一次"行政审批改革走在前列、形成示范,切实增强群众和企业对改革的获得感,着力打造"事项最透明、申报材料最少、审批环节最简、流程最优、效率最高、服务最佳"的行政审批服务标杆城市。在此基础上,2017 年 3 月 21 日,温州市人民政府办公室又印发《关于公布温州市市级群众和企业到政府办事"最多跑一次"事项清单(第二批)的通知》。该通知要求各地各有关部门高度重视,认真研究制定办事指南、统一标准、减少环节、优化流程、提升服务,确保"最多跑一次"改革落到实处。

2017 年 6 月 23 日,为进一步提升温州市企业投资审批服务效率,优化投资环境,温州市人民政府办公室又印发了《关于深化企业投资审批服务"最多跑一次"改革的实施意见》。该意见要求针对当前温州市企业投资审批的堵点、难点问题,进一步深化简政放权、放管结合优化服务改革,以企业办事"一次不用跑、最多跑一次、我来跑一次"为目标,以互联网信息技术创新为手段,以制度供给侧结构性改革为关键,推进审批事项再精简、审批流程再优化,打造更加便捷、高效、阳光的企业投资政府服务机制,进一步增强企业的获得感。

温州市开展"最多跑一次"的行政审批改革后,一窗受理、集成服务成效明显,在线咨询、网上申请、快递送达实现成功推广,建立了统一的市、县、乡镇(街道)、村(社区)四级审批平台和"一窗受理"服务平台。此外,全市还建立了一体化的政务大数据共享平台,将人口、企业、婚姻、不动产、社保、车辆等群众办事中最为常用的数据资源进行归集,统一开放给各部门共享,进一步打通了数据壁垒。各县(市、区)各部门结合实际大胆创新,在重点领域形成了一些好做法、好经验,比如温州市公安局的"百万申请网上办"平台和国地税的"进一家门办两家事"等都是很好的探索,积累了"最多跑一次"改革的宝贵经验。

温州市政府在推进"最多跑一次"改革的同时，全面推进了政务公开工作。首先，在主动公开方面，温州推进了全市政府网站集中整合，重新构架设计了温州市政府信息公开网站平台，加大对各地各部门信息公开网站的检查。政府信息公开网站建设，取得了显著成效，也使温州市政务公开的力度得到全面提升。其次，在依申请公开方面，温州市对办理全流程进行业务改造和规范，建立统一文书模板，率先在全省创新推出两项制度：政府信息依申请公开疑难件备案制度、政府信息公开行政诉讼案件庭审观摩制度。从 2017 年 4 月开始，温州建立了全市统一的依申请公开政府信息备案库。

为了让党和政府的政策走进"千家万户"，提高政策的群众知晓率、群众满意度、获得感，2017 年 4 月起，温州市政府办公室（市公开办）与《温州都市报》共同谋划一个全新的政府信息公开平台——《政三角》栏目，依托《温州都市报》的传播优势和影响力，打造温州政务公开、政策解读的"第一平台"。该栏目遵循政策主旨、坚持正确导向，讲求新闻时效、突出新闻价值，兼具权威性与可读性。按照定期发布、自设议题、互联互动、用户导向原则，结合部门解读、公众参与、专家探讨等方式进行政策解读。不仅如此，在日常运营的过程中，《政三角》还衍生出《政策汇》《政策说》两个子栏目。《政策汇》主要梳理温州市委、市政府已经公布的政策，对其中的要点进行梳理，提炼其中的亮点，让老百姓知道这些已经出台的政策，便于享受政策福利。《政策说》则以部门主要负责人为采访对象，让其亮相来对重大政策进行官方、权威解读。

2017 年 6 月，温州市制定《温州市深化政务公开工作实施方案》，进一步明确了温州市政务公开的工作目标："到 2018 年，政务公开工作达到全省中上水平；到 2020 年，政务公开工作走在全省前列。全面推行权力清单、责任清单、负面清单公开制度，实现政府权力公开透明运行，公开范围覆盖权力运行全流程、政务服务全过程；政务公开制度化、标准化、信息化水平显著提升，政务公开负面清单制度依法积极稳妥实行,政务公开能力和政务公开体系迈上新台阶。"该方案对政务公开的内容、要求、组织领导作了进一步的部署,对新时代进一步深化政务公开,进而推进服务型政府建设产生了重要影响。

三、建设数字政府,更好服务群众

"数字政府"从广义上来讲是指政府信息化,其实质是政府通过现代信息技术在政府管理中的应用、普及,以及对政府需要的和拥有的信息资源的开发与管理,来提高政府的工作效率、调控能力、廉洁程度,节约政府开支,改进政府的组织结构、业务流程和工作方式,以密切与民众的联系和达到更好地为民众服务的目的。简言之,"数字政府"就是依据信息对城市和社会实施有效管理的一种现代技术手段。党的十六大以来,随着网络化、信息化的逐步推进,温州市加大了数字政府建设力度,积极利用网络化、信息化提高政府服务效能。

互联网时代、数字化时代,拥抱数字技术,掌握数字时代的治理特点和规律,提升治理能力,是各级政府的新使命,也是提高政府效能的重要途径。为推进数字化建设,2003年温州市政府就制定出台了《数字温州建设规划纲要》,强调数字化建设的目标是以数字化带动工业化。2009年温州市政府发布《关于推进温州市数字化城市管理工作的实施意见》,进一步指出,数字化城市管理实际上就是要促进城市管理的现代化,同时加快推进数字政府的建设。

党的十八大以来,按照政府数字化转型要求,温州市全面提升政务服务2.0建设水平,加快线上服务平台和线下服务实体一体化融合进程,形成涵盖政务服务全域、数据实时共享的信息交换体系,推动电子证照、电子印章、电子签名跨区域、跨部门共享互认,加快打造"无证件(证明)办事之城"。优化完善、推广应用"个人数据宝",加快建设"企业数据宝"。加快推出一批"智能秒办"和"无感智办"政务服务事项,实现"申请零材料、填报零字段、审批零人工、领证零上门、存档零纸件"。2014年6月25日,温州在全省率先开通运行连接省、市、县、乡镇(街道)、村(社区)五级的政务服务网,率先实现全市审批服务"一张网"全覆盖,创新实行"互联网＋审批"便民服务举措,率先开展了跨层级联动网上审批,将受理点和出证点前移到基层窗口,办事群众可以按自身的需要就近到基层窗口申报受理业务,经部门网上审批后直接由基层窗口出具审批文件,办事群众足不出户就能办好事情。在"最多跑一次"改革中,温州进一步加大数字政府建设力度。2019年4月,温州市人民政府办公室发布的《2019年温州市深化"最多跑一次"改革推进政府数字化转型工作要点》规定:全市政务服务事项100％实现网上可办,60％以上实现掌上可办,70％以上民生事项实现"一证通办",网上申报办件比例超过50％。

在实践中着力做到:第一,惠企政策"直通车"。按照平台"全集成"、项目"全覆盖"、一窗"全受理"、过程"全留痕"、查重"全方位"、督查"全过程"、评估"全开放"要求,对"温州市产业政策奖励兑现系统"进行迭代升级,完善主动告知、电子凭证、统计分析、督查督办等功能,开通"掌上兑现"服务,整合各地、各部门现有与政策兑现相关系统,并将国家、省级政策统一纳入,做到全市所有政策奖补项目"一张网"刚性兑现。第二,涉企事务"一网通"。依托浙江政务服务网,整合构建一体化为企服务网上办事平台,大力推进涉企审批事项流程再造,努力打造一流营商环境。具体又包括:一是"一表通"网上申报。二是"一件事"部门联办。三是"一键通"信息推送。四是"一张图"效能监督。第三,政务督查"掌上钉"。在全面梳理细化政务督查核心业务流程的基础上,运用互联网、大数据手段,有效提高督查督办的工作效率,为市领导提供准确及时、形象直观的决策辅助支撑。第四,医学影像"云服务"。依托卫生专网,整合全市医疗单位影像数据,实现各家医疗机构影像数据共享,区域内影像互认,患者随时随地调阅,助推医疗卫生服务领域"最多跑一次"改革。第五,消防管控"秒响应"。在瓯海、瑞安等地已开发的智能管控平台基础上,按照"政府主导、企业运营"的建设模式,建立融合消防物联网、网格化管理、大数据分析和应急救援力量调度为一体的消防智能化管理平台,实现"火灾风险精准防控、隐患督改精确及时、事故处置智慧联动、消防巡查全民参与"的目标。第六,公平税负"数管通"。建立统一的税收保障信息系统,汇集企业涉税数据,开展"数据管税",优化税收环境,促进税收遵从。第七,个人信息"数据宝"。在确保数据安全的前提下,稳步推进公共数据向本人开放,依托省、市公共数据共享平台,在"浙里办"掌上办事和"瓯 e 办"自助办事平台上推出"个人数据宝"服务,开发一批便利群众办事的应用场景,充分发挥数据的作用。第八,防台防汛"智慧脑"。针对温州台风多发实际,以保障人民群众生命财产安全为核心,全面整合市水利、气象、自然资源和规划、公安、住建、综合执法、交通、农业农村、文化广电旅游、电力、通信等单位的数据资源,运用大数据分析、人工智能技术,实现灾害快速预警、及时应急处置和灾情快速统计,为政府高效应对自然灾害突发事件提供重要支撑。第九,美丽水乡"云管家"。根据全省统一规划,整合环保、水利、海洋、综合执法等部门数据,以地理空间数据库为支撑,建立覆盖全市所有河道、湖泊、水库,横向到边、纵向到底、融合创新的美丽水乡可视化智慧综合管理系统,有效提升水域保护管理的系统化、信息化、精细化、科学化水平,形成水环境治理新型管理模式。

为了将数字化贯穿到经济、政治、文化、社会、生态文明建设全过程各方面,2021 年 3 月,温州市专门发布了《温州市数字化改革总体方案》,提出了温州市数字化改革的近期和远期目标:(1)到 2021 年底,在省市一体化智能化公共数据平台的统一架构下,党政机关整体智治、数字政府、数字经济、数字社会、数字法治等五个综合应用实现功能全上线、市县全贯通,初步形成党政机关科学决策、高效执行、有力监督、精准评价的整体智治体系,基本建成"掌上办事之市""掌上办公之市""掌上治理之市"。(2)到 2022 年底,数字化改革温州总门户和五个综合应用高效运行,市场活力进一步激发,发展动力更加强劲,数字化改革理论体系和制度规范体系更加健全,全面建成"掌上办事之市""掌上办公之市""掌上治理之市"。(3)到2025年底,全面形成党建统领的整体智治体系,数字化改革理论体系丰富完备、制度规范体系成熟定型,建成数字化改革先行市。

为了形成数字化建设合力,该方案还规定全市各个职能部门合力推动完成七大重点任务:推进一体化智能化公共数据平台建设、推进党政机关整体智治系统建设、深化数字政府系统建设、深化数字经济系统建设、推进数字社会系统建设、推进数字法治系统建设、推进数字化改革理论体系建设。该方案对加快数字政府建设,乃至全面推进温州市的数字化建设都具有重要意义。

此外,为了更好融入区域发展,温州通过加快长三角政务服务一体化,积极推动高频政务服务事项、"一件事"全省通办、长三角跨省通办,实现电子证照长三角地区互认共享。温州作为侨乡,众多侨胞的需求牵动着政府的心,温州通过实施为侨服务"全球通"扩面增项行动,力争可办事项再增加20%。温州将奋力跑出改革系统集成加速度,全力推动数字化改革走在前列,为打造"重要窗口"提供新的前行动力与方向。

温州市坚持全面深化改革,不断增创体制机制新优势。推动改革系统集成、协同高效,充分激发发展动力和社会活力,争当新时代全面深化改革模范生。打造数字化改革先行市,推进数字化改革全面贯通、集成突破,锚定"一核心、两服务、三再造",进一步放大工作格局,推动体系架构迭代升级,打造更多管用实用好用的重大应用,形成全面深化数字化改革生动局面,推动流程再造、制度重塑。

第二节　优化服务体系,建立新型政商关系

常言道,民无商不活,国无商不兴。承担经济发展重任的领导干

部,如何和企业打交道,如何正确处理政商关系?新时代要有新气象。党的十八大以来,习近平总书记多次强调构建新型政商关系的重要性。2016年3月4日,习近平总书记在看望参加政协会议的民建工商联委员时明确了新型政商关系的内涵,他提出,新型政商关系,概括起来就是"亲""清"两个字。对领导干部而言,所谓"亲",就是要坦荡真诚同民营企业接触交往,特别是在民营企业遇到困难和问题情况下更要积极作为、靠前服务,对非公有制经济人士多关注、多谈心、多引导,帮助解决实际困难。所谓"清",就是同民营企业家的关系要清白、纯洁,不能有贪心私心,不能以权谋私,不能搞权钱交易。对民营企业家而言,所谓"亲",就是积极主动同各级党委和政府及部门多沟通多交流,讲真话,说实情,建诤言,满腔热情支持地方发展。所谓"清",就是要洁身自好、走正道,做到遵纪守法办企业、光明正大搞经营。① 在党的十九大报告中,他也强调要"构建亲清新型政商关系,促进非公有制经济健康发展和非公有制经济人士健康成长"②。为贯彻落实党的十九大报告和习近平总书记在民营企业家座谈会上的重要讲话精神,温州创建了全国首个"两个健康"先行区。通过"两个健康"先行区,致力于营造企业家健康成长环境,弘扬企业家精神,发挥企业家作用,引领和推动民营经济高质量发展,为"两个健康"提供了生动的实践样本。"两个健康"是辩证统一的。非公有制经济人士是依托非公有制经济发展壮大而不断成长起来的,反过来,非公有制经济人士健康成长又是非公有制经济健康发展的前提和基础。

一、"三清单一承诺",构建"亲清"政商关系

温州是一个较为典型的熟人社会,发现各种关系、寻找各种关系、

---

① 《毫不动摇坚持我国基本经济制度 推动各种所有制经济健康发展》,《人民日报》2016年3月5日。

② 习近平:《决胜全面建成小康社会 夺取新时代中国特色社会主义伟大胜利——在中国共产党第十九次全国代表大会上的报告》,人民出版社2017年版,第40页。

利用各种关系，是许多温州企业家经商的习惯思维，而他们对于法律法规和各种社会制度则往往没有给予足够的重视，尤其是一些中小企业家不大关注对法律法规、政策文件的学习和研究，遇到问题，他们首先想到的是找关系、找熟人。

为推动温州市营商环境持续优化，也为了促进非公有制经济健康发展和非公有制经济人士健康成长，打造"两个健康"先行区，2019年2月，温州市正式印发了《关于开展"三清单一承诺"行动　打造全国一流营商环境的实施方案》，要求规范政商交往，打造亲清新型政商关系的"三张清单"，并开展反对"挈篮子"承诺。

该实施方案首先规定了机关单位及其工作人员在政商交往中要建立的7项"正面清单"，包括：（1）优化涉企服务，为民营企业和温商回归、温商回归项目提供全方位支持，需要急事急办、特事特办的，应予以积极回应或协调办理。（2）主动向民营企业提供有效的政策解读与明确指引，帮助企业争取各类扶持政策。（3）坚持实事求是、尊重历史，在法律法规允许的范围内，及时解决民营企业各类历史遗留问题。（4）参加有利于民营经济发展的企业上市策划、重大项目开工仪式等活动。（5）参加商（协）会举办的年会、茶话会、学习考察等旨在交流信息、听取意见、推动发展的商务活动。（6）到企业调研或上门服务，确需企业提供用餐的，可按公务接待标准在企业食堂安排工作餐。（7）参加其他有利于营商环境优化、有利于新时代"两个健康"先行区创建，但不违反相关纪律要求的活动。

"负面清单"共有10项，主要包括：（1）在涉企服务中故意刁难、办事拖拉、推诿扯皮。（2）对民营企业随意性执法、选择性执法，向企业乱摊派、乱检查、乱收费、乱罚款。（3）把政策优惠当成熟人的"福利""红包"，或以政策、纪律为借口把民营企业合理诉求拒之门外。（4）违规在民营企业中搭股经商，强制或暗示民营企业购买指定产品或服务，向民营企业违规借贷放贷、揽储揽保、承揽工程。（5）利用职权索取或接受民营企业宴请、旅游、娱乐等活动安排，收受礼金礼品礼卡、有价证券、电子红包等财物。(6)在行政审批、方案设计技术审查、房地产市场监管、建筑市场监管、规划核实、竣工验收、安全监管、质量监管等环节吃拿卡要、以权谋私。(7)利用职权强制或者变相强制民营企业参加各类社会团体,缴纳会费、活动经费及其他费用。(8)利用职权限制或者变相限制符合准入条件的民营企业参与招投标采购活动。(9)侵害民营企业知识产权,或未经民营企业允许,公开涉及民营企业商业秘密的信息。(10)其他违反中央八项规定精神和相关纪律规定、破坏营商环境、影响新时代"两个健康"先行区创建的行为。

除"正面"和"负面"两张清单外,政商交往中还要建立一张清廉民企建设的"引导清单",主要包括:(1)积极建言献策、反映实情,主动加强与地方党委、政府的沟通交流,为促进"两个健康"提供"温州智慧"。(2)守住法律诚信底线,坚持不行贿、不欠薪、不逃税、不侵权、不踩红线。(3)传承新时代温商精神,切实履行社会责任。(4)不通过向机关单位工作人员及其特定关系人赠予企业股份或其他财产、代为理财、安排挂名领薪等方式输送利益,腐蚀、拉拢、围猎干部。(5)不以不正当手段谋取政治荣誉和职务安排。(6)不以非法手段或途径影响干部选拔任用、公共决策及公正执行公务。(7)不编造、利用虚假情况威胁、要挟、诋毁、诬陷干部,谋取不正当利益。

"三张清单"之外,全市各级党政机关、人民团体、事业单位乡科级及以上干部(含非领导职务),国有及国有控股企业(不含中央、省垂直管理单位)中层及以上干部,基层站所负责人,还需以书面签订《反对"挈篮子"承诺书》的方式郑重承诺,不利用职权或职务上的影响,突破法纪规则,妨碍公平公正,破坏营商环境,为自己或他人谋取利益。通过推行亲清新型政商关系的"三清单一承诺"制度,即政商交往的"正面清单""负面清单"和清廉民企建设"引导清单",并开展"反对不按规则办事行为承诺",在全市形成了"办事不求人"的良好氛围,营造了更加稳定、公平、透明的营商环境,极大地激发了市场主体创新创业活力。

二、保护合法权益，改善法治环境

为改善民营经济法治环境，温州市委、市政府出台一系列制度，着力营造公平、公正、透明、稳定的法治环境，依法保护民营企业与民营企业家的合法权益。2019年出台了《关于进一步改善民营经济法治环境的意见》，主要内容有：第一，完善涉企政策制定程序。在制定涉企政策前，要注重收集民营企业家对政策的诉求信息，主动及时了解民营企业所急所需所盼，提高政策针对性。政策制定期间，要综合考虑民营企业不同规模、行业发展诉求、承受能力等因素；要保证公开征求意见的期限，一般不少于7个工作日，若内容重大的，不少于30日，杜绝走形式、走过场；要有针对性地设计有利于民营企业和行业协会商会以及律师协会参与公开征求意见的各项工作机制，除采用书面或网站征求意见外，多采取听证座谈、论证会、列席会议、咨询协商、媒体沟通等多种形式，广泛听取意见；要完善意见采纳反馈机制，在政府门户网站上搭建意见反馈平台，及时公开收到的意见数量、意见采纳情况，对相对集中的意见未予采纳的，要反馈说明未采纳原因；政策出台后，要开展实施情况后评估工作，注重实施效果监测，充分听取民营企业和行业协会商会对政策的实施效果的评价和完善建议，将后评估结果作为涉企政策立改废的重要依据。建立通过政府购买服务方式委托第三方起草、评估涉企政策的工作机制，培育以法学专家、律师、评估机构专家为主体的涉企政策起草、评估智库队伍。

第二，优化行政执法方式。全面推行行政执法公示、执法全过程记录、重大执法决定法制审核三项制度100％覆盖，强化行政执法事前公开、事中公示和事后公开，规范执法过程文字记录、音像记录和记录归档，明确重大执法决定审核机构、审核范围、审核内容和审核责任。坚持法定职责必须为、法无授权不可为，全面公开行政执法主体资格及行政执法部门权力清单，明确执法主体、执法程序、执法事项范围，全面解决行政执法"不作为""乱作为"问题。

第三，健全公平竞争审查工作机制。深入贯彻竞争中性原则，深入推进治理商业贿赂工作，加大对假冒侵权、价格欺诈、虚假宣传等严重扰乱市场秩序行为的惩处力度；坚决打击毁坏民营企业信誉、泄露民营企业商业秘密以及违反法律法规的不正当竞争行为等。

第四，完善政府守信践诺机制。大力推进法治政府和政务诚信建设，严格兑现向社会及行政相对人依法作出的政策承诺，认真履行在招商引资、政府与社会资本合作等活动中与投资主体依法签订的各类合同，不得以政府换届、领导更替等理由违约毁约，因违约毁约侵犯合法权益的，依法承担法律和经济责任。因国家利益、公共利益或者其他法定事由需改变政府承诺和合同约定的，严格依照法定权限和程序进行，并对企业和投资人因此受到的财产损失依法予以补偿。对因政府违约等导致企业和公民财产权受到损害等情形，进一步完善赔偿、投诉和救济机制，畅通投诉和救济渠道。将政务履约和守诺服务纳入政府绩效评价体系，建立政务失信记录，建立健全政府失信责任追究制度及责任倒查机制，加大对政务失信行为的惩戒力度。

第五，严格规范司法案件财产处置法律程序。进一步细化涉嫌违法的民营企业和人员财产处置规则，对涉案民营企业正在投入生产运营或正用于科技创新、产品研发的设备、资金和技术资料，原则上不查封、不扣押、不冻结；确需查封、扣押、冻结的，除依法需责令关闭企业的情形外，在条件允许情况下可以为企业预留必要的流动资金和往来账户，最大限度降低对企业正常生产经营活动的不利影响；已经查封、扣押、冻结的，要指定专人抓紧审查。发现与案件无关的，立即解除或返还。采取查封、扣押、冻结措施或处置涉案财物时，要依法严格区分个人财产和企业法人财产，股东、企业经营管理者等自然人违法的，在处置其个人财产时不牵连企业法人财产；企业违法的，在处置企业法人财产时不牵连股东、企业经营管理者个人合法财产。此外，温州市还率先实施重大涉企案件报告制度、企业家紧急事态应对机制等，对轻微违规行为实行"首次不罚"，形成了法治护航民企的"温州实践"，让广大企业家放心投资、专心创业、安心发展。

第六，设立民企维权服务中心。为构建新型政商关系、保护民营企业发展，温州专门设立民企维权服务中心、企业维权接待日、网上维权服务平台等。民营企业维权服务中心与"12345"政务服务热线联动，如民营企业经营者在申办、投资、生产、经营和清算过程中，认为政府职能部门或其他相关管理部门的行为违法或不当等侵害了其合法权益，在生产经营中遇到有关经济纠纷、劳动争议或其他影响企业发展等法律问题，在投资、生产、经营过程中需要政策法律咨询的，均可通过平台咨询相关服务。"企业维权接待日"是民营企业维权服务平台根据接收的各类企业诉求，以圆桌会议形式邀请市政府、市直有关部门负责人与企业家代表开展面对面对话沟通的一种政企互动新机制。

三、完善激励机制，营造良好社会氛围

受计划经济的长期影响，姓资姓社、姓公姓私的观念一直萦绕在人们的心头。发展民营经济，需要国家政策法规的保障，同时也需要在全社会不断营造和强化良好的尊重劳动、尊重创造的舆论氛围。这方面，温州市委、市政府的做法和经验主要如下：

第一，建立和完善各级领导与企业家联系等制度，树立正向激励导向。包括制定和完善各级领导联系重点企业、企业家和重点行业协会商会制度、市领导面对面走访重点企业制度、民营企业家约见市县级领导和涉企部门主要负责人制度，以及政府作出重大决策和制定涉企政策征询企业家意见制度等。

第二，做好企业家人才支持和表彰工作。2018年，首次将企业家列入温州高层次人才特殊支持计划，对科技创业领军人才、新时代青年企业家予以评选支持。在国家、省、市中长期科学和技术发展规划

确立的重点方向承担过市级以上科技项目,或为企业技术创新突破做出重大贡献的科技人才可被评选为科技创新领军人才;具有特别优秀的科学研究成果或技术创新潜能,课题研究方向或技术路线有重要创新前景的人才可被评选为科技创新青年拔尖人才。自 2004 年以来,温州市人民政府每年持续开展优秀企业家评选表彰活动,激发广大企业家敢为天下先的创业精神和乐于奉献精神,增强企业的创新能力和核心竞争力。

第三,开展"温州民营企业家节"系列活动。2018 年 12 月温州市十三届人大常委会第十六次会议审议通过了市政府提交的议案,同意设立"温州民营企业家节",确定每年的 11 月 1 日为"温州民营企业家节"。在"温州民营企业家节"期间,温州市政府还通过举办新时代"两个健康"论坛,表彰一批优秀企业、优秀企业家,宣传和解读助企帮扶政策等活动,弘扬优秀企业家精神,进一步凝聚社会共识,营造尊重民营企业家的浓厚氛围。

第四,加强对优秀企业家先进事迹和突出贡献的宣传。温州市政府与《温州日报》、温州电视台等联系沟通,谋划开辟民营经济健康发展专栏,对工作中涌现的先进典型、示范案例等进行宣传。为讲好温州故事,传递温商声音,2019 年 8 月,温州市工商联与浙报集团温州分社达成战略合作,专门成立浙江省首个民营企业家健康成长融媒体中心。此外,还建成投用占地面积达 5 万平方米的"世界温州人家园"和民营经济博物馆等。

第三节　建设法治政府,保证权为民所用

全面依法治国是国家治理的一场深刻革命,关系党执政兴国,关系人民幸福安康,关系党和国家长治久安。习近平总书记在党的二十大报告中指出:"法治政府建设是全面依法治国的重点任务和主体工

程。转变政府职能,优化政府职责体系和组织结构,推进机构、职能、权限、程序、责任法定化,提高行政效率和公信力。"①法治建设是"八八战略"的重要内容,也是温州发展的重要保证。改革开放特别是省委部署法治浙江建设以来,温州按照中央和省委的部署要求,沿着习近平同志在浙江开创的法治建设道路,以"八八战略"为指导,部署和实施了法治温州建设,取得了较好的实践成果和制度成果,依法治市水平得到了明显提升。在这一过程中,温州市政府以身作则,积极响应国家和省委政策,做好法治政府建设的顶层设计,在实际工作中自觉践行依法行政,不仅取得了法治政府建设的卓越效果,也为法治温州建设奠定了良好基础。

温州市进一步加强民主法治建设。毫不动摇坚持人民代表大会制度,加强和改进新时代人大工作,支持和保证人大及其常委会依法行使职权、开展工作,丰富人大代表联系人民群众的内容和形式,扩大人民有序政治参与,推动人民代表大会制度在温州的生动实践。坚持和完善中国共产党领导的多党合作和政治协商制度,建好用好"请你来协商""委员会客厅""民生议事堂"等平台,使政协协商民主的形态更加成熟、运行更加成熟、功能更加成熟,更好地发挥专门协商机构的作用。一体推进科学立法、公正司法、严格执法、全民守法,营造办事依法、遇事找法、解决问题用法、化解矛盾靠法的法治环境;以构建高效协同的事中事后监管执法体系为重点,打造权责一体、权威高效的"大综合一体化"行政执法新格局。

一、顺应依法治国要求,推动依法行政

随着改革开放的推进,国家法治建设日益受到重视。为了推动依法行政深入实施,1999年国务院发布了《关于全面推进依法行政的决

---

① 习近平:《高举中国特色社会主义伟大旗帜 为全面建设社会主义现代化国家而团结奋斗——在中国共产党第二十次全国代表大会上的报告》,人民出版社2022年版,第40页。

定》，其中要求："要把依法行政作为关系改革、发展、稳定大局的一件大事，真正落实到行政活动的各个方面、各个环节。要从根本上转变那些已经不能适应依法治国、依法行政要求的传统观念、工作习惯、工作方法。"温州根据国家要求进一步加快依法行政步伐。2003 年 12 月 22 日，温州市十届人大常委会第四次会议专门审议通过了《关于加快推进依法治市进程的实施方案》，要求认真贯彻落实《国务院关于全面推进依法行政的决定》，加强政府法治建设，全面推进依法行政。主要内容包括：一是加强行政执法队伍管理，严格执法资格审查，坚决杜绝合同工、临时工从事行政执法活动。二是深化行政执法体制改革，尤其强调要逐步将市级相对集中行政处罚权工作推广到县级。三是认真宣传贯彻行政许可法，将行政审批纳入法治化、规范化轨道。四是加强行政执法责任制，完善行政执法评议制度。把加强行政执法责任制作为推进依法治市的重要手段和载体，建立健全以行政首长责任制为核心的执法责任体系，保障法律法规的正确实施。

2009 年，温州市政府又印发了《关于加强市县政府依法行政工作的实施意见》。该意见要求：切实增强市县政府依法行政的责任感、紧迫感。要清醒地认识到各级政府及其工作人员依法行政的能力水平与温州经济社会发展不相适应，与人民群众的要求还存在着较大的差距，政府依法行政工作中存在着不少亟待解决的矛盾和问题。必须从全局和战略的高度充分认识《国务院关于加强市县政府依法行政的决定》的重大意义，把加强依法行政工作作为一项全局性、基础性工作，认真贯彻，狠抓落实，进一步强化依法行政的责任感和紧迫感。2012 年 3 月，温州市政府印发了《温州市人民政府工作规则》，再次强调：市政府及各部门要严格按照法定权限和程序履行职责，行使行政权力。温州市认真贯彻国家关于依法行政的要求，结合温州实践，发布了一系列关于依法行政的制度规范，对于推进温州依法行政具有重要意义。

在推进依法行政过程中，温州尤其注重提高党员干部法治思维水平和依法办事能力，建立了领导干部任前法律知识考试制度。把宪法列入党委（党组）中心组学习内容、列为党校（行政学院、社会主义学院）必修课，把法治建设成效作为衡量领导班子和领导干部工作实绩的重要内容，把能不能遵守法律、依法办事作为选拔任用领导干部的重要依据，优先提拔使用法治素养好、依法办事能力强的干部。对于行政执法人员，规定凡新进人员必须参加市法制办统一安排的综合法律知识培训考试和各行政主管部门统一组织的专业知识培训考试，考试合格的，由省法制办颁发行政执法证。

二、规范行政权力，保证权为民所用

自 2009 年起，温州市政府每年都制定并印发《温州市法治政府建设工作要点》，该文件成为温州市依法行政的依据和标准；2016 年印发《法治政府建设工作情况报告》，2017 年召开全市法治政府建设工作会议，全面部署法治政府建设工作。

（一）依法全面履行政府职能

推进机构、职能、权限、程序、责任法定化，坚持法定职责必须为、法无授权不可为。依法规范各级政府之间、政府部门之间的职责和权限。大力推进政府自身改革，完善和推行权力清单、责任清单、财政专项资金管理清单、企业投资负面清单制度。深化行政审批制度改革，全面清理行政审批前置环节，依法取消非行政许可审批事项，加强行政审批许可事项动态管理。完善集阳光政务、行政审批、便民服务于一体的网上政务服务体系，推动各级政府权力事项集中进驻、网上服务集中提供、数据资源集中共享。健全公开透明规范的财政预算管理和政府债务风险管控机制。完善中心镇和街道行政管理体制。

（二）健全行政决策程序和机制

把公众参与、专家论证、风险评估、合法性审查、集体讨论决定确定为重大行政决策的法定程序，确保决策制度科学、程序正当、过程公开、责任明确。建立行政机关内部重大决策合法性审查机制,未经合法性审查或经审查不合法的不得提交会议讨论。完善重大行政决策听证制度,健全公开遴选听证参加人、以适当方式公开意见采纳情况等程序。建立健全重大决策风险评估机制。探索建立决策后监测、评估和纠错制度。建立重大决策终身责任追究制度及责任倒查机制。健全行政规范性文件合法性审查制度。完善和推行政府法律顾问制度,促进政府法律顾问工作规范化、长效化。

(三)改革和完善行政执法体制

合理配置执法力量,相对集中执法权,推进综合执法和执法重心下移,切实解决多头执法、多层执法和不执法、乱执法问题。加强各领域执法主体整合,减少政府执法队伍种类,加强综合执法队伍建设。完善执法协作配合机制,推动跨部门、跨领域基层综合行政执法,探索多种形式的部门联合执法。完善市县两级政府行政执法管理,探索市级功能区和中心镇执法机制。理顺行政强制执行体制。严格落实行政执法与刑事司法衔接机制,建立信息共享、案情通报、案件移送制度。实行行政执法案件主办人制度和案件审核制度,建立案件质量跟踪评判机制。严格执行罚缴分离和收支两条线管理制度。

(四)严格规范公正文明执法

依法惩处各类违法行为,加大关系群众切身利益的重点领域执法力度。完善行政执法程序,明确具体操作流程,建立执法全过程记录制度,进一步规范行政执法行为。健全行政裁量权基准制度,规范裁量权标准、范围、种类和幅度。全面落实行政执法责任制,加强执法监督,严格文明执法,排除对执法活动的干预,严惩执法腐败现象。严格执行重大执法决定法制审核制度,强化对行政执法行为的司法监督。探索开展行政复议体制改革试点,加强行政复议能力建设。推进行政指导在行政执法中的规范运用。加强行政执法信息化建设。

（五）加强对行政权力的制约和监督

加强人大及其常委会对政府全口径预决算、部门预决算、政府性债务、国有资产监管等审查监督。加强对政府内部权力的制约，对权力集中的部门和岗位，实行分事行权、分岗设权、分级授权，定期调岗轮岗，强化流程防控。加强政府内部层级监督和专门监督，改进上级机关对下级机关的监督，强化行政监察、审计监督和政府法治监督。建立健全纠错问责机制，完善责令公开道歉、停职检查、引咎辞职、责令辞职、罢免等问责方式和程序。发挥政协组织、民主党派、无党派人士的民主监督作用。完善舆论监督制度，支持媒体依法履行舆论监督职能。坚持以公开为常态、不公开为例外原则，推进决策公开、执行公开、管理公开、服务公开、结果公开。

三、加强政务诚信，赢民心聚力量

政务诚信建设是服务型政府的应有之义。为加快推进政务诚信建设，充分发挥政府在社会信用体系建设中的表率作用，温州对如何推进政务诚信建设进行了积极的探索。2017年温州市政府专门发布了《温州市加强政务诚信建设实施方案》。相关实践主要包括如下内容：

第一，建立健全公务人员信用管理体系。一是建立公务人员诚信档案。将公务人员（公务员、事业单位人员）在日常生活、工作中产生的荣誉表彰和违法违规等信用信息，特别是在履职过程中因违法违规、失信违约被司法判决、行政处罚、纪律处分、问责处理等信息纳入信用记录，建立公务人员诚信档案，并将有关记录逐级归集至全国信用信息共享平台。二是建立公务人员守信激励与失信惩戒机制。构建公务人员信用约束和激励制度，将公务人员信用记录作为干部考核、任用和奖惩的重要依据，对存在政务失信记录的公务人员，要按照相关规定，在任用、升迁、评优评先等环节实施限制和惩戒等措施，并依法依规追究责任。三是建立公务人员信用修复机制。建立健全信用信息异议、投诉制度,探索扩展公务人员失信记录信用修复渠道和方式。建立自我纠错、主动自新的关爱机制,公务人员在政务失信行为发生后主动挽回损失、消除不良影响或者有效阻止危害结果发生的,可从轻或免于实施失信惩戒措施。四是加强公务人员诚信教育。以社会主义核心价值观为引领,深入开展公务员诚信、守法和道德教育,编制公务人员诚信手册,将信用建设纳入公务人员培训和进修课程,加强公务人员信用知识学习,提升公务人员信用意识。

第二,建立健全政府机构信用管理体系。以地方党委政府部门、事业单位和居民委员会、村民委员会等基层自治组织为主体,建立政府机构诚信档案,将政府机构在履职过程中因违法违规、失信违约被司法判决、行政处罚、纪律处分、问责处理等信息纳入政务失信记录,着重采集政府机构被纳入法院失信被执行人名单的信息,并将有关记录逐级归集至全国信用信息共享平台。同时,依托"信用温州"网站等依法依规逐步公开政府机构政务失信记录。

第三,建立健全政府守信践诺机制。严格履行政府向社会作出的承诺,把政务履约和守诺服务纳入政府绩效评价体系,把发展规划和政府工作报告关于经济社会发展目标落实情况以及为百姓办实事的践诺情况作为评价政府诚信水平的重要内容,推动各地区、各部门逐步建立健全政务和行政承诺考核制度。同时,健全政务诚信监督机制。利用"12345"政务服务热线和温州市网络问政平台等渠道,鼓励社会公众对政务失信行为实施监督、投诉和举报。

诚信是国家治理的重要资源。政府是公共服务的提供者、公共政策的制定者和公共秩序的维护者,政务诚信是社会信用体系的重要组成部分和重要标杆,在社会体系建设中发挥着示范引领作用。服务型政府建设需要以"诚"赢得民心,以"信"凝聚力量。温州的探索实践,对于思考诚信政府建设、推动人民满意的服务型政府建设具有重要的借鉴意义。

第四章　激扬新时代温州人精神

　　"八八战略"把加快建设文化大省当作浙江追求全面协调可持续发展的重要一环。党的十九届六中全会再次突出强调了文化的力量，指出"文化自信是更基础、更广泛、更深厚的自信，是一个国家、一个民族发展中最基本、最深沉、最持久的力量，没有高度文化自信、没有文化繁荣兴盛就没有中华民族伟大复兴"[①]。党的二十大报告指出，"推进文化自信自强，铸就社会主义文化新辉煌"[②]。浙江省委十四届十次全体（扩大）会议在深入学习贯彻党的十九届六中全会精神中进一步强调指出："重视发挥精神文化的激励作用，大力弘扬红船精神、浙江精神。"[③]因此，进一步发挥浙江的人文优势，大力弘扬和发展"浙江精神"，建设文化大省、强省，不仅是满足人民对美好文化娱乐生活向往的应有之义，也是不断增强浙江发展的思想保证、精神动力、智力支持和舆论力量的必要举措。

　　文化温州是文化浙江拼图中不可或缺的重要板块，温州人精神是"浙江精神"谱系中不可或缺的重要组成部分。习近平对温州与温州文化十分熟悉，他曾多次谈到"温州文化""温州人精神"，点明了其与众不同的鲜明特征，高度肯定了温州文化的丰富历史底蕴和现实活

---

　　① 《中共中央关于党的百年奋斗重大成就和历史经验的决议》，人民出版社 2021 年版，第 44 页。
　　② 习近平：《高举中国特色社会主义伟大旗帜　为全面建设社会主义现代化国家而团结奋斗——在中国共产党第二十次全国代表大会上的报告》，人民出版社 2022 年版，第 42 页。
　　③ 《深入学习贯彻党的十九届六中全会精神　坚定不移做"两个确立"忠诚拥护者"两个维护"示范引领者》，《浙江日报》2021 年 12 月 2 日。

力。2002年12月23日,他在温州调研时指出:"温州人敢为人先、特别能创业的精神是浙江的一笔宝贵财富,'浙江精神'就包含着温州人的精神,我们一定要与时俱进,进一步发扬光大这种精神。"[①]他既指出了温州思想文化领域存在的一些问题,又为温州建设文化大市、强市和续写创新史提供了思想根脉、指明了方向。此后,温州积极践行"八八战略",为了切实解决文化发展不平衡不充分问题,开始积极实施"大爱温州""信用温州""文明温州""文化温州""幸福温州"等系列文化工程,建设"大爱城市、诚信社会、道德高地"和"书香社会、墨香城市、阅读温州"等系列文化品牌,打造一批具有中国气派、浙江辨识度、温州特质的重大标志性成果,营造乐业向善的营商环境,培育"最美温州人",推进文化智治和"人的现代化",开启了保护传承温州历史文化、推动文化大市建设的新阶段。

第一节　传承地方历史文化,坚定温州文化自信

文化是民族的血脉,是人民的精神家园,文化自信是更基本、更深沉、更持久的力量。因此,激扬新时代中国人精神,就必须"坚持把马克思主义基本原理同中国具体实际相结合、同中华优秀传统文化相结合"[②]。事实上,习近平同志早在2003年浙江省委十一届四次全会上作报告谈及"浙江精神"时就特别指出,永嘉学派代表人物叶适等人主张通商惠工,农商相补,反对义利两分,以国家之力扶持商贾、流通货币,洋溢着浓郁的经济脉息。"这种'文化基因',一旦遇到改革开放的阳光雨露,必然'一有雨露就发芽,一有阳光就灿烂',迸发出巨大的创

[①]　习近平:《干在实处　走在前列——推进浙江新发展的思考与实践》,中共中央党校出版社2006年版,第488页。

[②]　《中共中央关于党的百年奋斗重大成就和历史经验的决议》,人民出版社2021年版,第23—24页。

造力，极大地推动社会生产力的解放和发展，其最鲜明的当代表现，就是孕育和造就了'自强不息、坚韧不拔、勇于创新、讲求实效'的浙江精神。"[①]

改革开放以来，温州以其"以利和义，不以义抑利"（叶适语）的重商主义传统，"敢为人先"的创业精神，"极力求富，藏之于民"（宋恕语）的民本私营特色，抱团式"集群运作"[②]的超强自组织能力，形成了独具一格的"温州人精神"与"温州模式"。如若进一步放眼散落全国乃至全世界的聚落性的"温州人"群体，更可以清楚地看出，"温州人"作为一个遍布世界各地的现代商帮的标签，其成员资格、身份认同和族群集聚的基础，多来自地缘、亲缘与乡谊的维系。当这些纵向与横向联系，"引进来"与"走出去"错综复杂地交织起来的时候，就形成了一张张绵密的关系网络，将温州人群体紧紧地联结在一起。只有从温州区域文化这个侧面才能解释温州民间社会自组织力量何以强大，民营经济何以蓬勃发展，温州经济为何是"老百姓经济"、为何是"地瓜经济"（藤蔓四面八方伸展，但皆以根茎为中心）。

一、延续历史文脉，彰显出温州文化软实力

温州，依山傍海，是中国东南沿海、瓯越大地上的一个温暖之州。西汉惠帝时开始建置东瓯国，晋明帝时设永嘉郡，唐高宗时分置温州，始有今名。它南扼八闽咽喉，北顾明（宁波）、台（台州），西接婺、越，东临大海，地理位置"利兼水陆，推为沃壤"，实乃"东南之形胜矣"。[③] 进入 21 世纪的温州，依旧是浙江三大中心城市之一、长三角地区南大

① 习近平：《干在实处　走在前列——推进浙江新发展的思考与实践》，中共中央党校出版社 2006 年版，第 316 页。

② 洪振宁编著：《宋元明清温州文化编年纪事》，浙江人民出版社 2009 年版，第 3—5 页。

③ 清初顾祖禹认为，温州"东界巨海，西际重山，利兼水陆，推为沃壤。且与闽为邻郊，扬帆振辔，分道南下，是扼八闽之吭，而拊其背也。若其凭依岛屿，间阻溪山，东瓯虽小，亦足以王。况指顾明、台，驰骤婺、越，因利乘便，必能有为，就浙言之，亦东南之形胜矣"。见顾祖禹：《读史方舆纪要》卷九十四，中华书局 2005 年版，第 4338—4339 页。

门、中国东南沿海地区枢纽城市,呈现出独特的风土人文和山海资源优势。

温州有 2200 多年行政建制史,号称"东南小邹鲁",历史悠久,有"中国山水诗发源地""南戏故里""歌舞之都""书画名城""百工之乡""中国数学家之乡""中国最具幸福感城市"等美誉,文化根脉绵长深厚。纵观整个温州区域文化发展的历史,主要有三个高涨时期:一是南宋永嘉之学,二是晚清维新之学,三是当代温州商业文化。宋代尤其是南宋时期是温州文化发展史上第一个高涨期。这一时期出现了众多知名的文学艺术家、思想教育家和政治家,永嘉学派、四灵诗派、温州南戏相继形成,一时蔚为大观,为温州儒学与文化奠定了基调。薛季宣、陈傅良、叶适等温州人第一次从哲学的层面阐明、总结并升华了温州人精神的实质内涵,这是温州人走向文化自觉的标志性事件。在偌大的中国,拥有自己一套哲学的地方(地级市)其实并不多见。永嘉学派的出现,标志着温州人有了一套稳定有效的心理积习,标志着温州人的思维方式和价值观念从自发走向自觉、走向成熟。永嘉之学作为南宋儒学版图中"鼎足而三"的重要组成部分,其实质是一种"制度新学""经制之学"。它不仅成为浙东文化的精神基调和遗传基因,也在整个中国儒学、哲学史上占有一席之地,尤其是在义利、公私、农商之辨等问题上独树一帜,留下了浓墨重彩的一章。随着适合地域发展实际的文化积淀和底蕴的提升,温州科举仕宦开始辈出,而且总是能够在风云激荡的社会变革时代走在前列、引领风气之先。

近代以来的温州,作为东南沿海开埠较早的新文化重镇,地方社会与文化的发展有一个由慢到快不断加速的过程。以瑞安孙氏、黄氏两大科宦世家和"东瓯三杰"为代表的温籍士大夫群体心系乡土和家国,相继在学界崭露头角。尤其是自 1876 年开埠通商之后,由于地处"中西交会之要冲",温州区域社会与文化传统的转型开始加速,不仅产生了一大批有全国性影响的学术思想大家,而且涌现了一大批救国救民的仁人志士,声教迄于全国。

自 1978 年实行改革开放以来,由于"温州模式"的成功实践,温州再次声名鹊起。当代温州作为中国改革开放的先行区和中国民营经济的重要发祥地,堪为新中国成立 70 余年和改革开放 40 余年波澜壮阔历史的最佳样本之一,闻名遐迩。无论是作为中国革命精神和中国革命红船起航地,还是改革开放先行地和习近平新时代中国特色社会主义思想的重要萌发地,温州从来没有缺席,且一直在其中扮演重要角色。经济社会和文化领域里的各种温州现象,为世人所瞩目,其背后的文化根脉逐渐引起人们重视,开始不断被深入挖掘,发扬光大。

多年来,温州根据浙江文化研究工程"今、古、人、文"的总体框架,重点围绕东瓯国历史、历史文化名人、永嘉学派、永嘉禅、永嘉四灵诗派、永嘉画派、永嘉医派、永嘉昆曲、南戏、山水诗、瓯剧等专题,挖掘从"东瓯文化"到"永嘉文化"再到当代"温州文化"的历史脉络,尤其是整理出版永嘉学派文献,推出系列研究成果,擦亮"东瓯""永嘉""温州"等文化金字招牌,充分彰显区域文化特质,不断提高温州的文化软实力。

首先,积极践行加快建设浙江文化大省战略,系统筹划。2005 年 7 月,中共浙江省委十一届八次全会作出了《关于加快建设文化大省的决定》,提出要从增强先进文化凝聚力、解放和发展生产力、增强社会公共服务能力入手,实施八项工程。根据浙江省文化发展战略,中共温州市委很快于 2006 年 1 月 26 日制定印发了《关于加快建设文化大市的决定》(温委发〔2006〕3 号),分别从加快建设文化大市的重大战略意义、指导思想和主要目标、主要任务、主要措施四个方面,吹响了大力推进"三个温州"建设尤其是文化强市建设的号角。2013 年,为深入贯彻落实党的十八大精神,中共温州市委和温州市人民政府又出台了《关于支持和促进文化发展的若干意见》(温委发〔2013〕68 号)。党的十九大之后,温州市委、市政府又相继出台了《关于推进文化温州建设的实施意见》、《推进公共文化服务高质量发展的实施意见》《关于激扬新时代温州人精神 高水平推进文化温州建设的决定》

（温委发〔2021〕20 号）等指导文件，一任接着一任干，一张蓝图绘到底，久久为功，文化温州建设持续深入，为续写温州创新史提供了深沉、持久的内在支撑。

其次，大规模整理出版温州地方文献，赓续文脉。历史文献是文化根脉的重要载体，温州有着丰富的历史文化记忆资源。据统计，2013—2016 年浙江省已经公布的浙江省珍贵古籍名录中，温州列入省名录的有 65 部。2008—2016 年，国务院公布了 5 批国家珍贵古籍名录，温州人的著作约有 160 多部，其中典藏在温州市各图书馆列入名录的古籍共有 69 部。温州持续实施系列文献出版工程，大规模系统点校、整理、出版温州地方文献，做好温州历史文化传承发展的基础性工作。诸如《温州文献丛书》（上海社会科学院出版社）、《温州文献丛刊》（黄山书社）、《温州历史文献集刊》（南京大学出版社）、《中国近代人物日记丛书》（中华书局）、《温州市图书馆藏日记稿钞本丛刊》（中华书局）、《近现代温州学人书系》（岳麓书社）、《温州学人文选》（黄山书社）等系列丛书，逾两千万字，影印了一批具有重要价值的史料；《温州方言文献集成》收录了清代至民国时期研究温州方言的著作；《南戏大典》列入"十二五"国家重点图书出版规划项目。各县（市、区）也陆续编辑出版文化丛书或文献丛书，如《瑞安文化丛书》《瓯海文化丛书》《苍南文献丛书》《龙湾文献丛书》《平阳地方文献丛书》《乐清文献丛书》《乐清学人丛书》《永嘉金石志》《瓯海金石志》《苍南金石志》等。此外，瑞安还启动了永嘉学派展示馆建设工作和《瑞安文献集成·永嘉学派丛书》的编辑出版工作，2020 年已完成瑞安博物馆底本拍摄；文成县推出《刘伯温史料集》，永嘉县推出《永嘉学派基础知识手册》等。这为温州文化研究提供了第一手材料，全面展现了温州丰厚的历史人文底蕴。

最后，持续系统开展温州历史文化研究工程，集成提升。温州先后启动《温州通史》编纂出版（七卷加 20 余部专题史）、永嘉学派与温州学研究、浙江戏曲与南戏研究、温州人经济研究以及瓯文化（瓯窑、瓯塑、瓯绣、瓯菜等）研究等重大文化工程，分类推进，系统集成，总结提炼，温州文化、瓯越文化和永嘉文化知名度和影响力日益提升。"十三五"期间，温州市社科联课题研究数量有 750 余项，获国家社科基金项目立项 124 项，组织出版了《温州学术文库》《温州文化丛书》《温州学研究丛书》以及《续写创新史——温州改革开放 40 年研究》等理论著作近 40 部，联合举办"林斤澜短篇小说奖"、中国寓言文学最高奖"金骆驼奖"等。

"温州"现象的魅力和对温州人精神的自觉践行日益深入人心，既鼓舞了温州人继续"走出去"和深化改革的底气、士气和信心，也开拓和坚定了不断"引进来"和开放搞活的胸怀、视野和决心。正如习近平总书记所指出的那样："历史是最好的教科书……在对历史的深入思考中做好现实工作、更好走向未来，不断交出坚持和发展中国特色社会主义的合格答卷。"①

二、强化保护传承，让文化遗产"都活起来"

2006 年，习近平同志在"文化遗产日"调研时指出，文化遗产保护和经济社会发展的矛盾依然突出，要"正确处理文化遗产保护和经济社会发展的关系，正确处理文化遗产保护、传承与管理、利用的关系……抢救为主、保护第一，切实保护好不可再生的文化遗产"②。2008 年，浙江省出台了《浙江省推动文化大发展大繁荣纲要（2008—2012)》；2011 年又出台了《关于大力推进文化强省建设的决定》。在文化强省战略提出之后，温州率先压实属地责任，采用"红黄蓝"三色智慧监管，在文化遗产保护、传承和活化、利用方面的做法得到了广泛认可，2016 年温州正式跻身国家历史文化名城之列。

---

① 《在对历史的深入思考中更好走向未来　交出发展中国特色社会主义合格答卷》，《人民日报》2013 年 6 月 27 日。

② 习近平：《干在实处　走在前列——推进浙江新发展的思考与实践》，中共中央党校出版社 2006 年版，第 324 页。

　　首先,完善立法为文化遗产保护和传承保驾护航,建章立制,创新"一桥一策"等工作模式。根据《浙江省文物保护管理条例》《浙江省非物质文化遗产保护条例》等法律规章,温州市陆续出台了《温州市文物保护管理办法(修订)》《温州市非物质文化遗产保护管理办法》《温州市历史文化名城保护办法》《温州市历史文化街区管理办法》《温州市历史建筑保护管理办法》《关于进一步加强温州历史文化保护和传承的实施意见》等,历史文化街区改造、文化遗产保护和传承做到了有法可依、有章可循。其中,针对特别重要的文物出台专门的保护条例,诸如《温州市泰顺廊桥保护条例》,引入第三方监管力量,创新"一桥一策""一村一档"工作模式,相关做法和经验得到了广泛认可,在全国推广。

　　其次,全面普查本市文化遗产资源,摸清家底,实现文化遗产数字化智治。在 2007 年、2012 年和 2017 年开展多次普查,对承载着丰富的历史文化底蕴的乡村和地方文献记录、文化实物、文化活动、文化技艺、文化习俗等文化资源进行摸底,逐个排查,登记造册,建立档案,并在此基础之上制定系统科学的保护方案。经查,温州市截至 2016 年有全国重点文物保护单位 33 处,省级文物保护单位 111 处,县(市、区)级文物保护单位 787 处,省级历史文化名镇名村 14 个,市级历史文化名镇名村 7 个,普查古建筑 6354 处,其他不可移动文物 6703 处。在摸清家底的基础上,加大政策供给和财政投入,逐项建立数字身份证和数据库,推行文物安全风险点"红黄蓝"三色分类分级动态管理,建立精密智慧安全监管网络,确保应保尽保、无一遗漏,全面提升文化遗产保护传承领域的整体智治水平。

　　温州非物质文化遗产资源丰富,地域色彩浓郁。诸如永嘉昆曲、乐清细纹刻纸、传统木拱桥营造技艺(泰顺编梁木拱桥营造技艺)、活字印刷术(瑞安木活字印刷),分别被列入联合国教科文组织人类非物质文化遗产和急需保护的非物质文化遗产名录;瓯剧、瓯塑、温州鼓词、乐清黄杨木雕等 34 项,被列入国家非物质文化遗产名录,入选省级各保护项目的有 145 项。温州是"百工之乡",有 150 多种传统美术类和手工技艺类项目,温州市工艺美术从业人员约有 6 万人,资源丰富程度居全国前列。

最后,积极利用世界温州人资源,引导民间企业力量参与文博事业,民建民营,共建共享,活化利用,体现鲜明的温州地方特色。文化遗产要在保护的前提下合理利用,让它们"活起来",走入寻常百姓生活。温州利用民营企业众多、民间资源丰富、社会力量强大的传统优势,因势利导、因地制宜,积极引导非官方的社会主体力量参与文化事业建设,让文化真正面向大众、走向社会、走入民间,让地方历史文化真正鲜活生动起来。

温州率先建立温州市图书馆事业单位法人治理结构,使之成为文化和旅游部 10 家"全国公共文化机构法人治理试点单位"之一。

温州引入社会资本改造历史街区、名镇名村、特色小镇,在浙江省首批 30 家文化创意街区中,温州独占 5 席。温州注重沉浸体验式文化休闲,全力建设国家全域旅游示范区。

温州除了兴建国内首个国旗教育馆、永嘉学派馆、南戏博物馆、中国寓言文学馆以及世界温州人博物馆、温州道德馆、瓯窑博物馆、温州非遗馆、温州商会史馆、温州航运史馆等独具特色的公共文化设施,还积极引导民资举办民营非国有博物馆,先后涌现出红蜻蜓中国鞋文化博物馆、温州衍园美术馆、维日康树贤艺术博物馆、东海贝雕艺术博物馆等一批特色鲜明的博物馆,以及温州青灯石刻艺术博物馆、温州珐琅彩艺术博物馆等一大批民办博物馆。当代温州人继承明清以来遍地开花的"宾兴会""文成会""武成会"等民间助学组织以及率先开办的全国第一个民办图书馆"心兰书社"(1872 年)等,开创了兴学崇文之传统,聚木成林,化俗成风,使温州成为中国公共文博事业的"东方明珠"。

温州充分利用国内与国外两种资源,尤其是聚集世界温州人文化资源,助力非物质文化遗产展示和商业开发,实现文化事业与文化产业的融合。连续举办了六届温州国际时尚文化创意产业博览会,成为浙江省四大文化产业交易平台之一。

温州积极打造"塘河夜画""瓯江夜游"等夜游文旅产品,夜间开放城市书房、博物馆等文博机构,以夜间研学、文化夜市引领温州"月光经济"发展,使其成为市民夜间的好去处。通过多维并举、贴近百姓、活化利用的创新举措,跑出并打开了文化温州建设的加速度、高质量和生动局面。

三、打造山水诗路,让现代人"记得住乡愁"

2006年,习近平同志指出:"在传统的农业社会,农村是大多数人生活、繁衍的居所。在许多诗人的笔下,农村有着恬静诗意的田园风光,故而使哲学家发出'人,诗意地栖息在大地上'的感慨。而在人类进入工业社会以来,有相当一个时期,农村环境遭到了破坏,农村建设被人们所忽视,这种破坏和忽视最终阻碍了经济社会的发展,使人们付出了很大代价。"[1]在2013年中央城镇化工作会议上,习近平总书记进一步指出,"让居民望得见山,看得见水,记得住乡愁"[2]。"记得住乡愁"这一神来之笔的最深刻含义在于,它指出乡村除了成为中国人的粮食基地和生态屏障,还要成为中国人精神生活的"故乡"和"后花园"。而乡村生活作为中国人共有的集体记忆和精神家园,之所以能够是诗意的,是一种"乡愁",其内涵是多重的:满眼生命绿意的一派田园风光,小桥流水人家的自然村落布局,农业牧耕作息的慢生活方式,宗族熟人社会的人际互助关系,诗礼传家、忠孝仁义的耕读文化传统,欢乐娱神的节庆赛会活动,天人合一、乐天知命的人生态度等。费孝通曾说,"文化是依赖象征体系和个人的记忆而维持着的社会共同经

① 习近平:《之江新语》,浙江人民出版社2007年版,第193页。
② 中共中央文献研究室编:《十八大以来重要文献选编》(上),中央文献出版社2014年版,第603页。

验"①。文化符号构成了一种整体有机的地理环境、心理空间和文化氛围，成为一种鲜活的、有生命力的文化传统、精神存在和生活方式。

"温州好，别是一乾坤。"多年来，温州把"八八战略"中的"山海资源优势"和"生态资源优势"结合起来，根据美丽乡村和"四条诗路"建设规划，喊出"诗画山水，温润之州"的口号，努力打造瓯江山水诗路文化示范带，全力绘就社会主义现代化先行市的美丽画卷。"暮春三月，江南草长，杂花生树，群莺乱飞"（丘迟《与陈伯之书》），东晋名士谢灵运宦居永嘉时，对于永嘉山水风物喜不自胜，歌咏描摹，不仅他自己成为中国山水诗的鼻祖，永嘉亦因此成为中国山水诗的摇篮和发源地。苏轼后来由衷地慨叹道："但言长官如灵运，能使江山似永嘉。"（《寄题兴州晁太守新开古东池》陶弘景在《答谢中书书》中描述道："山川之美，古来共谈。……实是欲界之仙都。自康乐以来，未复有能与其奇者。"在当时永嘉山水资源开发极其有限的条件下，"脚著谢公屐"的谢灵运，将其经眼的温州美景化为经典诗歌而流传千古。

瓯江山水诗路和塘河文化建设，挖掘温州古城、山水、耕读、名人四大文化主题，从历史、地理、文艺、民俗等角度对诗路文化开展系统性研究，梳理诗人行迹图、水系交通图、遗产风物图、名城名镇图、瓯越文脉图等地图，擦亮诗路和塘河"珍珠"，串"珠"成"链"，创设中国山水诗研究基地，打造中国山水诗国家级精品在线课程，开展与山水诗关系密切的温州戏剧、书法、绘画、音乐、民俗、青瓷、园林等专门史研究，推动诗路文化创造性转化和创新性发展。在此基础上，以"瓯江诗路、江心诗岛、雁荡诗山"为主轴，建设一批千万级旅游平台，开辟一批精品文旅研学线路，打造一批民众节庆活动，改造一批传统书院传播弘扬中华优秀文化，实现诗路文化的活态传承、物化展示和精神升华，充分彰显瓯江山水诗路和塘河文化的历史价值、文化价值、时代价值和经济价值。

---

① 费孝通：《乡土中国》，上海人民出版社 2019 年版，第 24 页。

2003 年,习近平同志在谈"千村示范、万村整治"的美丽乡村建设工作时说,诸如温州永嘉岭上村等"不少地方把环境整治和村庄建设与创建生态品牌、挖掘人文景观有机结合起来,不仅建成了一批环境优美、具有文化内涵和区域特点的山乡村寨、海岛渔村、水乡新村,而且促进了地方特色产业的发展和农民就业增收"①。随着新农村的建设发展,在推进瓯江山水诗路建设和全域旅游过程中,雁荡山间和瓯江—楠溪江—飞云江—鳌江流域星罗棋布的古村落遗存正焕发出特有的魅力。每一个古村落都是一段历史,都有各具特色的风物,也有很多故事。一个个家庭农场、民宿客栈重整面世,土特产超市网上链接全球,庭院经济、农家乐经济正如火如荼。古村绿道之间,驴步健走、龙舟竞渡,绿色健康产业蒸蒸日上。庙会集市、民间曲艺,人声鼎沸,热闹非凡。祠堂寺观,香火不绝,祠庙经济又获重生……物质性的遗存正在重拾青春,改变自己"博物馆化"的命运,日渐回归人们的日常生活。

四、深耕温州学,建设浙江先进文化窗口

温州人义利并举,将"商行天下"与"善行天下"结合起来,在追求实功实利的时候隐善力量亦生生不息,这与改革开放的政策导向推动相关,也与温州人的历史文脉传承相关。温州人的慈善精神可以追溯到温州历史上的永嘉学派。永嘉学派是一个在南宋时期的温州地区形成的学术思想流派,它主张"义利并举""以利和义"的价值观,推崇"事功"精神,它的形成反映了古代中国在经济中心南移后中华民族传统价值观念在浙江区域所显示出的时代革新,也反映出浙江区域原住居民所具有的那种克服先天自然条件不足、充分发挥人之主观能动性的积极进取、团结互助、求真务实精神。所以,"永嘉学派"作为中国古

---

① 习近平:《干在实处　走在前列——推进浙江新发展的思考与实践》,中共中央党校出版社 2006 年版,第 161 页。

代伦理精神的文脉传承和更新形式之一，可以说是先秦儒家传统"仁爱"伦理精神与浙江区域的特殊历史地理文化实际相结合的产物，它融合了中国北方"重义崇仁"精神与中国南方"重实崇效"精神。正是基于这种历史文脉背景，"永嘉学派"强调将"仁"和"义"、"实"和"效"融为一体，主张"以利和义""义利并举"的价值观，反对空谈心性。也正是在"永嘉学派"的精神滋养下，当代温州人一方面展现出一种"艰苦奋斗"的实业创业精神，发展出温州人的产业集群，另一方面展现出一种"慈善义举"的帮扶救济精神，铸造出温州人的道德高地和慈善品牌，实现了"仁义"与"事功"的合二为一。

由于温州在浙江尤其是浙东、浙南地区的独特地位，以及温州模式在当代浙江乃至整个中国区域经济社会发展中的重要影响，温州区域社会及其历史人文研究颇受学界的青睐，成为管窥中国改革开放与传统文化变迁的一个绝佳微观样本。有关温州、温州人、温州现象和温州历史文化的研究成果，其数量、热度和影响方面在全国地级城市中遥遥领先，是一个"现象级"的城市，"温州学"[①]的提法也由此应运而生。简言之，温州学是以温州文化、温州人和温州发展为研究对象，揭示温州经济社会发展内在规律的一门综合性地方学科。从内涵上看，温州学将温州作为由人文、自然要素共同构成的地域综合体，对其进行综合性研究；从外延上看，具体研究对象包括了温州地区的历史、文化、经济、社会、政治、生态，以及温州人与温州人文精神等，将其作为一个有机综合体进行研究，探究其发生发展的内在规律。2002 年 7 月，在温州市委八届十一次全体（扩大）会议上，温州市委、市政府提出了"抓紧建立温州学""深入开展温州学研究"的要求。据有关专家统计，截至 2019 年，已出版温州研究著作 700 余部，涉及当代温州发展与温州模式研究、温州专题史研究、温州文化研究、温州人与温州人精神研究、温州乡邦文献整理与研究等。这些著作的出版和数以万计的

---

① 《关于创立温州学的思考》，《光明日报》2002 年 11 月 1 日。

学术论文的发表,为温州学研究奠定了良好的学科建设基础。2019年,温州学研究创新发展系统工程启动,温州学文献中心成立,温州学研究院筹建,在外温州学文献回归工程开始实施。

从当代学术视野看,永嘉学派是温州学发展脉络中的重要一环,或者说是温州学形成的最重要的历史文脉之一。所以,深耕温州学,首要的是要深挖永嘉学派的历史生成和现实转化意义。如果说以南宋薛季宣、郑伯熊、陈傅良、叶适等人为代表的永嘉"经世致用之学"是温州学的滥觞,那么晚清民初时期以孙衣言、孙锵鸣、孙诒让、陈虬、宋恕、陈黻宸等为代表的温州知识群体的"利国济世之学"则堪称温州学的近代早期形态。改革开放以来,温州人以敢为人先的精神开拓发展之路,率先进行市场化和民营化改革,推进区域工业化和城市化,走出了一条共同富裕的道路,创造了独具特色的温州模式。随着温州模式的形成与发展,真正意义上的温州学才应运而生。从温州模式的发展逻辑来看,温州学的诞生,既是温州模式由实践上升为理论的必然结果,又给温州模式的发展以理论支撑。如果新时代的温州人能形成对温州学的文化自觉,能构建起温州学学科体系,那么温州将迎来历史上又一次文化高峰。就此而言,深耕以永嘉学派为历史文脉的温州学研究,将有重要的理论和现实意义,它不仅可以铸实温州作为国家历史文化名城的文化底蕴,也有利于总结和提炼改革开放以来温州人的精神内涵。

进入新时代,温州抓住机遇,不断深耕温州学的历史内涵和时代转化研究。温州市坚持以习近平新时代中国特色社会主义思想为指导,坚持理论创新与实践探索相结合,坚持历史性、现实性和未来性相统一,以构建温州学学科体系为目标,以"温州学研究工程"为抓手,围绕"今、古、人、文",着力推进温州当代发展和温州模式研究,着力推进温州历史与文化研究,着力推进温州人与温州人文精神研究,着力推进温州乡邦文献整理与研究,努力形成一批具有较高学术水平和较大影响的研究成果,打造温州学文化品牌,繁荣发展哲学社会科学,强化温州改革发展的理论支持和文化支撑。

第二节　赓续浙南革命传统，践行党的创新理论

习近平总书记在纪念红军长征胜利 80 周年大会上的讲话中指出："人无精神则不立，国无精神则不强。精神是一个民族赖以长久生存的灵魂，唯有精神上达到一定的高度，这个民族才能在历史的洪流中屹立不倒、奋勇向前。"[①]2021 年，浙江省委十四届十次全会在深入学习贯彻党的十九届六中全会精神的报告中指出：要"重视发挥精神文化的激励作用，大力弘扬红船精神、浙江精神"[②]。中国共产党带领中国人民在实现中华民族复兴的历史进程中铸就的伟大革命精神，是中国共产党人精神品格和精神风貌的独特标识，是中华民族宝贵的精神财富。事实上，早在 2005 年，时任浙江省委书记的习近平就在《光明日报》发表《弘扬"红船精神"走在时代前列》一文，第一次公开提出并深入阐释了"红船精神"的思想内涵，即"开天辟地、敢为人先的首创精神，坚定理想、百折不挠的奋斗精神，立党为公、忠诚为民的奉献精神"，其实质是对建党精神的凝练和概括。习近平把"红船精神"看作"中国革命精神之源"，强调"红船精神同井冈山精神、长征精神、延安精神、西柏坡精神等一道构成中国共产党在前进道路上战胜各种困难和风险、不断夺取新胜利的强大精神力量和宝贵精神财富"[③]。

温州红色文化资源丰富，在弘扬革命精神和红色基因传承方面有着得天独厚的优势。浙南革命史留下的伟大革命精神，与"红船精神"一脉相承，成为新时代温州人精神的红色源泉。80 多年前，在严酷的

---

①　习近平：《在纪念红军长征胜利 80 周年大会上的讲话》，人民出版社 2016 年版，第 9 页。

②　《深入学习贯彻党的十九届六中全会精神　坚定不移做"两个确立"忠诚拥护者"两个维护"示范引领者》，《浙江日报》2021 年 12 月 2 日。

③　《"红船精神"：中国革命精神之源》，《光明日报》2017 年 12 月 11 日。

斗争环境中,刘英、粟裕等浴血奋战,带领浙江革命走向胜利,"浙南红都"由此诞生。80多年后,温州作为中共浙江省委第一次代表大会召开地,在习近平新时代中国特色社会主义思想的指引下,延续革命精神,秉持创新精神,积极践行"八八战略",努力打造浙江的"红色窗口"。

一、弘扬革命精神,打造浙南红都

浙江是中国共产党的诞生地之一,也是党领导人民开展革命斗争的重要区域,革命遗迹遍布全省,红色资源种类丰富,这些丰富的历史遗存具有重要的政治导向、经济发展、文化传承、思想教育、历史镜鉴等价值。党的十八大以来,习近平总书记多次深入红色旅游经典景区进行视察,围绕红色旅游发表了一系列重要讲话。"对于红色文化资源,我们既要注重有形遗产的保护,又要注重无形遗产的传承"[①]。为了保护与传承革命传统资源,我国相继颁布实施了多版《全国红色旅游发展规划纲要》。温州统筹谋划,深入挖掘区域内现有的红色资源,将孤立的碎片化的红色资源整合起来,形成协同共进、一体发展的良好格局。

革命战争时期,中国共产党在温州及其周边地区进行过长期艰苦卓绝的革命斗争,缔造、凝结了敢于战斗、敢于胜利的精神,它渗透在浙南革命斗争实践的全过程。平阳县是中共浙江省第一次代表大会召开的地方,这里有中国工农红军挺进师的足迹,有闽浙边抗日救亡干部学校师生的身影,还有粟裕将军部分骨灰敬撒处。永嘉县岩头镇五尺村,红十三军军部旧址傲然屹立。浙南革命的精神作为温州文化的重要组成部分,业已内化为温州人精神的一部分,成为支撑温州高质量发展不可或缺的人文优势。温州在积极践行"八八战略"过程中

---

① 《中国革命历史是最好的营养剂》,《人民日报》2013年7月15日。

多管齐下，一直把继承与弘扬浙南革命传统、守护好浙江的"红色根脉"，使之在新时代更加熠熠生辉，作为促进地区社会经济发展的不竭精神动力。

温州聚力构建以"红色传统、红色基因、红色情怀"为核心的标志性重大红色旅游板块，实现红色旅游的可持续长效发展。以建党 100 周年为契机，通过文化赋能推动温州市红色旅游供给侧的全面转型升级；以平阳、洞头、永嘉、泰顺等地的红色旅游发展为代表，打造一批高美誉度的红色旅游核心区；发挥城区革命历史馆的阵地作用，串联温州市各地红色旅游地标，打造系列红色旅游精品线路；围绕中共浙江省一大旧址、红十三军旧址、海霞女子民兵连等温州经典红色旅游资源，依托本土文艺人才，打造系列歌剧、电影和短视频；重视年轻一代文创力量与红色旅游的结合，鼓励文化创意和媒体企业开发"温州红色情怀"系列主题文创旅游产品，鼓励创新创意人才、艺术人才和数字化人才在温州红色旅游项目设计和管理中的全面融入，在红色旅游全生态链上实现数字科技的全面介入；通过统筹资源、市县联动，指导建设一批红色旅游研学基地，全面打响"浙南红都"红色旅游品牌。

红色文化旅游需要通过文化空间的营造，形成红色革命的氛围，以浓厚的革命气氛，使民众都为其所感染，从而自发成为革命精神的传承人。习近平总书记强调指出，"关于发展红色旅游，指导思想要正确，旅游设施建设要同红色纪念设施相得益彰，要接红色纪念的地气，不能搞成一个大游乐场，要不就离红色纪念场所远一点，两者不要混在一起"①。温州通过革命遗址、革命纪念馆和红色革命旅游路线等发扬红色革命精神区域空间的建设，重点打造红色文化基地，红色旅游的人数不断增加，浙南革命文化传统的影响力也因此而扩大。

一是因地制宜，突出地方特色。例如，平阳县充分挖掘和发挥浙南（平阳）抗日根据地旧址、中共省一大旧址等红色资源优势，打造山

---

① 《在河北省阜平县考察扶贫开发工作时的讲话》，《求是》2021 年第 4 期。

门、凤卧红色小镇,使之成为全国 100 个红色经典景区之一、全国 30
条红色精品路线之一。永嘉县以红十三军军部旧址为核心,打造浙南
红军小镇,正朝着打造全省一流红色教育基地迈进。乐清市以永乐人
民抗日自卫游击总队纪念馆和周丕振故居为依托,把分散的红色记忆
点串联呈现,构成"红色记忆带"。洞头区从"大海霞""大旅游""全域
化"等角度出发,致力打造"一心两园三片十二景"的海霞民兵特色小
镇,积极构建富有特色的红色旅游产品体系,高质量发展海霞文化
经济。

二是充分利用数字化手段,使互联网创新成果与革命文化传承发
展深度融合。例如温州市文保所向国家文物局申报了"浙南红色革命
文物片区数据保护展示与知识服务云平台"项目,将运用 VR、AR 等
技术增强红色革命文物展览的互动性、体验性,借助数字化、网络化新
兴媒介进行立体式宣传。按照服务观众更具知识性、更具亲和力、更
具互动性的原则,切实通过数字化等科技手段,更好地发挥旧址文物
的功能作用。平阳凤卧镇则通过运营"凤卧浙江红都"微信公众号,借
力网络互动传媒,有效提高了"红都凤卧"的知名度和美誉度。

三是将革命文化与历史人文有机结合,使为人民为国家牺牲奉献
的革命精神成为一种文化自觉。例如,平阳凤卧镇内塘村艺术团创新
木偶剧团为家长、孩子们表演了精彩的木偶剧目,将家长、孩子们引入
木偶表演艺术的殿堂,并通过"平阳点色刻纸""活字印刷术""温州蛋
画""米塑"等 24 个非遗项目展示,生动鲜活地展现了非遗项目的文化
意趣,呈现在观众面前的"美味、趣味、古味"的非遗项目展,不仅丰富
了红色旅游文化节的文化内涵,也进一步强化了群众保护非遗文化的
意识。泰顺县则按照"重点打造、串点成线、接线入区"的发展思路,将
革命胜迹和现有人文景点串联,打造复合型旅游产品,进而提升泰顺
的红色旅游发展水平。为了形成红色旅游集聚效应,避免资金"撒芝
麻盐"地使用,泰顺县选取白柯湾(中共闽浙边临时省委成立旧址)、灵
家山(革命堡垒村)、小南山(中共浙南特委成立旧址)三处重要节点进

行高标准打造，串点成面，形成了浙南红色文旅精品线路，实现了红色旅游、全域旅游和乡村振兴的有机融合。

二、开展历史教育，践行初心使命

党中央的高度重视、相关部门的积极作为，推动着红色旅游迅猛发展，使其成为加强爱国主义教育和践行社会主义核心价值观的重要载体，成为铭记光辉、传承红色基因的重要渠道，从而提升了民众对革命历史的认同。2004 年，习近平同志指出："加快发展旅游经济，建设旅游经济强省，必须坚持创新与继承相统一，在继承中创新，在创新中发展，不断求新、求变、求精，大力弘扬优秀的民族文化和民族精神。……要把历史文化与现代文明融入旅游经济发展之中，使旅游成为宣传灿烂文明和现代化建设成就的窗口，成为传播科学知识和先进文化的重要阵地。"[①]党的十八大以来，以习近平同志为核心的党中央高度重视历史教育，尤其是党史教育，他多次强调"历史是最好的教科书"，明确指出"学习党史、国史，是坚持和发展中国特色社会主义、把党和国家各项事业继续推向前进的必修课。这门功课不仅必修，而且必须修好"。[②] 深化党史教育，传承红色基因，要重视红色教育基地的宣传教育功能，推动红色文化资源的多元化利用和创新性发展。习近平总书记强调了红色遗迹的历史教育功能："发展红色旅游要把准方向，核心是进行红色教育，传承红色基因，让干部群众来到这里能接受红色精神洗礼。"[③]党的十八大以来，温州认真贯彻落实习近平总书记重要指示精神，深入挖掘红色教育资源，打造具有鲜明特色的红色培训基地，让广大党员干部从中感悟革命精神，汲取革命力量，得到党性锤炼。

---

① 习近平：《之江新语》，浙江人民出版社 2007 年版，第 74 页。

② 《在对历史的深入思考中更好走向未来　交出发展中国特色社会主义合格答卷》，《人民日报》2013 年 6 月 27 日。

③ 《红色旅游景区要把准方向　核心文化不可走偏》，《人民日报（海外版）》2018 年 3 月 20 日。

首先,夯实历史研究,强化理论阐释。自"八八战略"实施以来,温州积极组织党史、社科等部门,加强对温州地区红色文化的研究,将温州革命历史与地方文化紧密结合,策划实施一批革命文化理论和实践课题,努力讲好温州革命故事。一方面,组织资料汇编,对温州的革命历史资源进行再挖掘,比如中共温州市委党史研究室广泛收集现存遗址的历史资料和革命先烈的感人事迹,组织撰写了《中共温州党史》(第一卷)、《中国共产党温州党史》(第二卷)、《中共温州简史(1924—1949)》,整理出版了《浙南革命历史文献汇编》等资料,为传承温州红色文化奠定了坚实基础。另一方面,加强理论阐释研究,组织优秀专家学者,站在全省、全国的高度,立足温州,通过召开学术会议、设置专项课题的方式,深入研究、阐释浙南革命的精神和温州红色文化的形成过程、深刻内涵、主要特色、历史地位、现实意义和传承发展。

其次,创作通俗作品,活化革命历史。温州精挖本地的红色资源,打造红色教育的"活教材"。选取有影响力、感染力、凝聚力的党史事迹,创作通俗易懂又意义深远的红色作品。比如平阳县创作和出版《平阳百年百事》《平阳红色故事选》《刘英传》等党史通俗读本;泰顺县创作和出版《红军挺进师在泰顺》《泰顺革命简史革命故事选》等通俗读物。组织广大文艺工作者以传承红色精神为题材进行文艺创作,着力打造舞台剧、情景剧、纪录片等多种形式的文艺作品,进一步活化红色历史、塑造红色经典。永嘉县在红十三军成立80周年之际,联合浙江电视台摄制了专题纪录片《中国工农红军第十三军》,邀请了新华社、中央电视台、《浙江日报》、浙江卫视、《温州日报》等30多家新闻媒体,多形式组织对外宣传。平阳县精心策划创作了大型红色主题音乐剧,献礼中国共产党百年庆典。该音乐剧以"浙南刘胡兰"——郑明德成长过程和英勇就义为主线,讲述了郑明德在父亲郑海啸等人的影响下,以优秀共产党员的品质要求自己,不幸被捕入狱后宁死不屈、英勇就义的感人故事。

再次,加强宣传推介,传承革命精神。温州为增强红色文化教育的感染力和影响力，不断创新宣传教育的载体和形式，实现教育者和被教育者的双向互动，在潜移默化中让广大党员干部和群众接受革命传统教育。例如，温州以微型党课大赛为平台选拔"80后""90后"青年宣讲员，组建新时代理论宣讲百人团，用文艺、方言、场景、微视频等各种形式，讲述身边的初心故事，展示各行业的榜样先锋，让宣讲更接地气、更深入人心。此外，特别重视抓好不同年龄段学生的红色教育工作，将红色教育与思想道德课、思政理论课等内容相结合，针对学生特点，科学合理分层、细化课程设置，不断加强学生的红色文化教育，让红色基因融入时代新人血液，为培养社会主义合格建设者和接班人营造浓厚的文化氛围。

最后，利用红色教育基地，不断强化革命传统教育、理想信念教育和党性实践教育，让党员干部在接受红色教育中锤炼党性，践行初心使命。平阳县委依托凤卧、山门独特红色资源，充分挖掘革命旧居旧址背后的故事和精神内涵，将资源优势转化成为教学优势。2017年，平阳县委党校挂牌省委党校分校，以山门、凤卧为核心，深入挖掘红色文化研学旅游潜力，把党建教育、干部培训、体验红色文化、考验自我品格和锻炼团队精神等内容融合在一起，推出集培训、参与、体验于一体，寓教育性、娱乐性于一体，打造国家级、省级爱国教育基地、干部培训基地、红色旅游研学基地、红色旅游教育示范基地。2019年7月23日，省委党校平阳分校正式启用，填补了浙南地区全省性红色教育平台的空白，为平阳打造辐射全省及周边省市的红色教育高地提供了内在驱动和现实载体。早在2008年5月，温州就率全省之先，在风景秀丽的江心屿上建成并正式对外开放首家地市级革命历史纪念馆。此后，该馆在党的群众路线教育实践活动、"三严三实"专题教育、"两学一做"学习教育、"不忘初心、牢记使命"主题教育及2021年正在开展的党史学习教育中发挥了重要的作用，年均接待量达20余万人次。特别是党的十八大以来，温州革命历史纪念馆充分发挥党史宣教基地的作用，不断创新方式方法，教育引导广大党员干部和青少年学生知史爱党、知史爱国,在传承红色基因、弘扬红色文化方面,走出了一条颇具特色的党史教育之路。

三、推进理论研究宣传,弘扬社会主义核心价值观

习近平总书记在庆祝中国共产党成立 95 周年大会上的讲话中指出,"在 5000 多年文明发展中孕育的中华优秀传统文化,在党和人民伟大斗争中孕育的革命文化和社会主义先进文化,积淀着中华民族最深层的精神追求,代表着中华民族独特的精神标识"[①]。党的十九届六中全会再次提出"坚持以社会主义核心价值观引领文化建设,注重用社会主义先进文化、革命文化、中华优秀传统文化培根铸魂"[②]。自"八八战略"实施以来,温州除了积极传承瓯越历史文化、赓续浙南革命文化,还旗帜鲜明地加强党对文化工作的全面领导,不断巩固马克思主义的指导地位,全面加强习近平新时代中国特色社会主义思想学习教育和理论武装,大力弘扬和培育社会主义核心价值观,积极推进社会主义先进文化的大繁荣和大发展。

一是始终坚持党的领导,不断深化文化体制机制改革。温州市委、市政府始终坚持党管意识形态不动摇,不断巩固马克思主义在意识形态领域的指导地位,把高水平推进文化温州建设摆上重要位置,特别是要求"一把手"提升驾驭文化工作的能力、领导意识形态工作的能力,创新性推动文化建设工作,制定一批文化机制体制创新举措,落地一批重大文化改革项目,推出一批典型范例,打造地方样板。为此,温州市把文化温州建设工作纳入考核,编制分解文化温州建设项目清单、平台清单、改革清单、指标清单,构建"赛马比拼"机制,加强督促检查,加强过程监督,加强跟踪问效,逐步形成了文化建设领域狠抓落实、争先创优的工作局面。

---

① 《在庆祝中国共产党成立 95 周年大会上的讲话》,《人民日报》2016 年 7 月 2 日。
② 《中共中央关于党的百年奋斗重大成就和历史经验的决议》,人民出版社 2021 年版,第 45 页。

二是强化理论研究宣传，不断推进中国特色社会主义理论在温州的探索实践。温州市委发挥党委理论学习中心组龙头带动作用，健全重大决策前专题学习制度，推广党委（党组）"学习进行时"做法，学深用好习近平总书记系列重要论述等研究成果，着力提高领导班子和领导干部运用科学理论解决问题的能力。以改革开放三十周年和四十周年、建党百年等重大时间节点为契机，深入实施理论创新研究工程，组织编写《续写创新史——温州改革开放 40 年研究》等理论著作，积极开展《温州一家人》《温州两家人》《温州三家人》等"温州剧里看中国"活动，深度参与习近平新时代中国特色社会主义思想在浙江的萌发与实践研究。依托温州电视台理论专栏《求是》、《温州日报》理论专版《求索》、《温州人》杂志理论专刊《求真》等党报党刊党台党网等主阵地，不断推出有吸引力、感染力的理论宣讲载体，打造"有理云享"等理论传播平台，培育享誉全网的理论大 V、理论公号、理论栏目。建立了由一个温州市新闻文化信息共享平台、一个温州市海外传播中心和鹿城、文成、瑞安、瓯海、温州肯恩大学五个海外传播基地构成的"一平台一中心五基地"传播体系，发挥了被中宣部评为全国基层理论宣讲先进集体的温州市民宣讲团、温州海外宣讲团等特色宣讲队伍作用，有效扩大了党的创新理论宣讲覆盖面，全面加强了习近平新时代中国特色社会主义思想学习教育和理论武装，有效引导广大党员干部不断增强"四个意识"、坚定"四个自信"、做到"两个维护"，为温州多年来的持续发展提供了坚强的政治和思想保证。

三是坚持系统观念，统筹推动社会主义先进文化建设。温州市通过"十二五""十三五"等多个五年规划，坚持举办"市民文化节""市民艺术节"，建成文化礼堂 3999 个，首创 24 小时城市书房，全面推进新时代文明实践中心建设，"书香社会、墨香城市、阅读温州"品牌不断擦亮。通过不断选树"最美温州人"，设立"致敬文明"公益基金和各种民间道德奖，精心打造一批主题公园、主题场馆、主题街路等核心价值观阵地，"大爱城市、诚信社会、道德高地"的城市内涵不断得到显现。通过构建中小学"四品八德"育人模式,推进新时代高校思政工作,用好"新青年下乡""开学思政第一课"等载体,形成了大中小幼一体化的思政工作体系。通过加强社区思政工作网格化建设和职工思政建设,做好非公有制经济人士、新社会阶层人士、出国和归国留学人员等群体思政工作,实现了老年人、残疾人、留守儿童等弱势群体的关心关爱。总之,全市通过不断强化阵地建设、教育引导、实践养成、示范引领、制度保障,全方位推动了社会主义核心价值观落细落小落实,使得社会主义核心价值观不断深入人心,融入了人们的工作生活,成为市民的价值自觉。

第三节　做强温州文化产业,满足群众文化需求

文化是一个国家、一个民族的灵魂,文化兴国运兴,文化强民族强。文化生活是一个民族得以绵延长存创新发展的最根本的精神生活,当下国际政治的舞台正在逐渐展现为以文化软实力为核心的不同文化之间的百花齐放和百家争鸣。2016 年 5 月 17 日,习近平总书记在哲学社会科学工作座谈会上的讲话中强调指出,要"坚定中国特色社会主义道路自信、理论自信、制度自信,说到底是要坚定文化自信。文化自信是更基本、更深沉、更持久的力量"①。由此可见文化建设在新时代的重要性。在浙江工作期间所撰写的《之江新语》中,习近平同志曾经高屋建瓴地指出:"文化的力量,或者我们称之为构成综合竞争力的文化软实力,总是'润物细无声'地融入经济力量、政治力量、社会力量之中,成为经济发展的'助推器'、政治文明的'导航灯'、社会和谐的'黏合剂'。"②党的二十大报告指出,未来五年的一个主要目标任务

---

① 《在哲学社会科学工作座谈会上的讲话》,《人民日报》2016 年 5 月 19 日。
② 习近平:《之江新语》,浙江人民出版社 2007 年版,第 149 页。

是使"人民精神文化生活更加丰富,中华民族凝聚力和中华文化影响力不断增强"①。可以说,社会主义文化建设搞得好,文化自信越是深入普通百姓的内心,就越能激发和振奋中华儿女的爱国心,越能推动新时代我国政治、经济、社会的全面和谐发展,从而为中华民族伟大复兴的中国梦积聚和注入无形而磅礴的力量。

"八八战略"中重要的一条便是"进一步发挥浙江的人文优势,积极推进科教兴省、人才强省,加快建设文化大省"。温州市委、市政府在文化建设领域一直忠实践行"八八战略",铆足干劲、狠抓实干、持续创新,充分发掘、调动和配置温州深厚的人文底蕴和雄厚的经济资源,在文化建设上走出了一条政府主导搭台、社会力量登台唱戏、市民群众享受文化福利的新路子。具体来说,温州市从三个方面发展文化产业、建设文化强市:通过扶持创新创意文化产业,有效提升了温州的文化软实力;通过建设以"城市书房"为典型的一系列文化惠民工程,提升了温州文化公共服务水平,使得人民群众得以享受更多文化福利;通过着力打造"两线三片",合理布局谋划都市功能圈,擦亮了温州的文化名片,使温州的城市形象更加熠熠生辉、绚烂多姿。温州正在向着习近平总书记所指明的"世界的温州"这一目标昂首进发。

一、扶持创新创意产业,提升温州文化实力

温州市作为浙江省主要中心城市之一,自改革开放尤其是实施"八八战略"以来,结合温州本地文化优势,凝聚各方智慧,积聚多方力量,以自身作为"山水斗城"的历史风韵为文化依托,积极推动瓯越文化建设,大力推进泰顺廊桥、雁荡山—楠溪江、苍南矾矿申报世界文化遗产等文化项目,奏响了一首创新创意文化经济的奏鸣曲。可以说,在社会主义文化建设事业的广阔天地中,温州市一直扮演着创新创意

---

① 习近平:《高举中国特色社会主义伟大旗帜　为全面建设社会主义现代化国家而团结奋斗——在中国共产党第二十次全国代表大会上的报告》,人民出版社 2022 年版,第 25 页。

文化发展排头兵的角色。

根据自身优势,把握机遇、顺势而为,温州把文化创意产业作为十大新兴产业重点培育,出政策、建平台、抓特色、引项目,取得了令人瞩目的丰硕成果。从 2011 年到 2015 年,温州市文化创意产业增加值从 116.01 亿元递增到 209.53 亿元,年平均增速为 15.93%,占地区生产总值的比重从 3.40% 提升到 4.54%,文化产业竞争力从全省第 7 位跃升为第 4 位。2015 年 5 月,温州市推出《温州市文化创意产业规划(2015—2020 年)》,提出未来五年温州将结合自身的优势资源,把发展设计服务业、现代传媒业、艺术品业、文化休闲旅游业、文化会展业等五大产业门类作为主攻方向和重点领域,打造具有区域特色的文化创意产业群。

经过多年的努力,截至 2020 年,温州市现有国家级广告产业试点园区 1 家、省级重点文化产业园区 1 家、省级文化创意街区 5 家、市级重点文化产业园区 16 家、市级文化创意街区(试点)10 家。有市级重点文化企业 93 家,市级成长型文化企业 105 家,其中奥光动漫、国技互联 2 家企业入选省重点文化企业 40 强,育才控股等 19 家企业入选省成长型文化企业培育名录,艾叶文化、红连文化等 11 家文化企业挂牌新三板。根据《温州商报》报道,在 2021 年 1 月公布的第五批浙江省成长型文化企业名单中,温州合纵连横文化发展有限公司、温州雅业文化发展有限公司等 18 家文化企业上榜,数量仅次于杭州,位列全省第二。截至 2020 年,温州市已累计有 76 家文化企业获评浙江省成长型文化企业。

温州拥有雄厚的民间资本,合理高效利用这一优势,一直是温州市在发展创新创意文化产业的出发点和着力点。自 2012 年起,温州市加快实施文化产业"1030 工程"培育计划,筛选确定 10 个以上重点文化产业园区、30 家以上重点文化企业作为培育对象,引领和推动温州市文化产业发展壮大。温州市还利用文化集群效应,多地结合形成文化产业链,构筑创新创意文化商圈。2015—2020 年,温州市连续与浙江省文化产业促进会共同成功举办五届温州国际时尚文化创意产业博览会。2020年的温州文博会在鹿城、瓯海、永嘉、瑞安设立分会场，总观展人次27.09万，现场成交及意向交易额3.78亿元，组织开展文化交流活动50余场次。温州市政府积极搭建文创交流平台，成功举办首届亚洲国际（温州）青年微电影展、温州国际设计双年展、浙江文化创意产业发展论坛、文化经济论坛·温州峰会、温州广告人大会等高端论坛、展会。

　　传统文化是创新创意文化产业的"根基"和"新点子源泉"，文化创新离不开对传统文化的继承。温州市在提升文化软实力方面，深入挖掘温州传统文化潜力，结合温州本地特色，因地制宜走出本土文化创新创意新路子，打造了属于温州这座城市自身的文化品牌。温州特色历史文化和地域优势显著，在历史上曾拥有特色的传统工艺行业。温州在创新发展传统工艺行业领域内成绩斐然，已拥有瓯塑、瓯绣、瓯窑、瓯剧、黄杨木雕、彩石镶嵌、发绣等127个工艺美术品类以及"中国印刷城""中国教玩具之都""中国工艺礼品生产基地""中国民间工艺美术之都"等40余个国字号金名片。瓯塑、黄杨木雕被列入国家传统工艺振兴项目；瓯绣等12项入选第一批省级传统工艺振兴项目；乐清细纹刻纸、瑞安木活字印刷、永嘉昆曲、泰顺编梁木拱桥分别被联合国教科文组织列入人类非物质文化遗产和急需保护的非物质文化遗产。此外，温州市还设立了22个非遗体验基地，以现场体验和公益培训等形式举办活动1553场，让普通百姓在身边就能感受到非遗传承的精华；温州市还大力支持本土南戏开发和传承，在政府的大力支持下，温州瓯剧团、越剧团、永嘉昆曲传习所等相继获得中国文化艺术政府奖"文华奖"。习近平同志曾指出："古往今来，浙江人敏于挖掘文化传统中的经济元素和商业契机，善于向经济活动中注入更多文化内涵，以文化的力量推动经济发展。"①文化与经济的交融互动、融合发展，这是

① 习近平：《之江新语》，浙江人民出版社2007年版，第232页。

浙江改革发展中的一大特色和一大亮点。温州市活化利用了深厚文化积淀，进一步打开了传统到现代的通道，坚持了古为今用、观古验今、古今合璧，深入挖掘温州历史典故、历史事迹背后的当代文化和经济价值，创造性地把新科技新方式运用到传统文化保护开发的方方面面，打造了群众喜闻乐见的新作品，让传统文化在新时代更具活力、吸引力。这一切无不见证着温州在传承传统文化事业上所散发出来的创新智慧，可以说，温州市的文化创新实践是浙江人将文化与经济融为一体、互相促进的典范样板。这方面最突出的案例，要数在中国电视剧史上极为罕见的"温州家人"系列电视剧现象。党的十八大以来，"温州家人"系列电视剧《温州一家人》《温州两家人》《温州三家人》先后在中央电视台播出，从创作、摄制到全部播出，历时十多年，分别讲述了党的十一届三中全会以来不同历史阶段温州人民的创业奋斗史，折射出当代中国改革开放的壮阔历史进程。从一家人到两家人，再到三家人，讲述的都是温州人"敢为人先、特别能创业创新"的生动故事，浓缩了改革开放以来温州人民勇于探索和实践的精神，每个人都能在剧中找到自己的影子。"温州家人"现象，既实现了温州人追求物质富有和精神富有的双赢，也雄辩地证明了党对文艺工作领导取得的新经验和新成就，成为讲好温州故事、浙江故事和中国故事的成功典范。

习近平总书记在党的二十大报告中强调，要"激发全民族文化创新创造活力，增强实现中华民族伟大复兴的精神力量"[①]。温州文化产业的创新发展实践证明，要构建现代化文化产业体系，必须摸准文化产业发展的规律和趋势，着眼于高端产业价值链的文化内容，扶持创新创意文化产业，做到一手抓新兴文化产业培育、一手抓传统文化产业升级，不断优化文化产业结构。

---

① 习近平：《高举中国特色社会主义伟大旗帜　为全面建设社会主义现代化国家而团结奋斗——在中国共产党第二十次全国代表大会上的报告》，人民出版社 2022 年版，第 43 页。

二、潜心文化惠民工程，提升文化公共服务

文化只有惠及千百万人民群众，才能发挥蕴含于其中的精神优势和无形力量。延续着"八八战略"中关于创建文化大省的思想理念，浙江省委、省政府在 2018 年 3 月印发的《关于推进文化浙江建设的意见》中提出"创新公共文化服务运行机制"，在 2019 年《浙江省政府工作报告》中明确提出要"推进社区文化家园、城市文化公园、企业文化俱乐部、城市书房建设"。温州市委、市政府积极响应和贯彻省委精神，在打造文化工程中将着力点放在了"惠民"二字上，推出了一系列行之有效、民众获利、深得民心的政策，人民群众在文化上的获得感更强了。在一系列的提升文化公共服务的举措之中，"城市书房"因其独特的运行模式、广阔的惠及面和如潮的群众好评而备受瞩目。

图书馆在弘扬优秀传统文化、推动全民阅读、更好满足人民精神文化需求方面具有重大意义和举足轻重的作用。2014 年以来，温州市冲破传统图书馆在建设和管理上的制约性条件，着力打造全天候服务的"城市书房"，努力探寻出一条新型的公共文化服务模式，使得广大的温州市民享受到了更多文化福利，为温州市的经济文化发展提供了强有力的精神保障。温州市的"城市书房"，其概念缘起可以追溯到温州市图书馆的"理事接待日"，曾有热心读者提议延长图书馆的开放时间，温州市顺势将市民的要求与原先 24 小时街区自助图书馆有机融合，在 2014 年 4 月首创了全国范围内第一家 24 小时无人值守的小型图书馆——县前头分馆。从此，温州市"城市书房"便如雨后春笋般破土而出。经过多年谋划建设，截至 2022 年 10 月，温州市已建成 136 家城市书房，总面积 3.49 万余平方米，总藏书 161.60 万册，累计接待读者 1524.41 万人次，流通图书 1517.68 万册次，办理借书证 11.13

万张。^① 据统计,温州市每年开展读书会、展览、阅读沙龙等活动近200场次,参与市民数万人。"城市书房"的新型文化服务模式具有连续性、自主性、人性化等特征,极佳地体现了温州市在提升公共文化服务中的创新性。

作为一项文化惠民工程,"惠民"二字一直是温州市打造"城市书房"的首要目标,这主要体现在三个方面:以人为本选址、连续性服务、自主型借阅。"城市书房"的建设面向全社会公开征集选址意见,建设地多选择在人流集中、交通便利、环境安静的地方,选址多位于一楼临街地,馆舍面积一般在150—300平方米,可配置10000册图书、100种期刊、20—50个阅览座位。与传统的"城市图书馆"相比,"城市书房"提供24小时服务,这在一定程度上弥补了市民在时间上的阅读空缺,能为市民提供不间断的连续阅读体验。考虑到人力、财力资源问题,温州市第一家城市书房"摸着石头过河",探索性地采用无人值守的完全自助型借阅模式,市民只需在门禁系统上刷读者证或者身份证就能进入"城市书房",利用自助办证机、自助借还机等先进技术设备,自主进行图书检索、图书消毒、图书借还等。出于人性化考量,在"城市书房"中还配备有与市图书馆控制中心联动的实时高清监控,这为无人值守的"城市书房"提供了强有力的安全保障。"城市书房"的出现虽然某种程度上弱化了城市图书馆的管理职能,但却使其服务层次和服务面进一步扩大,也激发了市民的主动参与意识和自觉管理意识。

温州市政府在建设"城市书房"中起着主导作用,为"城市书房"的可持续发展提供了强有力的政策保障和续航。2020年,温州市政府印发《温州市城市书房建设与管理办法》,该办法是国内首个由地市级人民政府推出的城市书房配套管理文件,为全国其他城市规范"城市书房"运营提供了可复制、可推广的示范经验。该办法的出台和实施,

---

① 《温州不断加强全国首个"全民阅读示范城"建设"城市书房"促进文化惠民城乡一体化》,《温州日报》2022年12月12日。

进一步推动了温州"城市书房"标准化、规范化、集约化发展，使得温州市"城市书房"建设走上了正规化的高速发展轨道。在该办法的推动下，2020年底温州市又有18家新建"城市书房"通过验收投入使用。与先前相比，新建的18家"城市书房"秉承了创新创意原则，结合了当地的历史文化和特色优势，融入人文、历史、气象等元素，突出显示了"城市书房"的地域性特色。例如，平阳县腾蛟"城市书房"摆放了小镇村民曾使用过的渔舟；顺应"国学热"，三垟湿地"城市书房"配置了15000余册国学图书；泰顺县"城市书房"设置了气象科普互动体验区；乐清市柳市东风"城市书房"设置了"身边的非遗"专架等。这些地域性特色的融入，克服了"城市书房"服务层次的单一性，使得"城市书房"公共文化服务向立体化、纵深化发展。

自建设并投入服务以来，温州市"城市书房"在全国文化界广受关注，《人民日报》《光明日报》《中国文化报》等国家主流媒体以及央视《朝闻天下》《焦点访谈》等主流栏目都曾作了特别报道。2017年是温州公共文化服务体系尤其是"城市书房"的丰收年，"城市书房"入选央视大型政论专题片《将改革进行到底》，同时入选"2016年浙江省宣传思想文化系统十大创新"项目，《温州城市书房服务规范》成为省级标准。

温州市"城市书房"发展到今天，数字发生了从"1"到"102"的变化，《温州市城市书房建设和管理办法》《温州市城市书房扶持补助办法》等政策文件更是国内首个由地市级人民政府推出的"城市书房"配套管理文件，温州市为全国提供了可复制、可推广的示范经验。"城市书房"的发展对温州经济的发展有促进作用，能提升温州人的生活质量水准，改变了阅读的生态环境，让阅读彻底融入了闲暇生活。在未来，温州市"城市书房"服务将继续坚持以人为本，朝着智慧便捷、普惠便捷、品牌多元化的方向发展。散落于温州市各处的"城市书房"就像盏盏思想明灯，成为温州市民心中新的文化灯塔，展现了温州市的文化底蕴和思想内涵。在未来，全国各个城市将致力于打造属于当地的

"城市书房",而温州市作为"城市书房"创意的领跑者,无疑应当走在新道路开发的前列,争取使"城市书房"成为温州公共文化服务领域最为浓墨重彩的一笔。

除了"城市书房",温州市于 2015 年开始的"文化驿站"项目也备受社会各界关注。"文化驿站"项目设立的初衷是破解温州公共文化活动中以往老人孩子参与多、年轻人参与少的状况,通过品牌化管理、标准化运行、创新化发展,"文化驿站"项目以"时尚化、休闲式、体验版、互动型、文艺范"的文化分享活动吸引了广大年轻人参与到公共文化生活中来。"文化驿站"是一个融剧场、课堂和茶座为一体的分享交流平台,也是兼具公益培训、展览、创作、孵化等功能的微型文化馆,它们分散在城乡各个角落,将不同地区的风俗文化、特色传统串联起来,成为温州市文化建设的新地标和市民百姓精神文化生活的"加油站"。通过持续优质服务,许多"文化驿站"形成了自己的粉丝社交圈,其中以年轻群体居多。据不完全统计,参与文化驿站活动的人群中,六成以上为"70 后"和"80 后"青年群体,"90 后"和"00 后"的参与占比整体呈上升趋势。"文化驿站"让都市和乡镇里有着相同文艺爱好的年轻群体在家门口就能在公共文化客厅中进行精神交流,切实丰富了他们的精神文化生活。2020 年 11 月,"文化驿站"工作团队荣获 2020 年"浙江省文化和旅游创新团队"。以"文化驿站"建设为载体,温州市积极统筹温州市各级公共文化场馆、设施以及社会各类资源,构建完善一个资源共享、互联互通、有效覆盖、特色鲜明的文化馆总分馆服务网络,探索创新城市公共文化空间和形式,推动城乡公共文化服务高质量、均衡化发展。

自 2013 年浙江省启动农村文化礼堂建设以来,温州在基层文化阵地建设上一直都走在全省前列。2013—2021 年,温州连续 8 年将推动文化礼堂建设列入市委、市政府为民办实事项目,纳入全市乡村振兴战略总体布局,作为建设现代化和美乡村、全面实施乡村振兴战略的关键举措重点推进。8 年来,全市共投入资金 20.03 亿元,先后建成农村文化礼堂 3013 家,建成数居全省第一。2018 年 7 月,在中央的统一部署下,温州市启动新时代文明实践中心建设,平阳列入首批全国试点,乐清和瑞安是第二批全国试点。温州各地先行先试,开始统筹新时代文明实践、志愿者服务、文化礼堂三大体系,一体化推进新时代文明实践中心和文化礼堂建设,率温州全市之先建成区级文化礼堂总部并融入新时代文明实践中心之中,新时代文明实践所、实践站又融于文化礼堂之中,正全力打造新时代文明实践中心试点工作的"平阳样板""温州经验"。截至 2020 年 9 月,全市新时代文明实践中心建成 5 个,实践所 146 个,实践站 3086 个,实践点 317 个。全市共有志愿服务组织 9388 个,注册志愿者 282.98 万人,居全省第一。例如,龙湾宁村墨香文化礼堂建设打造"浙江书法村",永嘉上烘头村红色党史文化礼堂打造党性教育红色基地,瑞安曹村镇文化礼堂传承花灯文化技艺,泰顺库村文化礼堂致力打造创新传统戏曲平台等,这些都成了当地的文化地标。一系列农村文化场地建设,为广大农村群众提供全方位的公共文化服务,群众的精神生活更加丰富和谐。

2015 年,为了加强农村文化服务供给,推进农村文化礼堂建设,旗帜鲜明地弘扬社会主义核心价值观,培育农村文明新风尚,温州开始开展"新青年下乡"活动,持续组织青年到基层一线开展社会实践、惠民服务。活动采取"校院＋农村实践基地"的形式,进行"一校一县、一系一乡、一班一村"结对,年年接力,常态运作,充分展现了社会主义先进文化的引领作用。多年来不断迭代升级,"新青年下乡"活动作为新形势下青年价值观引领的载体,搭建了青年走基层和百姓要服务的桥梁。一方面,让大学生下农村,成为基层先进文化的引领者;另一方面,让大学生在基层接受锻炼、长才干。该活动成效显著,业已成为温州创新农村文化礼堂建设、基层宣传思想工作载体和高校思想政治工作的重要品牌,并向全国推广。①

---

① 《新青年下乡》,《今日浙江》2015 年第 17 期。

习近平总书记曾指出:"城市的核心是人……城市工作做得好不好,老百姓满意不满意,生活方便不方便,城市管理和服务状况是重要评判标准。"①总书记的这一重要论断,温州市委、市政府一直牢记在心、实践于行,以习近平新时代中国特色社会主义思想为指导,以建设文化大市为目标导向,积极探索政府主导、社会参与、市场运作的公共文化服务体系建设的创新路子,整合社会各方面力量和资源,投入人力、物力、财力参与图书馆法人治理结构改革、"城市书房"、文化驿站、文化礼堂、博物馆以及社区综合文化中心等公共文化服务领域建设、管理和服务,形成了多方参与的多元化建设格局,有效地破解了有限的公共财力与人民群众不断增长的美好生活需求之间的矛盾,从而为新时代我国建设"文化强国"的伟大蓝图贡献温州力量,提供温州智慧。

三、着力打造"两线三片",提升温州城市形象

城市形象是城市最为重要的一张名片,良好的城市形象能渗透到城市政治、经济、社会和文化的方方面面,进而塑造城市的包容度、竞争力和美誉度。城市形象的优劣会影响到市民对城市的认同和评价,关系到城市经济和社会的整体和谐发展。可以说,城市形象是一座城市文化软实力的具象表达,只有擦亮了这张名片,一座城市才能留得住原有居民的乡愁,才能吸引到外来优秀人才和雄厚资金,才能提升城市居民的文明素质和文化涵养。

2002年底,习近平同志在杭州、宁波、台州、温州、金华、衢州等地调研时反复强调,"城市化是实现现代化的应有之义。要加快城市化进程,充分发挥城市对生产要素的集聚、整合作用,深化城乡二元管理体制改革,积极推进城乡一体化发展。要提升中心城市功能,以更高

---

① 中共中央文献研究室编:《习近平关于社会主义社会建设论述摘编》,中央文献出版社2017年版,第141页。

的标准、更大的气魄、更宽的视野建设现代化都市"①。此后,温州市坚持把完善城市功能、提升城市品位、增强文化内涵、发展城市经济有机统一起来,在提升城市形象上下足了真功夫,通过打造以瓯江两岸沿线、塘河两岸沿线、历史文化街区、中央绿轴以及三垟湿地为主的"两线三片"工程,在城市形象提升上取得了令人瞩目的成就。

古人云,"凡事预则立,不预则废"。规划科学是最大的效益,规划失误是最大的浪费,规划折腾是最大的忌讳。提升城市形象,首要在谋划。自 2017 年 10 月温州召开推进"两线三片"开发建设动员大会以来,一直把打造"两线三片"放到温州续写创新史、再造新优势、再创新辉煌的大背景中去谋篇布局,群策群力加快建成了多个令人瞩目的亮点区块和顶尖项目,进一步提升了城市美誉度,增强了温州人的城市认同感,实现了温州市的精彩蝶变。

"两线三片"项目主要针对瓯江两岸沿线、塘河两岸沿线、历史文化街区、中央绿轴以及三垟湿地等几个区域。瓯江是温州人的母亲河,瓯江沿线东西向全长约 60 公里、纵深 300—1000 米,占据温州城市最核心位置。作为"两线三片"的重头戏,瓯江两岸沿线综合保护与开发建设,事关温州市长远发展和民生福祉。在瓯江沿线开发建设中,温州市以两岸同城化为主线,着力打造瓯江沿线城市亮化旅游工程、"两岸相融"的瓯江景观工程、跨江发展的综合交通工程、瓯江沿线开发建设亮点工程等四大系列工程。在具体研究了瓯江两岸总体城市设计规划之后,温州市实施了瓯江两岸核心段景观提升设计、滨江商务区城市设计等工作方案,立足打造"国际时尚智城"的发展远景,注重城市文脉传承和特色营造,努力建成了一批亮点工程。

一个城市要想在全国发展中走出自己的特色道路,亮出自己的美丽形象,依靠的绝不仅是城市的地大物博和高楼林立,而是要广泛依托深厚的历史积淀和文化底蕴,将城市建设和"人"相结合,秉承以人

① 《一步一履总关情——习近平总书记在浙江考察纪实》,《浙江日报》2015 年 5 月 30 日。

为本的观念，着力打造自身特色。在温州，这种对历史传统元素的继承创新，体现在对诸如庆年坊、朔门街、五马—墨池历史文化街区、城西街以及江心屿等历史文化街区的功能改造和提升上，尤其体现在塘河沿线开发之中。塘河沿线开发建设坚持以"诗画塘河、山水温州"为原则，以打造"五大发展生态"亮点标杆和温州"城市双修"典范的总体目标，通过编制实施"1＋3"方案，构建"三段、八区、十二景"的总体结构，营造集生态功能、文化记忆、城市景观、居民休闲、水上旅游于一体的功能，切实将塘河沿线打造成为一张亮丽的城市名片。2021年元旦，古榕春晓西侧历史文化景观工程项目完工并正式开园，该园汇聚了"古榕、古宅、古亭"等塘河文化典型元素，它的落成不仅改善了周边居民的生活环境，还贯通了瓯海区"一环三线"西线最后的绿道卡口，成为一道将传统氛围与现代气息有机融合的地标性打卡点。作为瑞安市塘河十景之一"绿汀环翠"的组成部分，温瑞塘河汀田段滨河步行道工程自2020年3月复工以来，已完成汀一段和汀五段的绿化及游步道建设，贯通部分的五座人行桥梁已经完成四座。

中央绿轴全长约16.2公里，北起瓯江北岸胜美尖，途经三垟湿地，南至大罗山，宛如一条绿带，串联起三江口、滨江商务区、行政文化中心、三垟湿地、高教园区等五大城市功能区，成了山水串联、城绿相融、功能复合、产城融合的城市发展轴，也是主城区城市功能最集聚、服务能级最高的区域。为推进中央绿轴的建设，温州对城市中轴线区域的空间结构和功能进行提升和优化设计，并专门成立指挥部，按照"神形兼备、虚实结合、整体谋划、分段实施"的思路，结合区域特征对整条中轴线分段实施。2020年，中央绿轴开工3个项目，建成6个项目，同步加快万科印象城、学校、住宅小区等续建项目建设进度。经过多年的谋划和布局，中央绿轴沿线的公共基础建设配套逐渐完善，区块整体形象也已粗具规模。如今的中央绿轴已经成为温州最为绚烂的城市名片之一，也是温州建设生态型国际性现代化大都市的典型性区块，这条绿轴将在未来引领温州的城市发展方向。

素有温州"城市绿心"之称的三垟湿地一直以来备受市民喜爱，它是温州市内保持最完整的水网湿地，被誉为"浙南威尼斯""百墩之乡"，有着城市"绿肾"的美称。从 2015 年下半年启动三垟湿地建设，到 2019 年湿地游客量突破 200 万人次并荣获"2019 中国文旅融合示范景区"，昔日举目白色污染泛滥的三垟湿地如今绿意盎然、莺飞燕舞。三垟湿地建设以"生态优先、尊重自然"为理念，立足于生态保护，深入开展湿地全域多维度谋划，并将"海绵城市"概念融入三垟湿地公园建设中。同步推进水环境综合治理，已完成创建美丽河湖 18.24 公里，湿地水质指标年平均值稳定在Ⅳ类标准，部分月份达到Ⅲ类标准。经过多年的不懈努力，三垟湿地的生态环境得到了修复，水环境的改善自然吸引了更多的生物来此栖居，生物多样性显著增加。

生态搭台，文化唱戏。为了提升三垟湿地的服务层次和维度，2021 年三垟湿地建设了一批新项目，包括扩建城市休闲片区，新建一座生态亲子馆；建成南怀瑾书院二期，为湿地融入研学、怡养等更多业态；在南仙堤开建市树市花博物馆，进一步弘扬温州的市树市花文化；建成生态保育区、传统文化园一期等等。这些文化设施的开工建设进一步提升了三垟湿地景区文化品质，提高了三垟湿地公共文化服务水平，为市民提供了新的知识共享、互动交流的自然人文空间。

温州在打造"两线三片"工程中，一直秉承着科学规划的理念，紧紧围绕"建设区域中心城市、融入长三角一体化、加快大都市区发展"目标，努力实现城市功能形象品质和百姓生活品质"双提升"，合理布局都市功能带，在提升城市形象中将传承传统元素、保护生态环境、构建和谐居住环境三事并举、三手齐抓，奋力开创城市现代化建设新气象，形成城市转型引领经济转型、社会转型的良好局面，有力增强了市民的满意感、获得感和幸福感。

在新的形势下，温州市委、市政府和各界群众牢记习近平总书记的殷殷嘱托，齐心协力、聚精会神，以只争朝夕的干劲和壮士断腕的决心，大力推进温州城市文化创新建设和城市形象转型升级，细心打磨和擦亮温州的形象和名片,让温州成为向世界展示社会主义先进文化的"重要窗口",让温州真正成为"世界的温州"。

第四节　构筑多重文化生态,引领温州高质量发展

文化是灵魂,是实现人的全面发展的决定性因素,文化的力量是民族生存和强大的根本力量,浙江在政策并无特殊、陆域资源并不丰富的情况下取得骄人的成绩,"其深层原因,就在于文化的力量,在于浙江深厚的文化底蕴,在于浙江能够较好地适应市场经济的文化传统"①。恩格斯曾经说过,"一种历史因素一旦被其他的、归根到底是经济的原因造成的时候,它也影响周围的环境,甚至能够对产生它的原因发生反作用"②。这就是说,一个受到经济影响而催生的历史文化传统,也会反过来影响经济发展样态,经济与文化双方构成了一种动态而非静态的互动关系结构。一方面,中国特色社会主义伟大实践全面激活了浙江人的"文化基因",形成了"自强不息、坚韧不拔、勇于创新、讲求实效"的"浙江精神";另一方面,这种精神"极大地促进了经济快速发展,成为能动的经济创造力;极大地促进了社会全面进步,成为巨大的社会凝聚力;极大地促进了文化大省建设,成为核心的文化竞争力"③。习近平同志在 2005 年浙江省委十一届八次全会上的报告中指出,文化的力量已经"成为经济发展的'助推器'、政治文明的'导航灯',社会和谐的'黏合剂'"④。上述对文化软实力和精神能动性的深刻认识,与后来提出的"五位一体"总体布局和"四个自信"之"文化自

---

① 习近平:《干在实处　走在前列——推进浙江新发展的思考与实践》,中共中央党校出版社 2006 年版,第 294 页。
② 《马克思恩格斯选集》(第四卷),人民出版社 2012 年版,第 644 页。
③ 《与时俱进的浙江精神》,《浙江日报》2006 年 2 月 5 日。
④ 习近平:《干在实处　走在前列——推进浙江新发展的思考与实践》,中共中央党校出版社 2006 年版,第 289 页。

信"皆可以说是一脉相承的。新时代是充分彰显中国精神的时代,也是充分展现实干精神的时代,更是党中央一再强调要靠"精神"建党和"精神"立国的时代。在党的十九大报告中,习近平总书记 33 次提到"精神"一词,例如,"钉钉子精神""企业家精神""劳模精神""工匠精神"等,此外,总书记还通过对"红船精神""井冈山精神"等革命精神的自觉体认,来号召全党以"抓铁有痕""踏石留印"的精神决心谋求民族伟大复兴和人民幸福事业。

温州人精神作为"浙江精神"重要组成部分,一直是温州人干事创业的内在动力。进入新时代,温州市委于 2020 年 4 月 20 日召开激扬新时代温州人精神大会,号召温州市人民要继续发扬"敢为人先、特别能创业创新"的温州人精神,为温州社会经济转型发展凝练精神力量,为温州社会文明提升提供精神引领。

新时代温州人精神拥有源远流长的历史文脉和现实根据,它远可以追溯到南宋时期"永嘉学派"所推崇的"义利并举"思想,近可以追溯到晚清温州知识群体的"利国济世"主张。改革开放以来,表现为"商行天下""善行天下"的行为风范。在"义利并举""行商"与"行善"的精神滋养下,温州地区不仅是一块创业的热土,也是一方慈善高地,涌现出一大批"感动中国"的道德模范和"最美温州人"。为了提升文明素养,温州地区还进行了深入的移风易俗改革,革除各种陋习,进一步提高了生活生产效率和现代文明素养,等等。总之,温州在忠实践行"八八战略"过程中,积极构筑多重文化生态,社会道德文化和精神文明建设事业得到了全方位的发展。

一、造育道德高地,做"最美温州人"

习近平同志曾指出:"'人而无信,不知其可';企业无信,难求发展;社会无信,则人人自危;政府无信,则权威不立。"①加强信用浙江建设具有特殊重要性。人无德无信不能久立,一个企业或社会也是这样,有德有信才能行远。社会经济的发展最终离不开社会道德文化建设的支撑。

温州是中国民营经济的先发地之一,改革开放以来,温州人抓住政策机遇,发扬"敢闯敢拼""艰苦创业"的精神,经过20多年的艰苦打拼和积累,摆脱了贫穷,成为中国改革开放之后先富起来的人群之一。但是,在赚取了由政策红利带来的"第一桶金"之后,温州人非常珍惜来之不易的创业财富,他们通过发扬慈善精神来反哺社会、改造社会,希望以之来改善整个社会的创业环境。因为他们在艰苦创业中认识到"抱团"的重要性,意识到"创业"环境的重要性。因为通过"抱团"来实现快速"创业",说明人们之间是"齐心协力"的,说明人们之间都有似曾相识的"贫困史",都能惺惺相惜,都能对社会弱势产生共情之心。即便这种创业主要是基于个人的胆识、意志和机遇,但是这种群体性的创业激情和道德共鸣不亚于革命时期的那种救国救民的理想和激情。的确,他们是在一种新的时代背景下改造中国、造福中国的。所以,温州地区富裕之后,民间积累了大量财富,获得了从事公益活动的能力和信心。

真正的道德在于隐善于民。随着民间资本的发展壮大,温州民间组织快速成长,借助这些民间组织,民间公益活动异常活跃。据统计,截至2020年8月底,温州市共登记和备案的社会组织有25781个,每万人拥有27.7个社会组织,总量全省领先。具有代表性的温州民间公益组织包括政府扶持的半民间性质的慈善总会、以"王振滔慈善基金会"为代表的民企慈善基金会、民间自发形成的"红日亭"、获得国际国内基金支持的"绿眼睛"组织、获得政府购买服务支持的"壹加壹"组

---

① 习近平:《干在实处　走在前列——推进浙江新发展的思考与实践》,中共中央党校出版社2006年版,第230页。

织和获得适当学费支持的"星之家"组织等。例如,2009 年,温州慈善总会协同温州医学院附属眼视光医院等部门单位联合推出"爱心温州·善行天下·明眸工程"大型公益活动,募集了 2000 多万元温州社会捐赠资金,组织医疗队伍赴西部省区开展助残活动,使贵州毕节、云南昭通、青海玉树、四川广元等中西部 11 个省(市、区)3000 多名贫困白内障患者、角膜病患者重见光明。此举社会反响强烈。2012 年,"爱心温州·善行天下·明眸工程"慈善活动获得了第七届中华慈善奖"最具影响力慈善项目"。2018 年,温州医科大学眼视光学院("明眸工程")被评为全国学雷锋活动示范点,这是自 2017 年"红日亭"被中宣部评为全国学雷锋活动示范点之后温州第二个获此殊荣的示范点。

温州的创业精神生生不息,温州的慈善精神也生生不息。温州通过搭建"最美精神"评选和宣传平台,在全市各地建起道德模范和最美人物的评选机制和关爱帮扶机制,彰显"有德者有得,让好人有好报"的价值导向。从 2005 年起,温州启动了"感动温州十大人物"评选活动,通过该活动来呈现民间隐善之举,厚植民间道德沃土。2017 年,温州进一步规范"最美温州人"推荐评选机制,从选树、评选、宣传、褒奖、管理、考核等 6 方面入手,把选树范围拓展至海外的温州人士,并实现好人选树全域、全行业、全覆盖。如今,温州已经拥有了 1000 多个民间公益服务站点,200 多个邻里互助式社区志愿服务站,52 个"幸福志愿站"。温州市有各类志愿服务组织 5700 多家,实名注册志愿者240 多万人,年均累计志愿服务时长超 200 万小时。温州还连续多年举办"道德模范"评选活动,民间向善之举蔚然成风。截至 2020 年,温州市各地设立了 3777 个"民间道德奖",各类奖励基金总额 3175 万元,褒奖各类好人 2 万人次;温州市还成立"最美温州人"公益基金,注资 200 万元,专门用于帮扶"好人";出台了《温州市帮扶生活困难道德模范实施办法》和《温州市见义勇为保障与奖励实施办法》,明确见义勇为者的医疗等费用由财政全额买单。温州还推出《"最美温州人"贷款授信实施方案》,对符合"最美温州人"条件的贷款客户,给予利率、担保方式、期限方面的大力优惠,让德者有"得"。2018 年,温州道德馆建成,就在道德馆开馆当日,温州民商银行成立了金额 500 万元的"致敬文明"公益基金,其中重要一项就是奖励帮扶"最美温州人"。截至 2020 年,"最美温州人"公益基金发放贷款 6383 万元,授信金额8295 万元。

借助政府搭台和民间参与等多种公益活动形式,温州地区涌现出了一大批道德模范、最美人物。例如,"舍身救人"的李学生、"诚信老爹"吴乃宜、"慈善楷模"兰小草(王珏),人民的"好支书"郑九万,等等。这些好人善举都反映了温州社会道德建设事业的长足进步,展现了温州民间隐善力量,也反映了温州道德信用的进步。

当然,温州地区出现这种慈善之勇有着源远流长的道德文脉,它们不仅是出自温州人的道德基因,也是出自中华传统的优秀道德基因。中华向善文化传统源远流长。儒家秉持仁爱学说,提倡"仁者爱人"和"己欲立而立人,己欲达而达人",墨家倡导"摩顶放踵以利天下""天下人兼相爱,爱人若爱其身",等等。这些都反映出中华民族以慈悲为怀、怜悯之心、乐善好施、扶贫济困、助人为乐等为特征的传统美德。中华民族向来以"勤劳勇敢"而著称,勤劳的美德赋予了中华民族积聚财富的潜质,勇敢的美德赋予了中华民族敢于奉献、乐善好施的潜质。没有勤劳,没有财富,善举只能停留于心间口头;没有勇敢,没有道德激情,善举终将被优柔寡断所磨灭。改革开放以来,中国政府通过充分释放中国人民的勤劳美德和"创业"激情,培育了民间的创富能力和信心,也培育了民间的慈善之勇。所以,温州的道德最美现象是中国道德最美现象的表现之一,它在根本上得益于党的群众路线和科学决策,党和政府相信人民,铸就了民间的道德能力和信心。

二、推进移风易俗,适时革新观念

习近平同志曾指出:"法律与道德,历来是建立公序良俗、和谐稳定社会的两个保障。"①道德往往是通过习俗而形成的,但是随着经济发展和社会进步,有些不好的习俗会制约人们道德观念的创新,进而影响到社会生产效率的提高。2004 年,习近平同志在嵊州市调研时强调,社会主义精神文明和文化建设,要把虚与实很好地结合起来,"虚功一定要实做"②。他还指出,"要善于用先进文化、用具有吸引力的正面的东西,去占领每一个阵地,让负面的东西和敌对势力无法乘虚而入,失去生存的土壤"③。温州历来是一个注重乡土人情的地方,亲戚邻里特别注重人情来往的习俗。随着经济社会的发展,农业渐渐强起来、农村日益美起来、农民逐渐富起来,但一些封建迷信、陈规陋习现象还比较普遍,大操大办、厚葬薄养、人情攀比还不同程度存在,既浪费社会财富,又损害社会风尚。在丧事办理方面,少则三五天,个别甚至长达十几天,办丧期间燃放大量烟花爆竹,每晚办几十桌甚至上百桌的流水宴席也很常见。一场白喜事下来,动辄花费几十万元甚至上百万元,丧属不但耗费大量的钱财,造成巨大的浪费,而且精疲力尽,邻居和亲朋好友也跟着受累。在婚事操办方面,婚宴少则二十来桌、多则四五十桌,一桌高档婚宴动辄上万元,同时礼金也跟着水涨船高,一般起步一两千元,关系好点三五千元,成了百姓"甜蜜的负担"。④

　　温州红白喜事大操大办背后,主要有以下几个方面原因。一是地域习俗方面的原因。温州文化推崇永嘉学派,主张"义利并举""以义为重"的事功思想,讲究人伦,民间对人情来往非常看重,甚至有句民间俗语"人情大过债",收过人情的,一定要送回去,甚至要添一点回去。这样,雪球就越滚越大,酒席标准、人情随礼也越来越高。二是经

---

　　① 习近平:《干在实处　走在前列——推进浙江新发展的思考与实践》,中共中央党校出版社2006 年版,第 389 页。
　　② 习近平:《干在实处　走在前列——推进浙江新发展的思考与实践》,中共中央党校出版社2006 年版,第 297 页。
　　③ 习近平:《干在实处　走在前列——推进浙江新发展的思考与实践》,中共中央党校出版社2006 年版,第 300 页。
　　④ 王晓晖:《贯彻落实习近平新时代中国特色社会主义思想在改革发展稳定中攻坚克难案例·文化建设》,党建读物出版社 2019 年版,第 143—148 页。

济发展方面的原因。改革开放以来,温州以民营经济为代表,敢闯敢试、敢为人先,创造了许多"全国第一",老百姓物质条件得到了极大的改善。特别是温州属全国经济发展水平比较高的地级市,2018年城乡居民人均可支配收入分别为56097元、27478元,客观上也有大操大办红白喜事的经济基础。像乐清、瑞安等一些经济发达的地方,老百姓吃人情酒不仅不用送钱,请客人在酒桌上还要分钱。三是社会心理方面的原因。温州地方小、圈子小,谁家红白喜事办得风光,就传得广、传得快,互相对照,容易产生攀比心理。特别是订婚结婚这样的家族大事、家庭大事、人生大事,群众潜意识里就觉得一辈子才一次,理应办得热闹一点。而喜事规格又没有严格标准,更加容易造成奢侈浪费。

浓郁的地方风土人情为温州人早期的"抱团"创业提供了很好的人脉环境,但是,随着社会经济转型发展和劳动效率的提高,有些风土人情逐渐变成了经济效率提升的阻力和观念革新的障碍。为了适应社会主义市场经济的转型发展和观念革新,推动地方移风易俗改革,2016年9月,中央宣传部、中央文明办把温州列为全国移风易俗工作试点市。此后三年,温州市牢牢把握全国试点契机,坚持试点先行,先后出台《关于在温州市农村进一步深化移风易俗工作的实施意见》《关于整治婚丧礼俗树立文明新风的实施意见》《市委办公室、市政府办公室关于印发〈温州市移风易俗改革攻坚年行动方案〉的通知》《关于发挥市直单位、市属企事业单位党员干部带头作用推进移风易俗工作的通知》等文件,全面实施移风易俗"六大行动"、"改革攻坚年"行动等,大刀阔斧整治婚丧礼俗大操大办、占道搭棚等陈规陋习,婚事新办风气渐显,丧事简办蔚然成风。

为了深入推动移风易俗工程,温州市制定了一系列"刚性规矩"。一是推行随礼封顶制。各县(市、区)根据实际情况,对党员干部和公职人员婚庆喜事随礼制定最高标准,从过去的几千元降至现在的300—500元,大幅减轻群众的人情负担,有效遏制攀比浪费的不良风气。同时,倡导婚丧嫁娶、生日祝寿、升学谢师等喜庆活动不随礼或低标准随礼,提倡所收礼金用于公益慈善事业,制止人情随礼庸俗化、泛滥化,遏制攀比浪费、利益输送等不良风气。鹿城区率温州市之先出台《关于进一步规范鹿城区党员干部、公职人员操办婚宴喜庆事宜的通知》,规定礼金(人情红包)收送均不超过300元。党员干部为示范群体。二是推行量化管理制。要求殡期不超过5天,花圈、花篮、花匾总数不超过8个,出殡鼓乐队规模不超过13人,出殡(送殡)车辆不超过5辆。同时,对党员干部、公职人员、人大代表、政协委员和乡镇、街道、部门单位临时聘用人员划出高压线,要求一律不准赠送、收受非亲人员各类礼金,置办出殡酒席一律不准超过10桌,除近亲属外一律不得参加丧事守夜活动;一律不得使用公务车辆参与办丧、送殡活动。三是推行党员干部承诺报告制。按照"条抓块管、条块结合,单位协同、属地管理"的原则,制定党员干部操办婚丧喜庆事宜的规范性文件,推行婚丧事项承诺、备案、公示制度,仅市属机关、企事业单位党员干部就签订承诺书2万余份。要求向所在单位党组织、属地政府备案宴席时间、人数、桌数、标准及礼金收取情况等内容,并在一定范围内公示,主动接受属地政府管理,接受干部群众监督。四是推行移风易俗纳入村规民约。加强"一约四会"建设,将移风易俗要求纳入村规民约,把乡村党员干部吸纳到村民议事会、道德评议会、禁毒禁赌会和红白理事会,在旧有村规民约基础上,明确丧事活动办理流程、具体标准,推行播放哀乐、鞠躬、默哀、佩戴黑纱等文明健康的丧葬礼仪等。各村(居、社区)掌握丧情信息后,第一时间上门告知丧户遵守文明办丧相关规定。各乡镇、街道在办理丧葬手续时,主动告知文明办丧的相关事项,与丧户签订"文明治丧承诺书",对未执行的处罚丧主家属打扫村里道路卫生2天或在山上植树20棵。在具体操作中,由村支书、村委会主任和老年协会会长共同组成丧事改革小组,联合发出简办丧事通告。遇到老人去世,村"两委"和老年协会会长一起到丧户家慰问,并带上殡改通告,上门时把通告贴在丧户家门口,写清殡改规定,如明确要求吊唁亲友不得守夜、22 时需离开丧户家等具体规定,一方面提醒丧户,另一方面告知守夜送殡的亲友。

通过制度细化和深入人心的政策宣讲,温州移风易俗工作取得了显著社会功效,人们的观念也发生明显变化,逐渐接受政府所倡导的社会文明新风。据初步测算,2016 年 9 月至 2020 年 5 月,温州市共引导婚事新办、丧事简办 8.3 万起,为群众减轻资金负担约 62 亿元,《人民日报》、新华社、中央电视台等主流媒体持续聚焦报道。此外,温州把推动移风易俗与全面从严治党结合起来,与实施乡村振兴战略结合起来,用敢为人先的创新精神鼓舞人,用"温州经验"的光辉历程启示人,发动全社会参与,实行全方位推进,实施全过程治理,抓住了婚丧礼俗大操大办的关键问题,顺应了群众所思所想所盼,走出了一条具有温州特色的移风易俗新路子,为全国其他地方推动移风易俗、弘扬时代新风提供了重要借鉴。

三、激发创新活力,引领转型升级

一方水土养一方人,浇铸一方文化性格。温州人精神的形成也是对温州自然环境的一种逆反表现。温州地区恶劣的自然、历史环境也让温州人群体产生了一种深刻的历史不足感之文化心理结构,导致温州人群体在世俗世界具有一种永不满足的卓越追求精神。受恶劣的自然、历史环境逼仄,相比中国其他地域人口的心理素质而言,温州人群体的理性心理得到了优先发展。改革开放之后,温州开始尽显出她原本的"山水之城"和"灵动之都"的本性,这与不断孕育、丰富和发展的新时代温州人精神是分不开的。这种精神可以概括为"敢为人先、特别能创业创新"的精神。面对新时代再次扬起"精神"的航帆,以"追求卓越、守正出新、富于创造、大气包容、美美与共、奋斗奋进"为内涵的新时代温州人精神,日渐成为引领温州转型发展的精神动力。

具体说来,新时代温州人精神具有丰富的时代内涵,主要包括:第一，新时代弘扬"敢为人先、特别能创业创新"的温州人精神，就是要提升比学赶超、争创一流的干事境界，持续注入追求卓越的时代内涵；第二，新时代弘扬"敢为人先、特别能创业创新"的温州人精神，就是要永葆敢为人先、大胆改革的探路激情，持续注入守正出新的时代内涵；第三，新时代弘扬"敢为人先、特别能创业创新"的温州人精神，就是要激扬崇尚科学、勇攀高峰的创新精神，持续注入富于创造的时代内涵；第四，新时代弘扬"敢为人先、特别能创业创新"的温州人精神，就是要敞开内外互动、合作共赢的宽广胸襟，持续注入大气包容的时代内涵；第五，新时代弘扬"敢为人先、特别能创业创新"的温州人精神，就是要传承义利并举、守望相助的文化基因，持续注入美美与共的时代内涵；第六，新时代弘扬"敢为人先、特别能创业创新"的温州人精神，就是要保持真抓实干、顽强拼搏的务实品质，持续注入奋斗奋进的时代内涵。概括来看，新时代温州人精神主要强调要继续发扬敢闯敢干的创业创新精神、提升合作共赢和包容共生的大局意识、深化义利并举和科学实干的务实精神。

随着改革开放的不断深入，温州改革的先发优势已不明显，在一定程度上遇到了瓶颈，温州本地的教育水平、文化观念、人才集聚、创新能力和人居环境等软实力的短板越来越凸显，文化软实力因素相对滞后，跟不上资本增长的速度。为了实现转型发展，温州积极通过思维变革和观念创新来破局，最终靠新人才、新观念、新技术、新产业来支撑，靠提供政策、服务、环境来牵线搭台，走出了改革发展的加速度。为了激发新时代温州创业创新活力，温州在全市召开了激扬新时代温州人精神大会，继而出台了《关于激扬新时代温州人精神 高水平推进文化温州建设的决定》，从多方面培育文化生态，为温州经济社会高质量发展提供更为基本、深沉和持久的精神动力。

第一，构筑多重文化生态，不断激发温州人创业创新活力。近些年来，温州通过构筑以瓯越文脉、千年古城、瓯江山水诗路为主线的传统文化生态圈，文明素养不断提升、城市品格不断彰显、创业创新活力迸发的城市文化生态圈，文化经济深度融合、文化供给日臻完善、文化创意引领风尚、数字温州加速崛起的数字文化生态圈，一个源远流长的瓯越文明与新时代温州人精神交相辉映的文化温州形象日渐清晰。

第二，多方打通温州道德文化软实力向促进温州社会经济转型发展重要动力转化的通道。温州人不缺勤奋、胆识、资金，缺的是将创业创新精神落地生根的创业平台和创业环境，特别是缺乏人才孵化、技术转化等平台环境。温州高校人才培养水平有待提升，高新技术的研究所和学位点等太少，高能级的科研创新平台不多，产学研一体化机制不畅，等等。为此，温州市要紧扣供给侧结构性改革，大力推进教育兴市、人才强市战略，依靠科技创新做大做强产业平台，推进供给端和需求端共同发力，加快实现温州产品从中低端转向中高端，企业从小而多转向精而强，方式从单纯制造转向制造服务化，动力从成本控制转向创新驱动。要把握深化改革开放要点，加强供给，增强活力，大力弘扬敢闯敢试的优良传统，努力在深化金融综合改革、要素市场改革、农村综合改革以及加强合作开放等方面取得新突破。

第三，积极为想创业、能创业、真创业的人才提供便捷的创业条件和人文环境。温州市为了推进新时代"两个健康"先行区创建，通过"青蓝接力工程""温州民营企业家节"等活动，大力弘扬新时代企业家精神，引导广大企业家聚焦实业做精主业，持续推动经营方式、合作模式、管理机制等全面创新，建立健全竞争、开放、激励机制，打通科学家、企业家、创投家"三界融合"创新路径，畅通民意决策渠道，吸引外来人力资源流入，加强城市人文关怀精神建设，推动政策、人才、技术、资本、市场等创新要素聚集，从"低端人口集散地"向现代轻工业、高新技术产业、旅游文化产业综合发展的新型创新型城市转变。

方位决定方向，使命决定任务。新时代的温州正踏上实现第二个百年奋斗目标的新征程，面临世界百年未有之大变局加速演进，中华民族伟大复兴进入关键时期。因此，坚持以文铸城兴市，高水平建设新时代文化温州，发扬新时代温州人精神，无论对于温州立足新发展阶段、贯彻新发展理念、构建新发展格局，还是对于温州经济转型、人民共同富裕，抑或对于激发温州人创业创新活力、续写温州创新史、再创温州新辉煌、推动温州高质量发展，显然都具有重要的意义。

第五章　激发温州社会建设新活力

民生民瘼无小事,一枝一叶总关情。2003 年以来,在"八八战略"的指引下,温州市深入贯彻执行社会事业改革,坚持均衡、质量、问题、改革、民生"五大导向",强化创新引领、克难攻坚,全力推进科教兴市进程,实现了"学在温州"的美好愿景,奋力打造现代化教育强市;积极开展卫生健康改革,为建设"健康温州",落实全面康养服务而持续发力;全面开展市域社会治理现代化建设,营造"平安温州",力争当好市域社会治理现代化窗口。通过以上各方面努力,温州的社会建设卓有成效,向世界展现了温州风貌,打响了温州品牌。

第一节　学在温州,打造现代化教育强市

"教育是发展科学技术、传播先进文化、培养优秀人才、推进人类社会文明进步的基础,在现代化建设中具有基础性先导性全局性作用。"[①]习近平同志 2002 年到温州考察调研时强调,温州的科技创新"要高度重视教育和人才工作,特别要办好温州大学等高等院校"[②]。"八八战略"实施以来,温州始终坚持"优先发展教育"战略,大力实施

---

①　习近平:《干在实处　走在前列——推进浙江新发展的思考与实践》,中共中央党校出版社 2006 年版,第 337 页。

②　习近平:《干在实处　走在前列——推进浙江新发展的思考与实践》,中共中央党校出版社 2006 年版,第 490 页。

科教兴市，不断改革创新，抓住各种机遇，全力推进教育事业发展，城乡教育面貌明显改善，教育特色不断强化，逐渐打响"学在温州"品牌，走出了一条教育强市之路。近年来，温州市加快教育高地建设，理顺市区办学体制，建成中小学、幼儿园784所，实现教育基本现代化；温州医科大学加快创建"双一流"大学建设，温州大学成功"升博"，阿尔伯塔学院、温州理工学院挂牌成立。

一、贯彻创新发展新理念，形成民办基础教育改革"温州样本"

《中华人民共和国民办教育促进法》规定民办教育为："国家机构以外的社会组织或个人，利用非国家财政性经费，面向社会举办学校及其他教育机构的活动。"民办教育事业是社会主义教育事业的重要组成部分，民办基础教育发展有效弥补了全国公办基础教育的缺口，促进了基础教育的多元化发展。

习近平同志2003年在教育系统调研时提出，要"不断深化办学体制改革，把社会力量办学纳入教育发展总体规划，进一步落实鼓励社会力量办学的各项优惠政策和措施，积极引导社会力量参与办学，并切实加强宏观调控和监督管理，形成公办学校和民办学校共同发展的格局"[①]。温州是我国民营经济的发祥地，民间资本充裕，民办教育起步早，总量多，在全国率先开展了民办教育综合改革试验，推出了一系列在全国颇有影响的新举措，创造了诸多首开先河的"全国第一"，被业界誉为"温州样本"。

（一）民办基础教育改革发展历程

2003年以来，温州民办基础教育始终积极探索，尝试多元化改革，前期涌现出绣山中学、外国语学校、籀园小学等国有民办品牌学

---

① 习近平：《干在实处　走在前列——推进浙江新发展的思考与实践》，中共中央党校出版社2006年版，第339页。

校。2010 年,温州被列为全国唯一的民办教育综合改革试点城市后,以敢为人先的探索精神,开启新一轮民办基础教育改革创新之路。

纵观温州民办基础教育改革之路,"温州样本"的形成主要经历三个阶段。

第一阶段是改革领跑阶段。2011 年,温州颁布《关于实施国家民办教育综合改革试点加快教育改革与发展的若干意见》(温委〔2011〕8 号),初步形成了民办学校分类管理的配套政策,即民办教育"1+9"文件,全面回应了民办教育在法人属性、办学体制、融资政策、财政资助、税费优惠、社会保障、教师管理、合理回报、治理结构等方面存在的困难,梳理出破解之策。

第二阶段是改革样本形成阶段。2013 年 8 月,温州发布《关于实施国家民办教育综合改革试点加快教育改革与发展的若干意见》(温委〔2013〕63 号),出台实施《关于进一步加强民办学校规范管理意见》《关于加强民办教育培训机构管理的指导意见》等,在招生、收费等 14 个方面强化管理,"1+9"文件升级成为"1+14"文件。到 2015 年,全市参加分类登记学校达 1068 所,其中非营利性民办学校 803 所,营利性民办学校 265 所(培训机构为主)。引进江苏翔宇集团、上海协和教育集团、北京外国语大学国际教育集团等亿元以上的教育品牌 18 个,吸引 70 多亿元民间资金进入教育领域,"民办教育看温州"的样本效应基本形成。

第三阶段是改革深化阶段。2018 年 9 月,温州市人民政府出台《关于进一步深化综合改革促进民办教育健康发展的实施意见》(温政发〔2018〕20 号)以及 9 个配套子文件,以适应《民办教育促进法》修订带来的政策变化,形成温州新"1+9"民办教育政策,民办教育政策迭代升级,促进民办教育健康发展。

经过持续的综合改革,民办教育工作成效显著。温州现有基础教育阶段学校 2465 所,在校生 139 万人,其中,民办学校 1348 所,在校生 44 万人,占全市在校生总数的 32%,民办教育承担了全市近三分之一的教育任务，为温州教育事业发展做出巨大贡献。同时，社会力量举办教育的热情得到激发，民间资金纷纷流向教育领域，初步统计近100亿元。其中投资额1亿元以上的项目28个，建筑面积达161万平方米。

民办基础教育改革效果明显，示范效应不断扩大。得到了各级领导的充分肯定和媒体、同行的密切关注。相关部门近150次来温州考察调研，均对温州教育改革给予充分肯定，教育部原副部长鲁昕专门给全国各省（区、市）分管教育的省（区、市）长写信推介"温州样本"，把温州经验作为典型向全国推广。中央电视台、《人民日报》、《光明日报》、《中国教育报》等几十家媒体对温州民办教育改革作了宣传报道。民办教育新政还获得21世纪教育研究院组织的第三届地方教育制度创新奖优秀奖。

（二）民办基础教育改革创新举措

纵观温州近年来民办基础教育改革创新举措，主要可概括为以下几个方面。

1. 多元办学模式创新

2019年，温州已形成五种不同的办学模式。一是委托办学，如温州春晖中学（民办）委托平阳三中（民办）管理的民办学校委托民办学校模式，平阳县政府委托浙鳌高中（民办）管理平阳二中（公办）的公办学校委托民办学校办学模式。二是管办评分离办学，如永嘉县政府引进翔宇教育集团创办温州翔宇中学，形成由政府出资建校、民办学校管理、引入社会评价的"管办评"分离的办学模式。三是捐资办学，如森马集团捐资3亿元，创建温州森马协和国际学校，建成后委托上海协和双语管理，将学校办成非营利的公益性学校。四是PPP模式（即政府和社会资本合作模式），如瑞安新纪元小学、平阳新纪元学校等通过PPP项目新建、迁建学校。五是公办民办合作办学，如温州中通国际学校、瓯江小学分别通过与温州市实验小学、鹿城区建设小学合作，逐步发展成为优质民办学校。近年来,家长和学生可选择的优质教育越来越多元,满足了老百姓多样化的需求。

2. 分类管理政策创新

温州民办教育综合改革没有样板可学,没有现成经验借鉴,只能靠突破创新。温州按照营利性、非营利性对民办学校进行分类登记管理,研究制定不同政策体系,实现了 9 项政策创新:突出公益导向的分类管理制度创新,对现有民办学校出资者的奖励和补偿机制创新,营利性民办学校用地政策创新,财政扶持民办教育政策创新,民办学校教师保障和激励制度创新,民办学校收费政策创新,教育投融资机制创新,民办学校产权归属政策创新,率先破解现有民办学校选择登记营利性难题等。

3. 有效运行机制创新

民办教育综合改革是一个系统工程,问题涉及面广、政策性强,需要系统设计、综合施策。温州市委、市政府积极构建系统有效的运行机制,推动各级党委政府、相关部门克服畏难情绪、化解难题、推动工作。一是建立民办教育综合改革联席会议制度。建立由分管副市长为召集人、18 个市属部门分管负责人和 12 个县(市、区)分管领导为成员的联席会议制度,负责政策研究和落实工作,有效地解决了改革推进中遇到的困难和问题。二是建立市委督查通报制度。温州市委考绩办将民办教育改革试点推进情况纳入重点工作考绩,建立了月督查通报制度,使改革试点工作得到各级领导的充分重视,强力推动落实。三是建立专项督查制度。温州市人大、市政协有针对性地开展了民办教育综合改革试点专项督查。温州市教育局还建立改革试点工作月例会制度,每月对改革推进情况进行分析诊断,研究对策。在制度保障下,政府各部门团结协作,有效形成改革试点合力。

（三）"温州样本"实践经验

1. 敢为人先，勇于突破

突破与创新是温州的民办教育综合改革的主旋律。温州民办教育综合改革敢想、敢试、敢闯，如：以引入"民办事业单位"，来突破民办非企业法人属性对民办学校的种种约束；以非营利性民办学校举办者对原始投入拥有所有权，来突破民办学校法人财产权；以政府购买服务，来突破公共财政对民办学校扶持的政策障碍；以办学权、收费权质押和非教学资产抵押等金融创新，来突破民办学校融资难题；等等。这些突破和创新都在全国产生广泛影响，具有开民办学校先河的意义。

2. 问题导向，深度调研

温州民办教育改革从问题切入，注重调研，又在调研中发现问题、分析问题、探究原因、达成共识，从而有的放矢地制定改革方案。2011年在接到浙江省实施国家民办教育综合改革试点任务后，温州市委、市政府全面研究部署改革试点工作，组织教育、政研、发改、财政、国资、人事、金融、社保、土地、规划等部门牵头开展 6 项相关课题研究，历时 7 个多月，形成系统的《温州市实施民办教育综合改革试点课题调研总报告》和 7 个子课题调研报告。对温州需不需要民办教育、需要什么样的民办教育、如何去发展民办教育，达成了高度共识。在此基础上，温州市委、市政府出台了系列配套政策，确保改革试点顺利实施。

3. 顶层设计，底层创新

改革既需要顶层设计，也需要底层创新。温州在改革初始就明确了总体思路，以支持发展民办教育为改革的根本目的。政府层面，以体制和机制创新为重点；学校层面，以质量和管理创新为重点，建设多元、特色的民办教育优质资源。同时，温州按照营利性、非营利性对民办学校实行分类登记,构建不断升级的政策体系,多个政策开全国之先,打破了传统的思维,突破了法律法规的束缚,但又不触碰法律红线,为底层创新开拓空间,实现改革落地。

面向"十四五",温州民办教育坚持支持和规范并举,创新评价方式,出台《温州市民办学校办学水平星级评估办法》,进一步落实《关于进一步加强民办学校规范管理意见》,引导温州民办教育实现从量的增长向质的提升转变,从全面补助向精准扶持转变,从大力发展向规范提升转变,推动民办教育向优质、品牌、特色发展。

二、开创产教融合新局面,提供职业教育改革"温州经验"

"职业教育是国民教育体系和人力资源开发的重要组成部分,是广大青年打开通往成功成才大门的重要途径,肩负着培养多样化人才、传承技术技能、促进就业创业的重要职责,必须高度重视、加快发展。"[①]习近平总书记的这一重要指示,指明了职业教育在中国教育领域的战略地位。

在浙江工作期间,习近平同志提出"坚持职业教育与浙江经济社会发展相结合,理论教育与实践实训相结合,合理确定文化教育与实践教学的课时比例,努力走出一条浙江特色的职业教育发展之路"[②]。温州高度重视职业教育发展,创新各层次类型职业教育模式,坚持深化产教融合、校企合作的改革路径,不断提升应用型人才培养质量,推动职业教育高质量发展,为建设国家职业教育创新高地积累了卓有成效的"温州经验"。

(一)打造特色职业教育发展之路

"八八战略"实施以来,温州认真贯彻落实国家和省委、省政府关

---

① 《习近平就加快发展职业教育作出重要指示》,《人民日报》2014年6月21日。

② 习近平:《干在实处　走在前列——推进浙江新发展的思考与实践》,中共中央党校出版社2006年版,第338页。

于职业教育工作重要决策部署，全市职业教育蓬勃发展。在原有中职办学格局的基础上，2007 年温州出台了《关于大力发展职业教育的意见》，开始加快构建现代职业教育体系。2015 年，出台《关于加快发展现代职业教育的实施意见》，构建"纵向贯通、横向融通"的现代职教体系，走出了一条"与区域经济互动、与行业企业共赢、教产城融合"的职业教育发展之路。截至 2020 年底，全市有中等职业学校 41 所，在校生 9.3 万人，开设专业 18 大类 84 种，基本覆盖浙南地区主要支柱产业。普职比连续三年保持大体相当(55∶45)。其中国家级重点职校 9 所，国家级中职改革发展示范校 3 所，省级改革发展示范校 7 所，省等级职校覆盖率(公办)达 100%；建成省级中职"名校、名师、名专业"工程项目 44 个。[①] 尤其是占地 901 亩、投资 21.9 亿元的滨海职教中心建成投用，系全省单体规模最大。

全市职业院校与 1421 家民营企业、102 个行业协会建立深度合作关系，每年为社会输送近 5 万名毕业生，为企业订单培养 9000 人以上，为温州产业转型升级提供有力支撑。全市建成国家级职业教育和成人教育示范县 1 个，连续 5 年获评浙江省职业教育发展考核优秀单位。

（二）职业教育改革主要亮点

1."五业"联动的"教产城"融合模式

加强专业建设与产业、行业、企业、职业密切联系，以"教产城"融合为引领，提高技能人才供给能力。一是把职业院校建在产业园区。如在浙南产业集聚区和瓯江口产业集聚区布点建成五所中、高职院校新校区，有力提升了职业教育基础能力和供给水平，各县（市、区）基本上建有一所规模化品牌职校，全市中职招生比例由"十三五"初的 36%提高到 2020 年的 45%。二是把专业建在产业链上。如鹿城区职业技

---

① 《回望"十三五"奋进"十四五"绘制温州中职教育"新"蓝图(上)》，《温州日报》2021 年 2 月 1 日。

术学校实施专业集群发展战略,建立涵盖鞋类设计、制造、管理、营销、专卖、物流、电商等领域的鞋革专业链,为温州鞋产业提供从设计到销售的"一站式人才培养体系"。三是把发展定位建在产教融合上。全市已建成职业院校牵头的产教融合平台基地33个,如智能产教融合大联盟、温州智能职教研究院等。同时大力推进职业院校产教融合成果转化,建立了"温州产教融合校企对接大数据平台",举办项目对接会,2018年至2020年签约项目256个。

2."混合动力"驱动的校企双主体改革

一是引入行业企业等社会力量,探索职业院校混合所有制办学新模式。如永嘉县引入上海翔宇集团,承办浙江广播电视大学永嘉学院、托管永嘉县第二职业学院,瓯海职业中专集团学校将烹饪专业交由温州瓯菜馆举办,有效激发办学活力,提升专业发展水平。二是助推企业转型升级,提升职业院校服务发展能力。如港华集团和温州市职业中等专业学校、瓯海职业中专集团学校开展双主体办学后发展迅速,从一家路边货车维修小店发展为拥有10家分公司的货车连锁企业,年产值突破亿元,形成了"企业出题、学校破题、共赢发展"机制,近三年职业院校开发了482个创新项目用于企业一线。三是推进"名企＋大师＋现代化学徒制"培养,中职学校引入企业工程师、社会名人、能工巧匠等兼职教师占任课教师比例32％,提升人才培养质量。联合亚龙、康奈等地方知名企业深入开展现代学徒制试点工作,为企业"量身打造"人才。2020年,全市现有国家级试点2个,省级试点14家,校企共建技能大师工作室102个。

3.基于温州人精神的创业教育特色

丰富创业教育内涵,全面推进基于温州人精神的创业教育。建立健全弹性学制管理办法,大力支持学生保留学籍参加创业。全市80％以上职校都设立了创业园(创业街)和创业导师团,建成市级创业教育示范基地22个,学生创业社团60个,创新创业教育氛围日益浓厚,

15％以上的职校毕业生走上了自主创业的道路，涌现出一批创业典型，继承并弘扬了"温商精神"。如瓯海职业中专集团学校学生蔡曙，在校期间成立公司研发 VR 眼镜领跑市场，被互联网誉为中国最年轻的 CEO。温州市职业中等专业学校打造的"一职猫"网络创业教育平台还辐射新疆，借助该网络平台，短短一周内两地学生销售新疆干果1000 千克。

（三）职教探索基本经验

第一，创机制、促改革，打出了顶层设计的"系统牌"。近年来，温州职业教育对接温州产业发展需求，全面优化职业教育布局结构、规模结构和专业结构，密集出台了中职质量提升、校企合作促进、人才培养改革、"五业"联动发展等一系列政策，为职业教育发展明晰了路径、强化了保障。

第二，建品牌、强创新，不断满足社会对职教优质资源的需求。全市创成了国家、省级示范校 10 所，2020 年又新创省"双高"中职 6 所、专业 19 个，和杭州、宁波并列全省第一，不断满足社会对优质职教资源的需求。中高职、中本一体化改革多点开花，2020 年中职升学比例达到 71.6％，居全省第一。现代学徒制的试点深入开展，校企合作"量身培育"了一大批人才。

第三，重服务、激活力，助力小微企业发展。坚持产业行业发展导向，大力实施"职教＋产业＋城市"融合发展工程、"名校＋名师＋名专业"协同建设工程、"名企＋大师＋学徒制"培养改革工程，在浙南和瓯江口产业集聚区布点 5 所中高职学校，建成 12 个覆盖区域产业链的现代专业群，打造中职产教融合平台 18 个，有力服务了企业发展。2020 年疫情防控期间，助力企业复工复产，全市职业院校派出近万名学生赴企业顶岗实习，有效缓解用工缺、招工难问题。

2020 年，温台职业教育综合改革全面启动，温州市人民政府紧抓这一改革机遇，出台了《关于推进新时代职业教育高质量发展的实施意见》,着力推进各项政策、机制建设,全面提升新时代职业教育现代化水平。

三、抓住开放发展新机遇,打造高等教育"温州特色"

2003 年以来,温州市全面贯彻"高教强省"战略,持续推进高水平大学引育工程和高校内涵式发展,不断打基础、扩规模、提质量,巩固提升温州作为全省三大高等教育中心城市的地位。

(一)高教发展基本情况

2003 年以来,温州高等教育不断扩大办学规模,从 6 所高校增加到 11 所高校,合并温州师范学院和原温州大学,新增温州肯恩大学,创建 3 所独立学院,建设温州科技职业学院和浙江安防职业技术学院。在校生总数从 8.1 万人增长到 12.1 万人,高等教育规模稳居全省前三。

截至 2023 年,现有本科高校 6 所。温州师范学院与温州大学于 2004 年合并成立新温州大学(筹),规模不断扩大,2020 年成为"省市共建"省重点建设高校;温州医学院 2013 年升格为温州医科大学,2015 年成为省人民政府、国家卫计委、教育部三方共建高校;温州肯恩大学作为全国第二所中美合作大学于 2014 年开始招生。同时,独立学院陆续成功转设,2016 年,温州大学城市学院转设为温州商学院;2021 年初,温州大学瓯江学院顺利转设为温州理工学院。

截至 2023 年,现有高职院校 5 所。温州职业技术学院 2007 年被列为国家示范性高职学校,2017 年入选省重点建设高职院校;浙江工贸职业技术学院成为省高职优质校建设项目;2019 年温州职业技术学院和浙江工贸职业技术学院入选全国"双高计划"建设单位;浙江东方职业技术学院滨海新校园建成投用,全面融入浙南产业集聚区,实行产学研一体化办学;温州科技职业学院于 2008 年 2 月正式建立,现为全国农业职业教育教学指导委员会委员单位;浙江安防职业技术学院正式设立办学，是浙江省内唯一一所重点培养具有安防科技应用与推广能力，能够从事公共安全管理、安防工程建设、民航安全管理等高素质技术技能人才的高职院校。

（二）高教改革主要成就

第一，中外合作办学创新。温州肯恩大学是浙江省和美国新泽西州友好省州合作项目，于 2006 年由习近平同志见证合作成立，2014 年获批正式设校。2015 年 9 月，习近平总书记在第三届中美省长论坛上评价温州肯恩大学"运转良好"。[①] 2018 年，温州肯恩大学被列入中外合作办学示范性重点建设对象，由教育部、浙江省（温州市）共建"中外合作办学创新示范区"。同时，温州大学在意大利开设温州大学意大利分校，温州医科大学建设全国首个药学专业中外合作办学博士学位教育项目；温州医科大学阿尔伯塔学院，是全国首个聚焦临床医学的合作办学机构，是我国医学院校中外合作办学层次最高的项目，旨在培养具有全球视野的高层次医学人才。

第二，高教质量不断提升。温州医科大学、温州大学共有 10 个学科进入 ESI 全球排名前 1‰ 行列，其中临床医学进入前 2‰；两批共 31 个本科专业入选国家一流本科专业建设单位。温州职业技术学院等共 11 个高职专业被认定为国家骨干专业。温州大学步入"省市共建"省重点建设高校，成功获批博士学位授予单位，并扎实推进以侨为特色的"部省共建"高校建设。温州医科大学被列为省部委三方共建高校，重点打造眼视光医学和生长因子药学两个"世界一流"学科。温州肯恩大学获批 8 个外国硕士专业、3 个外国博士专业，加快国际化、高水平发展。

第三，学科建设引领发展。温州高等教育深入实施"面向地方、面向一流"工程，坚持基础研究与应用研究协同发展，坚持人文社会科

---

① 本书编写组编著：《干在实处　勇立潮头——习近平浙江足迹》，人民出版社、浙江人民出版社 2022 年版，第 338 页。

学、自然科学和工程技术研究同步推进,助推科技兴市。如依托院士李校堃的国家科技进步奖一等奖,建设温州生命健康小镇、中国基因药谷等重大科研转化平台,打造温州城市康养特色。依托国际重点专项研发中国首台蓝藻水华物理喷射处理船,为攻克世界蓝藻水华治理难题做贡献,依托中国专利金奖成果"海岛特种电源供电系统"助推国家海岛、港口建设和船舶制造等高速发展。

(三)高教办学特色鲜明

第一,坚持创新创业,发扬世界温州人精神。将世界温州人精神融入高等教育人才培养过程,培养具有创新创业精神的人才。温州大学被确立为国家级创业教育人才培养温州模式创新实验区、全国首批深化创新创业教育改革示范高校。温州大学、温州职业技术学院、浙江工贸职业技术学院跻身全国高校创新创业50强。6所高校入选全省"双创"示范基地,建立具有温州特色的创新创业教育课程体系和训练平台。温州大学建立"浙江华侨网络学院",华文教育特色显著,努力将其建设成为全世界温州人的精神家园。

第二,坚持开放办学,提升国际化水平。"要扩大教育开放,同世界一流资源开展高水平合作办学"[①],这是2018年习近平总书记在新时代第一次全国教育大会上的讲话内容。温州各高校在发展过程中对外交流活跃,国际化特征明显,国际化水平不断提升。如温州医科大学开展中美、中瑞、中泰、中韩等中外合作办学项目。温州大学与日本东京大学、京都大学分别联合成立"国际水生态环境研究中心""国际水资源与水生态研究中心"。温州职业技术学院服务意大利、南非等地温商企业和温州海外人才引进等。温州肯恩大学办学成效显著,多项国际化指标稳居全省前列,搭建起中美深化交流互动的重要平台。2020年新冠疫情防控期间,依托温州肯恩大学组建了防疫翻译

---

① 《坚持中国特色社会主义教育发展道路 培养德智体美劳全面发展的社会主义建设者和接班人》,《人民日报》2018年9月11日。

志愿者小组,集结了近 3000 名来自世界各地的翻译志愿者,提供 32 个语种的翻译援助,让温州学子走向世界,也让世界了解温州。

第三,坚持扎根区域,助力产业转型升级。积极发挥大学溢出效应,推进学城联动发展。如温州大学与地方政府共建 9 个产业研究院、3 个省级产业创新服务综合体,在生态保护、激光光电技术、低压电器等领域的研究成果已成为区域产业转型升级助推器。温州医科大学坚持以社会需求为导向,以百姓满意为宗旨,培养优秀医学人才,其附属眼视光医院眼科连续三年位居全国第二,科技产出指标连续三次位列全国第一。温州职业技术学院与 1000 多家世界 500 强企业、行业龙头企业和 50 多个行业深度合作,校企共建温州设计学院、中国鞋都技术学院、温州服装学院、温州家具学院、温州酒店管理学院、网络空间安全学院、"5G＋"产教融合研究院等 9 个产业学院,为区域经济社会发展提供有力的科技支撑和智力支持。

2018 年 9 月 10 日,习近平总书记在新时代第一次全国教育大会上强调"加快推进教育现代化、建设教育强国、办好人民满意的教育"[1]。回顾过往,温州市教育系统已经构建形成较为完整的基础教育、职业教育和高等教育体系。同时,温州教育总体水平达到新高度,义务教育优质均衡发展。截至 2020 年,温州所有县(市、区)创成省教育基本现代化县(市、区),全市实现教育基本现代化;学前三年入园率达 99.4％,义务教育巩固率达 100％,高中阶段入学率达 98.6％,高等教育毛入学率达 62％,特殊教育十五年入学率达 91.79％;全市一般公共预算教育收入 957.46 亿元,年均增幅达 19.29％,人均教育经费投入和城乡生均教育事业费支出比例进入全省前列。建成投用中小学项目 368 个,建成校舍面积 459.47 万平方米,中小学生均占地、建筑面积分别增加 4.56、4.17 平方米,总量增幅均居全省前列。温州所

---

[1]　《坚持中国特色社会主义教育发展道路　培养德智体美劳全面发展的社会主义建设者和接班人》,《人民日报》2018 年 9 月 11 日。

有乡镇(街道)实现公办幼儿园全覆盖,义务教育大班额现象全面消除,特殊教育实现义务教育中重度以上"三残"儿童少年集中教育、随班就读、送教上门全覆盖。

面向未来,温州在全省建设"重要窗口"的关键时期,以立德树人为根本任务,以实现教育现代化为根本目标,以"未来教育"体系建设为重要抓手,持续贯彻"八八战略",进一步推进教育教学质量赶超发展,努力把温州打造成学子就学的首选地。

第二节　健康温州,推进卫生健康治理现代化

2005年7月,习近平同志在浙江省委十一届八次全会上指出:"没有健康就没有小康;没有卫生现代化,就没有全社会的现代化。卫生事业关系人民群众的身体健康和生命安全,关系人的全面发展。"[①]新时代,"在推进健康中国建设的过程中,我们要坚持中国特色卫生与健康发展道路,把握好一些重大问题。要坚持正确的卫生与健康工作方针,以基层为重点,以改革创新为动力,预防为主,中西医并重,将健康融入所有政策,人民共建共享"[②]。2003年以来,温州以"八八战略"为引领,始终坚持以人民为中心、以基层为重点,坚持以深化改革为动力、以协同发展为基础,以共享发展为目标、以创新发展为途径,积极开展了有关卫生健康的一系列改革,为创建"市域健康特色示范城市"而奋进。

在此基础上,温州市致力于市域治理现代化,更好统筹发展和安全,党建统领的整体智治体系基本建成,市域治理法治化、科学化、精

---

① 习近平:《干在实处　走在前列——推进浙江新发展的思考与实践》,中共中央党校出版社2006年版,第346页。

② 《把人民健康放在优先发展战略地位　努力全方位全周期保障人民健康》,《人民日报》2016年8月21日。

细化、智能化水平全面提升,高水平创成全国市域社会治理现代化试点城市,生产安全事故死亡率、万人犯罪率、万人成讼率逐年下降;"一网统管"城市治理体系、"四治融合"基层治理体系全面构建,瓯江红"共享社·幸福里"建设全域覆盖,全市政治安全、社会安定、人民安宁。面对新冠疫情冲击,发挥海内外温州人力量,慎终如始抓好"外防输入、内强管控",建立"四队三单"机制,统筹疫情社情舆情,真情暖侨安侨护侨,有效抵御多轮境内外疫情输入风险。

2022年,温州市加快区域医疗康养中心城市建设,深化"三医"联动,推进"医学高峰"建设计划,建设高水平县级医院,实现健康城市(县城)全覆盖。发展医养结合服务,打造"幸福颐养"品牌。完善生育养育配套支持政策,促进人口长期均衡发展。抢抓亚运会赛事举办契机,打造国家运动健康城市。深入推进心理健康促进行动,健全心理健康服务体系。

一、综合医改数字领航,城乡区域协同创新

人民健康是社会文明进步的基础,是民族昌盛和国家富强的重要标志。2003年至2022年,温州卫生健康事业城乡、区域协同发展,主要健康指标良好,由健康而不断推进的社会文明建设进入了良性循环。

从"十三五"的统计数据来看,温州市人均期望寿命(81.79岁)和居民健康素养水平(25.76%)均高于目标值,5岁以下儿童死亡率(2.97‰)和孕产妇死亡率(3.17/10万)均明显低于目标值。温州城乡和区域医疗卫生事业协同发展水平明显提高,基层卫生、基本医疗和县域内医疗服务体系建设力度加大,医疗卫生数字化水平快速提高,居民健康寿命等主要卫生健康指标稳步提升,医疗保障覆盖水平及保障力度进一步提升。在医疗综合改革与创新方面,温州市围绕着公立医院整改、分级诊疗、信息化发展等进行了改革,不少举措走在了

全省甚至全国前列,真正向全国提供了"温州解法"。"三医联动""六医统筹"有序推进,创新医药体制机制,综合医改成效明显。与此同时,温州市医疗布局得到有效调整。"十三五"期间,温州市通过新建、迁建、改建等方式,在主城区外围已建成和基本建成三级综合医院4家,二级及以下综合医院7家,中医(中西医结合)医院6家,专科医院5家,公共卫生机构3家,急救机构8家,使优质医疗机构向主城区外围扩散。组建19个县域医共体,实现规范化妇幼保健机构县级全覆盖,建立健全精神卫生服务、产前筛查诊断、院前医疗急救服务、采供血体系,推进中医药标准化并实施中医"治未病"健康工程,实施医疗机构和公共卫生机构业务信息整合,构建区域健康云等。

当前,随着我国经济社会转型对医疗卫生事业改革发展提出了新方向,医疗健康需求发展给服务供给体系带来了新压力,温州卫生健康领域积极利用数字化、新技术,在实施"健康温州"发展战略和高标准打造区域医疗康养中心城市建设过程中,积极推进医疗卫生服务领域"最多跑一次"改革和便民惠民新服务业态创新改革。

(一)深化公立医院综合改革

第一,持续健全医疗卫生机构绩效考核机制。坚持顶层设计、坚持公益性导向、坚持数字化支撑,完善三级公立医院绩效考核,启动二级公立医院绩效考核,推进基层医疗机构及妇幼保健机构绩效考核,通过健全绩效考核机制,推动服务能力和服务质量的持续提升。第二,深化医疗卫生机构人事及薪酬制度。落实"两个允许"和《浙江省公立医院薪酬制度改革指导意见》及温州市"1+3"改革文件,推进公立医院薪酬制度改革,建立了符合医疗行业特点、体现以知识价值为导向的公立医院薪酬制度。第三,着力推进医疗卫生机构编制管理改革。统筹盘活用好医疗卫生领域编制资源,重点用于加强公立医院、基层医疗卫生机构、各级疾病预防控制等公共卫生机构编制配备。第四,深入扎实推进分级诊疗制度。采取医疗、医保、价格等综合性措施,重点建立成熟完善的分级诊疗制度。加快"互联网＋医疗健康"发展,完善了国家级全民健康信息平台,推进新一代信息技术在医药卫生领域的应用,促进医药卫生管理和服务模式的重塑。

（二）建设现代医院管理制度

第一,进一步完善医院管理制度。探索政事分开、管办分开的有效实现形式,推动医院管理模式和运行方式转变。以县域医共体为平台推进现代医院管理制度建设,加强外部治理、内部管理、综合改革和党建等重点工作。第二,全面加强公立医院党的建设。公立医院党委领导下的院长负责制在全省率先落地,提高政治站位,深刻认识新形势下全面加快公立医院党的建设工作的重要性。

（三）协同深化推进医疗保障制度改革

第一,协同推进药品耗材领域改革。协同开展省域药品集中带量采购,不断完善医疗机构药品、耗材采购监管机制。积极参与区域联动、信息共享,推进构建长三角区域性联盟采购机制的形成。第二,巩固完善医保支付制度。协同医疗保障管理部门,推进医保支付方式分类改革,针对疾病住院服务、慢性病住院服务、基层医疗服务、中医医疗服务等不同特点医疗服务进行多元复合医保支付方式改革。第三,动态调整医疗服务价格。协同医疗保障管理部门,抓住改革窗口期,按照"控总量、腾空间、调结构、保衔接、强监管"的改革路径和"总量控制、结构调整、有升有降、逐步到位"的调价原则,降低药品、耗材、检查、化验等费用。

（四）大力支持社会资本办医

为了推进和深化医药卫生体制改革,根据中央和浙江省的有关政策精神,温州市做出了进一步开放医疗卫生服务市场、提升医疗资源总量的政策抉择。2012年9月,温州被国务院医改办确定为全国社会资本办医联系点,开始启动社会资本办医改革试点。2013年,温州市制定出台了"1＋14"社会资本办医综合方案,对民办医疗机构实行"国民待遇"。根据方案,民营医院在准入门槛上与公立医院一样,社会资本可以自主决策创建营利性或非营利性医疗机构,也可以通过合资合作、收购兼并、融资租赁等多种方式参与公立医院的改制重组。2014年,温州市出台了《关于举办混合所有制医疗机构的指引》,积极探索全省首家混合所有制公立医院改制工作。瑞安市已基本完成6家股份制卫生院改制,平阳县也采用公办民办结合的方式打造传统中医药特色诊疗中心。2016年6月,全省首家混合所有制医院——温州老年病医院正式对外挂牌营业,该院由温州市中医院以大士门院区的土地、房产、固定资产等入股,上海复星医药集团以现金形式入股合作。

经过20多年的探索和积累,温州民营医院取得了与公立医院同等的政策待遇,也迎来了跨越式发展的重大机遇。民营医院的发展有效地弥补了公立医院医疗服务供给的不足,为群众看病难、住院难发挥了一定的作用。在抗击新冠疫情期间,温州民营医院发挥了重要作用,得到了各级部门、专家学者、病患和民众的广泛好评。据统计,截至2020年,温州市有各类社会办医机构3156家,其中有医院101家,占温州市医院总数68.71%;床位数11629张,占温州市床位总数26.41%;分别较试点前增加60.68%、167.13%。卫技人员总数为22557人,占温州市的26.4%,较试点前增长113.84%。温州市在建社会办医项目13个,总投资59.57亿元,建设床位3549张。温州市全面优化了社会办医环境,有力地促进了社会办医的发展,并逐步形成多层次、多样化的社会办医新格局。

综合来看,温州市有效应对了经济社会转型给医疗健康事业带来的巨大压力,乘着数字化东风,积极进行医疗改革和城乡区域协同创新,走在了浙江前列,在全国的医疗健康工作中亦不逊色。

二、公共卫生体系升级,全民健康互联互通

党的十八大以来,以习近平同志为核心的党中央把维护人民健康

摆在更加突出的位置,召开全国卫生与健康大会,确立新时代卫生与健康工作方针,印发《"健康中国 2030"规划纲要》,发出建设健康中国的号召,明确了建设健康中国的大政方针和行动纲领,人民健康状况和基本医疗卫生服务的公平性可及性持续改善。[①] 党的二十大报告指出,"促进多层次医疗保障有序衔接,完善大病保险和医疗救助制度"[②]。而随着物质生活水平的提升和科技发展的日新月异,温州居民对于健康养护、疾病预防、食品安全、体育锻炼、卫生和疗养服务、居住环境卫生设施等方面的要求普遍提高,全市个人健康投资和消费意愿不断加强,群众的公共卫生服务需求处于较快的增长期,呈现出更多元化、个性化和精准化的要求。

习近平总书记指出:"公共卫生建设不仅仅是一个卫生问题,而且是关系社会稳定、经济发展和国家安全的重大问题,关系人民群众身体健康和生命安全的重大问题,关系经济社会协调发展和人的全面发展的重大问题,也是加快我省全面建设小康社会、提前基本实现现代化的题中之义。"[③]温州市历届党委政府高度重视公共卫生事业发展,"十三五"期间,在卫生健康环境的营造、健康设施的优化、健康理念的生活普及、卫生健康服务的提升等方面均取得了巨大成就,主要体现如下。

（一）公共卫生成效显著,健康温州建设提速

温州市编制完成了《健康温州 2030 行动纲要》,在全省率先开展"五五健康基础工程"建设,创成 2 个健康县城、21 个健康乡镇、69 个健康村(社区)、60 个单位(企业)、7072 户健康家庭。同时,创成浙江省健康促进学校 729 所,健康促进医院 208 家。通过国家卫生城市第

① 《把人民健康放在优先发展战略地位》,《人民日报》2020 年 9 月 26 日。
② 习近平:《高举中国特色社会主义伟大旗帜　为全面建设社会主义现代化国家而团结奋斗——在中国共产党第二十次全国代表大会上的报告》,人民出版社 2022 年版,第 48 页。
③ 习近平:《干在实处　走在前列——推进浙江新发展的思考与实践》,中共中央党校出版社 2006 年版,第 347 页。

二轮复审，提前3年完成国家卫生县城全覆盖目标；全市114个乡镇均创成省级卫生乡镇，创成国家卫生乡镇37个，覆盖率达32.5%，创成省级卫生村1120个，市级卫生村953个。全市新增无害化卫生厕所11.4多万户，农村卫生厕所普及率99.94%，无害化卫生厕所普及率99.74%，建成区的"四害"密度均达到国家病媒生物密度控制水平标准C级要求。

温州市11个县（市、区）全部创成省级慢性病管理示范地，创成2个国家级慢性病综合防控示范区。市疾控中心通过资质认定检测的项目达1052项，全省领先，疾病防控能力稳步提升。全市推行了综合监督执法新模式，创成省、市级卫生监督协管示范点174个、"四小行业"卫生示范店697家。经开展"护卫健康温州"系列行动，温州市被确定为省级卫生应急基地。

（二）创新发展基层医疗，服务能力明显提升

温州市在全省率先出台基层医疗卫生高质量发展三年行动计划，每万人全科医生数量大于目标值，还全面建成了"20分钟医疗服务圈"，开展规范社区卫生服务中心、中心镇卫生院、全国群众满意乡镇卫生院、优质服务基层行、基层特色科室、中心村卫生室（站）改造提升等工作。全市落实省七部门鼓励医学院校毕业生到基层工作相应政策，提高基层高级职称占比，国培项目持续推进。做好国家基本公共卫生服务项目，不断提高基本公共卫生服务项目经费。同时完善"1+X"签约政策体系，调整细化"10+1"签约服务包，全面推进基层补偿机制改革，建立"专项补助与付费购买相结合、资金补偿与服务绩效相挂钩"的基层补偿新机制，提高基层积极性。

（三）妇幼健康稳步推进、母婴安全有效保障

以实施《母婴安全行动计划》为抓手，推动医疗机构全面落实母婴安全五项制度，全面开展妊娠风险筛查与评估，严格高危孕产妇专案管理，建成市级以上危重孕产妇救治中心4家，危重新生儿救治中心5

家。温州市成立市出生缺陷综合防控中心，合理布局产前筛查诊断机构，落实新生儿先天性心脏病筛查省级民生实事，推行 8 项优惠减免政策，实施新生儿疾病困难家庭补助，全面加强出生缺陷监测，出生人口的素质得到全面提升。此外，推动城乡妇女"两癌"筛查保质扩量，截至 2022 年，共完成宫颈癌筛查 597377 例，乳腺癌筛查 553783 例。创立"医教携手·呵护青春""暖护青春、健康成长"等生育力保护品牌，联动开展宣传活动 500 余场。

（四）积极推进公共卫生现代化，健康领域成果丰硕

"十三五"期间，温州市拥有国家临床重点专科 3 个，国家中医药重点建设专科 9 个，省级重点学科 41 个，省级以上医学重点实验室 4 个，省级区域专病中心 6 个，辖区内医院共获得省级以上医药卫生奖项 62 项。通过加强公共卫生、急救和农村社区医生等领域卫生人才队伍建设，温州基本医疗和公共卫生服务能力明显提升。通过中医药人才培养项目和新一轮医学学科建设，设立了温州大学生命科学研究院、中国眼谷、基因药谷等一批临床研究基地和转化医学中心，开展了现代化的"智慧医院"创建活动。温州市在全省率先出台公立医院医疗服务价格市县统筹联动调整方案，完成两轮服务价格调整。全面推行以 DRGs(Diagnosis Related Groups)付费为主的多元复合支付方式改革，在全省率先推进电子医保卡、居民电子健康卡"两卡融合、一网通办"，实现医保信息与医疗信息互联互通，所有医院实现长三角异地就医直接结算。

"十四五"期间，温州市将构筑完善的公共卫生应急管理体系，切实维护人民健康，加快推进公共卫生重点工程建设，进一步完善重大疫情防控救治体系建设。同时继续贯彻"大卫生、大健康"理念，坚持"预防为主"方针，持续做实做强基本公共卫生服务，增强公众公共卫生服务可及性、获得感；改革完善疾病预防控制体系，提升城乡居民基本公共卫生服务水平；加强公共卫生人才队伍建设，推动卫生健康从

"以治病为中心"向"以人民健康为中心"的转变。通过以上种种努力，温州市致力于打造公共卫生高地，确保把温州建设成为公共卫生最安全、最具现代化气息的城市之一，为加快"健康温州"建设增添力量。

三、中医承继社会办医，卫健治理新局有为

党的二十大报告指出，要"促进中医药传承创新发展"①。传统中医中药学博大精深，历经时代变迁而不断展现新的活力。"八八战略"实施以来，温州的医学发展和革新坚持中西医并重，注重加强中医药服务体系建设，筑牢基层中医药服务网络，发挥中医药在维护和促进人民健康中的独特优势作用。为了促进中医药传承与开放创新发展，温州市积极开展了中医药传承工程，挖掘和传承温州中医药宝库中的精华精髓，同时加强中医药科技攻关项目与创新平台建设，深化中医药医学教育与中医药人才培养模式改革，积极推动中医药健康产业规模化发展，促进地区中医药服务能力的全面提升。在"十四五"开局之年，温州市制定了以下高水平促进中医药事业发展的措施。

（一）健全中医药服务体系，重塑服务格局

第一，强化中医药服务的"龙头"牵引，支持省级中医医院新院区改建、扩建。到2025年，建成省级中医药医（疗）中心1家，引领区域内中医药医学高质量高水平发展，促进中医医学高峰建设。第二，强化中医药"网络"覆盖。鼓励中医药服务连锁经营，建成覆盖全体城乡居民和全生命周期的中医药服务网络，基本实现中医医疗机构区域内城乡全覆盖。支持社会力量参与合作举办多层次、多样化中医医疗服务模式。第三，强化中医药服务"骨干"支撑。坚持以中医药为主的办院模式和强化服务功能，以中医药特色专科建设为重点，规划实施中医医院强院建设项目，健全体现中医药特点的现代医院管理制度，推

① 习近平：《高举中国特色社会主义伟大旗帜 为全面建设社会主义现代化国家而团结奋斗——在中国共产党第二十次全国代表大会上的报告》，人民出版社2022年版，第49页。

进中医药特色优势鲜明的综合性现代化中医医院建设。

（二）发挥中医药特色优势，凸显独特作用

第一，充分发挥中医药疾病治疗作用。完善中医药临床评估机制，遴选名老中医"百医百方"，推广 10—20 个优势病种中医诊疗方案。第二，充分发挥中医药的预防保健作用。推动中医治未病深度融入疾病预防体系，丰富基本公共卫生服务项目中中医治未病的内容与项目。培育推广 5—10 项中医药治未病干预方案，促进中医治未病健康工程提档升级。到 2025 年，温州市中医药健康文化素养水平达到 30％以上。第三，充分发挥中医药康复服务作用。"十四五"期间，着力建设 3—5 家区域中医药康复中心，所有社区卫生服务中心及 80％乡镇卫生院能够提供中医药康复服务。

（三）加强中医药创新支撑，积聚发展动能

第一，加强中医药人才培育。加强中医药优秀人才培养，支持引进中医药院士、高层次人才、国医大师、全国名中医和省级名中医等，培育学科团队，培养一批高水平中医临床和中医药创新领军人才。第二，加强中医药科创平台建设。构建以高等院校、中医药医疗机构和企业为主体，以中医科学研究基地为支撑，多学科、跨部门共同参与的中医药协同创新机制，完善中医药领域科技布局，加强中医药传承与创新并举，加强创新平台建设。第三，加强中西医结合重大科技攻关。"十四五"期间，支持中医药重大科研项目 3—5 项，并取得标志性成果。

（四）打造特色品牌，提升温州辨识度

第一，传承温州中医药特色理论。实施中医药传承工程，全面系统继承温州地区历代各家学术理论、流派及学说，全面系统继承当代名老中医药专家学术思想和临床诊疗经验。第二，打造"温派中医"文化品牌。加强温州特色中医药文化建设，做好瑞安利济医学堂等文物的保护利用和南塘中医药街区特色示范基地建设，建设具有温州特色的中医药文化博物馆,全力打造"温州名中医"文化产业系列品牌。

(五)推进中医药健康产业规模化发展

第一,建设区域中医药健康产业集群。面向浙南城市群,定位于长三角地区中心城市,优化区域内中医药健康产业规划,科学合理布局区域内中医药健康系统产业集群,构建中医药产研协同发展的产业链、产业集群和产业服务圈。第二,加强中药材产业规模化发展。充分挖掘"铁皮石斛"等本地区名中药材,并不断探索适合本地区中医药特点的新药开发模式,鼓励基于经典名方、医疗机构中药饮片制剂等的中药新药研发,逐步形成大型中药企业集团和产业集群。

在争创高质量发展建设共同富裕示范区市域样板的新征程上,温州还需要进一步加快"健康温州"建设,深化区域医疗康养中心城市建设,加强市级疾控中心机制和能力建设,提升医疗卫生治理现代化水平。

第三节　平安温州,构建共建共享的和谐社会

建设政通人和、安居乐业的平安社会,是改革发展的基本前提。自习近平同志在浙江工作期间审时度势作出建设平安浙江的重大决策部署以来,浙江经济和社会发展环境发生了巨大变化。习近平同志指出,"八八战略"和"平安浙江"在实质上就是要追求全面协调可持续的发展。"平安浙江"中的"平安",不是狭义的"平安",而是涵盖了经济、政治、文化和社会各方面宽领域、大范围、多层面的广义"平安"。[①]2004年7月,温州市委贯彻落实省委部署,作出《关于建设平安温州的决定》,努力打造平安温州。"八八战略"实施以来,温州着力推进平安

---

① 习近平:《走在前列　干在实处——推进浙江新发展的思考与实践》,中共中央党校出版社2006年版,第235页。

建设和法治建设,聚焦影响社会安全、社会安定、人民安宁的突出问题,深入推进市域社会治理现代化,深化平安创建活动,加强基层组织、基础工作、基本能力建设,全面提升"平安温州"建设科学化、社会化、智能化水平,不断增强人民群众获得感、幸福感、安全感,共建共治共享的社会治理格局进一步完善。

一、打好"平安温州"建设攻坚战

习近平同志希望温州经济社会更好更快发展,要求温州扎实推进"平安温州"建设和生态建设,进一步优化发展环境。根据中央和省委、省政府的部署,温州持续打好"平安温州"建设攻坚战,促进经济社会稳定发展。

(一)防范化解重大风险攻坚战

防范和化解金融重大风险是维护我国金融安全的重中之重。2011年温州区域性金融风波发生以来,温州市范围内的企业流动性风险持续爆发,严重冲击实体经济发展。在获批国家金融改革试验区后,温州多管齐下,探索"风险先发"到"率先突围"的风险化解路径,成功创出金融风险化解的"温州经验"。温州以季度为周期,全面摸排重点企业金融风险,依靠"金融大脑"平台等大数据技术和人工智能手段,深入研判温州企业金融风险基本情况。针对"四张清单"内的困难企业,逐一制定帮扶计划书,实施项目化、清单式风险化解管理工作。落实差异化、针对性、可落地的措施。作为全国首批企业破产案件审理方式改革试点地区,温州通过府院联席会议制度,联合市中级人民法院创新司法破产的预重整制度。银行机构不良率指标逐年下降,2020年11月末,温州金融机构不良贷款余额107.25亿元,比年初下降2.14亿元,不良贷款率0.79%,比2020年初下降0.15个百分点,不良率处于近年来低位。① 风险逐步化解,日益复原的金融生态有力赋能温州经济发展持续保持向上向好势头。未来仍需以更高标准把防范化解重大风险各项工作抓准抓实抓到位,确保经济持续健康发展、社会大局和谐稳定。

(二)扫黑除恶专项斗争攻坚战

温州坚持把扫黑除恶作为固政权、护民安、促发展的重要抓手,强力推进"六清""十大专项"等系列行动,高质量完成专项斗争三年目标。一是清剿黑恶犯罪,社会正气明显提升。全领域开展扫黑除恶宣传,全方位拓展"110 报警、举报邮箱、举报电话"等六大举报渠道,专门设立线索举报专项奖励;运用异地侦办、提级侦办、驻点打击、合成扫黑等战法战术,痛击涉黑涉恶团伙,使社会治安环境持续改善。二是清理突出问题,营商环境明显提升。把扫黑除恶专项斗争作为优化营商环境和护航"两个健康"先行区的重要抓手,在市场流通、物流托运、工程建设等黑恶势力易滋生、易插手的重点行业开展专项打击整治。纪检监察和政法机关向行业监管部门发送"三书一函",有效促进行业监管水平。三是清除"害群之马",政治生态明显提升。按照"'打伞'与'扫黑'同频共振、'打伞'与'拍蝇'同步推进、'打伞'与'履职'同步谋划"三个同步要求,深挖黑恶案件背后"保护伞"和"关系网",政治生态得到持续净化。四是清扫滋生土壤,基层基础明显提升。坚持把扫黑除恶与加强基层组织建设紧密结合起来,推动后进村社党组织集中整顿,为温州市又好又快又稳完成村社规模优化调整和村社组织换届选举打下了良好基础。2018 年以来,温州在扫黑除恶专项斗争中积极探索、创新实践,取得丰硕战果,累计打掉黑社会性质组织 28 个、恶势力集团 147 个、恶势力团伙 429 个,破获刑事案件 7754 件,在"平

---

① 《2860 亿元! 温州社会融资增量创历史同期新高》,《温州日报》2020 年 12 月 25 日。

安温州"建设、营商环境优化、基层组织夯实等方面发挥了积极作用。[①]

（三）社会治安突出问题整治攻坚战

保持严打高压态势，大力整治突出问题，提升治安防控能力。温州市公安机关按照"以打开路、以打整乱"的思路，大力构建了违法犯罪活动常态整治机制，始终将打击的锋芒对准严重威胁群众安全的街头"两抢"、入室盗窃等多发性侵财犯罪及群众关注的黄赌毒恶性违法犯罪活动，实行区域整治和重点整治、专项打击和个案侦办相结合，先后在乱点部位组织开展了"平安11"系列攻防行动、"栅栏行动"、"禁赌风暴"、"天戟禁毒大会战"等专项整治行动，以严打高压的态势，确保热点、焦点、难点问题整治工作在短期内出成效。通过强势打击，净化了社会治安风气，治安秩序得到明显好转。

（四）公共安全领域问题整治攻坚战

"坚持安全第一、预防为主，建立大安全大应急框架，完善公共安全体系，推动公共安全治理模式向事前预防转型。"[②]在"平安温州"建设中，温州全面排查整治道路交通、安全生产、消防、危化品、食品药品、"三防"等领域的安全隐患，切实保障群众生命财产安全。温州市委、市政府要求持续在温州市学校（幼儿园）、道路交通、养老服务机构、消防安全、危险化学品和烟花爆竹、特种设备、城市水厂、电力设施、燃气管道、液化气站等与群众生活息息相关的重点行业领域，开展公共安全领域隐患大排查大整治专项行动。

（五）平安治理基层基础提升攻坚战

全面推进市域社会治理，加快夯实基层创安底座，将矛盾纠纷化解在基层。从政治领导、思想引领、形态重塑、基层治理、乡风文明等

---

① 《温州推进扫黑除恶工作常态化　建立长效机制巩固扫黑除恶硕果》，《温州日报》2021年4月15日。

② 习近平：《高举中国特色社会主义伟大旗帜　为全面建设社会主义现代化国家而团结奋斗——在中国共产党第二十次全国代表大会上的报告》，人民出版社2022年版，第54页。

方面下大力气,推动"十大行动",不断提升基层基础建设水平。实施"红色铸魂"行动,结合新时代"两个健康"先行区建设,创设"亲清政商学堂",加强企业家和优秀年轻干部共同教育培训。开展"红色接力·寻根旅"活动,教育引导新生代出资人与党同心同向同行。开展"堡垒巩固"行动,紧扣"整乡推进、整县提升"要求,滚动推进示范村、提升村、基础村以及示范乡镇整体晋位,并全面加强党的组织体系建设。开展"环境提质"行动,坚持基层党建示范带与乡村振兴示范带"双带融合",推进厕所改造、垃圾分类、污水治理三大革命,推进县域乡村振兴规划编制和村庄建设规划修编。开展"平安护航"行动,集中整治严打村霸地霸。开展"基层善治"行动,将基层治理平台建到村级。为加强和创新农村基层治理,一套组合拳全面出击:以平安乡村建设为抓手,完善推广基层治理信息平台"智慧管理",打造全科网格2.0版,形成常态长效防控机制。大力培育和规范各类社会组织发展,推进社会工作人才专业化、职业化。开展"乡风文明"行动首先要打好阵地战,温州深入推进"千家文化礼堂引领"工程和公共文化服务"十百千"工程,开展各级文化礼堂联盟建设,推进社区文化家园和企业文化俱乐部建设,让新思想、新理念、新风尚占领农村文化阵地。开展"铁军锻造"行动,给关爱给待遇激励作为。开展"清廉强基"行动,重点是"清廉村居"建设。温州着力规范村集体"三资"管理和处置,健全村级议事协商制度,加快推进小微权力清单制度村(居)全覆盖,建立完善村(居)干部廉洁履职负面清单,深入推进扶贫领域腐败和作风问题专项治理,精心培育一批清廉村(居)示范点。

(六)智慧治理水平提升攻坚战

加快信息化基础建设,推动智能化实战应用,加强网络化服务管理,不断提高平安建设的预见性、精准性、高效性。温州已打通政务、民生、公安、消防、城管、环保、应急等56个平台,构建130余个部门共建共享的数据网络。温州市委、政法委运用"大数据""云计算""互联网＋"等,打造市级治理"大脑"——智治研发应用基地,通过人工智能自动分析评判,第一时间从每日信息中有效捕获有价值的线索,做到早发现、早预判、早部署。

二、完善网格化工作体系,提升智能化治理水平

党的二十大报告指出:"健全共建共治共享的社会治理制度,提升社会治理效能……完善网格化管理、精细化服务、信息化支撑的基层治理平台,健全城乡社区治理体系,及时把矛盾纠纷化解在基层、化解在萌芽状态。"[①]为了更好地服务城市居民、促进区域社会健康发展,温州市创新发展基层社会治理机制,着力构建智能化、差异化、精细化的智慧网格化管理模式,着力提升社会治理水平。

(一)温州智慧网格化治理的内涵与管理模式

智慧网格化管理,实现了管理运营的规范化与规模化,侧重于管理的一致性与法治化。智慧网格将物理基础设施、信息基础设施、社会基础设施和商业基础设施连接起来,实现跨部门的系统间信息共享和协同作业,合理分配社会资源,满足政府问题防控和公共服务职能的需求。从民众需求的角度看,运用智能技术与区域基础设施的连接服务,突破行政组织边界对服务供给体系产生的横向和纵向的拉伸,形成基于城市数据和智能过滤的管理模式创新。综合运用现代科技技术从供需两端优化问题防控和服务输出系统。相较于传统网格化管理,智慧网格着重于平衡管理流程各环节的网络联系,发挥其治理主体的能动性和满足个性化需求的创造性。智慧网格化管理实现全主体参与,整合经济效率、社会公平、公共精神等多元价值的城市综合治理系统:在制度层面上,在全数据基础上,针对传统城市治理碎片化等关键问题,架构全场域交互的管理系统;在执行层面上,在信息共享

---

① 习近平:《高举中国特色社会主义伟大旗帜　为全面建设社会主义现代化国家而团结奋斗——在中国共产党第二十次全国代表大会上的报告》,人民出版社2022年版,第54页。

基础上实现问题防控和服务供给整体效能的最大化,打造体现服务价值的城市网格化管理系统。

智慧网格作为城市精细化管理的重要物理基础,其核心是利用以互联网、电子化平台等为核心的信息技术来改变政府、社会和人们相互交往的方式,对于包括问题发现、信息发布、问题处置、协同联动、社会服务、救援活动在内的各种需求做出快速、智能的响应,提高问题防控效率,为居民创造更安全的城市生活。习近平总书记强调:"要运用大数据提升国家治理现代化水平。要建立健全大数据辅助科学决策和社会治理的机制,推进政府管理和社会治理模式创新,实现政府决策科学化、社会治理精准化、公共服务高效化。"①当前,提高社会治理智能化水平,要求社会治理主体深刻把握大数据、移动互联、云计算和人工智能等现代科技发展大势,"完善网络化管理、精细化服务、信息化支撑的基层治理平台"②。

智慧网格化管理机制的总体架构包括系统设计、管理决策与需求感知等三个层面。

一是智慧网格的系统设计需要自上而下的城市管理的顶层设计,从社会常态化管理的宏观视角展开总体构想,强调问题防控的全面性和系统性。此外,从常态化管理的微观场景应用出发,自下而上地进行操作性设计,着重于问题防控与服务需求的紧密结合,形成由基础设施、数据融合、场景应用、标准评价及社会服务五个组成部件构成的问题防控核心。其为社会常态化管理中的各主体提供智能高效的辅助支撑,使问题防控各系统嵌入城市整体管理之中。

二是智慧网格的决策分析需要针对问题数据多源异构的时空多维特性,一方面考虑时间与空间两个维度的数据演化特性分析居民问

---

①　中共中央党史和文献研究院编:《习近平关于网络强国论述摘编》,中央文献出版社 2021 年版,第 134 页。

②　习近平:《高举中国特色社会主义伟大旗帜　为全面建设社会主义现代化国家而团结奋斗——在中国共产党第二十次全国代表大会上的报告》,人民出版社 2022 年版,第 54 页。

题和需求特征,另一方面利用不同维度间的数据关联关系搜集问题中社会服务需求和地区实际情况,科学发布问题信息和分配医疗服务资源,实现公共服务智能化、差异化、精细化方向的供给侧改革。在保证智能化的基本公共服务供给基础上,从居民需求异质性角度对社会服务供给流程进行优化再造。

三是智慧网格的需求感知借助信息科技与人工智能的运用,依据村(社区)区域结构特征打造多样化的服务感知体系。问题防控以此由主动发现、被动发现,以及应用人工智能的自动发现等三个渠道反映,再建立服务感知体系,提供精细化、个性化、全方面覆盖的治理和服务系统。一方面,达到对问题的全面认知与掌握,提高问题防控的响应速度和处置效率,使社会资源发挥公共服务供给的社会价值;另一方面,也用于提高公共服务供给的经济性、效率性。

(二)温州智慧网格化管理的实践图景及成效

以温州鹿城区处理、防控新冠疫情为例,智慧网格发挥了治理作用。新冠疫情是新中国成立以来在我国发生的传播速度最快、感染范围最广、防控难度最大的一次重大突发公共卫生事件,也是对我国国家治理体系和社会治理能力的一次严峻考验。鹿城区是温州市的政治经济文化中心,而且周边存有"鞋都"等工业区,具有人口密集、人流量大的区域特征,致使鹿城区在问题防控方面面临诸多挑战。疫情暴发后,面临短时间内整合力量、全力抗击问题,统筹疫情防控、复工复产问题,应急管理体系脆弱、供给不足等问题。为尽快控制问题传播蔓延态势,在区委、区政府统一领导下,鹿城区政法委大力推进智慧网格化管理试点工作,坚持力量、机制、保障"三下沉",发挥问题智能防控作用,将智能治理优势转化为问题防控效能,持续落实精密常态智控,为问题防控阻击战提供有力保障。利用智慧网格,2021年全区共排查 77.49 万户次、249.84 万人次,排查管控发热病人 4231 人次、境外来鹿人员 3124 人,接收湖北返鹿人员 2538 人,其中武汉返鹿人员

862人。对全区2万多个监控点位开展线上巡查,发现的涉疫隐患问题及时防控化解。经过全区居民的共同努力,防控形势发生积极转变,取得阶段性重要成果,实现社会稳定的目标。

1.筑牢基层单元防控防线

充分发挥"大数据＋网格化"阻击作用,全面加强境外来鹿人员、武汉来鹿人员、"红码""黄码"人员、发热人员等重点人群的排查管控,防止问题反弹扩散;推广"安居码",切实抓好流动人口居住、居住房屋出租的登记管理,守牢基层防线;探索实施"健康码＋智安小区"精准管控,有序推进114个智安小区、10个智安公寓建设,打造防疫版智安小区。

2.升级"平安乐巡"平台

建设巡逻防控体系,依托平台,科学设置巡线,精准划定巡逻范围,同步启动春夏季大巡防工作,形成街道、村居、企业多层次巡防队伍,引导群众错时巡逻。优化平台模块,继续与研发公司对接,实现值守力量到岗情况可实时查看;放开路线设置限制,因地制宜,灵活调整巡逻路线。扩大覆盖面,加大与第三方、社会组织合作,发挥社会力量参与作用,尤其将平安创建部门的干部纳入巡逻系统并构建奖惩考核机制。

3.推进"鞋都一码通"工程

基于"大数据＋服务＋社会治理"理念,按照已通过论证的可行性研究报告,开发同源掌上App,持续开发后续项目,包括出租房招租系统、企业招工系统、贡献度系统等子模块,并对项目的深入开发进行公开招投标。进行二轮流动人口数据的非接触式的采集,积极与市委政法委、市大数据局、市人社局等相关部门对接,探索基层端的多场景应用实践,建立更精更密更广的后台数据库。

(三)温州智慧网格化管理的创新实践路径

深化智慧网格管理的实践路径和目标包括:充分整合多元主体和

服务资源,以现代化手段打造管理平台,践行智能化、差异化、精细化的问题常态化管控;通过多视角跨领域研究,完善问题防控机制设计与规划,整合部门网络,细分防控主题、对象,开展多元社会服务项目;根据服务工作内容,科学组织管理队伍,强化问题处理的专业性和及时性;分析城市居民的需求数据,科学建立数据模型,提升问题防控决策的精确性;评估问题防控的执行效果,以信息数据考核服务绩效,保障服务的高质量供给。其中,深化智慧网格服务的三大关键环节和核心内容如下。

1. 推进智慧网格机制设计,实现问题防控智能化管理

智慧网格智能化是实现问题防控和服务供给差异化和精细化的基本前提和客观要求。问题防控和服务供给的差异化和精细化要求必须在机制设计制定普遍适用的电子化平台,通过整合不同部门的数据信息对问题防控和服务供给作出总体规划,包括对社会资源分配和服务供给的数量、类型、配置次序、空间分布、供给评估标准等不同地方的公共服务相关硬性指标进行智能化整合输出,形成一系列设施、财务、人员配置等标准,明确不同单位、部门问题防控和服务供给的职责。智慧网格的智能化功能在防控和服务的整体性治理模式中发挥政府部门间的协调作用,制定自上而下的协同机制,既为地方政府配置应急资源提供科学性、合理性的政策依据,也有利于促进部门间协同合作开展问题治理,实现政府部门、政府—社会之间的协调。智慧网格的智能化还表现在对问题防控各种需求精确地做出响应。相较于前台服务不断扩张,在信息集成、数据挖掘、交互操作技术的支撑下,问题管控系统的后台日趋集中。智能化实现无障碍的问题服务信息交换以及服务系统后台的深度再造。相较于传统网格化管理的流程再造,智慧网格更加注重组织架构与其他部门协作方式的调整,长期效益显著。智能化能促进问题防控按照应急程度的自然顺序而非人为的线型序列来排列流程步骤,以简化中间处理流程,授予管理者权限,发挥每个人在服务流程中的作用,以建立工作流联系网络。

2. 推进智慧网格分区分级,实现问题防控差异化管理

智慧网格差异化是实现问题防控智能化和精细化的前提基础和外在表现。为了进一步发挥智慧网格智能识别和精准服务的作用,必须深化分级分类管理方式。推进差异化防控,需要区分不同地区的风险级别,有针对性地采取防控措施,建立动态调整机制。鹿城区全力打造基层智慧网格化管理模式,在1039个网格基础上进一步细化,分级分类科学管控。一是科学细化网格。例如,鹿城以全科网格、"红色细胞"工程为基础,全面推行社区(村)微网格化管理,以自然地段或相互毗邻楼幢为单元,规模企业单独设置微网格;六小行业入格,已设置微网格7943个,在原2507名网格人员下沉基础上,下派区直单位3610名机关干部下沉网格,发动2万余名微网格员入格守门。城开花苑、温迪锦园物业严格落实管控措施得到省委领导肯定。二是落实"四色管控"。结合疫点地图,探索片格"四色管理",有确诊病例的片格一律定为高风险,进行重点管理,每个疫点封闭小区配备1名片格长、1名指导员、2名网格员、2个民警及1辆警车,广泛发动业委会、志愿者、物业等参与,实行24小时"全日制"、驻点式管理,切实守好门。三是强化制度保障。实行"重要指标+负面清单"片格考评机制,对在问题防控中表现突出的网格员,优先转任专职社工、享受"三岗十八级"待遇,2016年,已转聘12名网格员为专职社区工作者。对8名冲锋在前、表现优秀的村社干部提拔重用,109名村社干部纳入换届后备人选,有效激励一线网格干部。鹿城区实施智慧网格差异化管理,表现为:对于问题较为严重的高风险地区,须采取严格管控措施,对发生问题的社区实行封闭式管理,全面排查密切接触者及相关人员,对确诊病例开展追踪溯源,对密切接触人员实施隔离观察,对人员密集场所暂停营业,全力阻断问题传播链条;中风险地区须采取必要的防控措施,守护好"外防输入、内防反弹"防线,对工作和生活场所采取适度限制措施；低风险地区问题防控的重点是预防输入性病例，可适当放开经济社会活动场所。

3. 推进智慧网格按需服务，实现问题防控的精细化管理

智慧网格差异化是实现问题防控智能化和精细化的前提基础和外在表现。智慧网格精细化是实现问题防控智能化和差异化的目标和手段。精细化是鹿城区政法委针对问题防控和服务供给现状和公众的需求偏好制定管控方式的基础。对于公共服务供给来说，政府部门应深入理解供给目标，契合公共服务的偏好和需求。智慧网格化管理机制提供精细化供给，更能根据问题发展的实际情况将服务供需结合，有利于实现区域间的智能化和差异化的公共服务提供，以需求为导向的精细化管理能够发挥问题防控中社会服务的作用。另外，精细化管理根据地区实际实现分区分类提供公共服务，精细化供给使城市居民特别是危境中的居民提出自身真正诉求，也使其享受到的问题防控和服务供给带来的收益更加有利。同时，智慧网格的精细化管理为不同部门政府职能划分、主体权责、实施单位向社会作出真实、准确、及时的反映，促进鹿城区问题防控、供给状况契合社会大众的偏好表达，避免科层制"垂直管理"结构的行政体制条块化、碎片化管理带来的诸类弊端。例如，政府官员出于业绩考核、职位升迁或区域利益等考虑作为单方面的接受者和实施者，在问题防控和服务供给上往往单方面制定"硬指标"，并以此为依据对基层工作人员进行考核，导致了基层人员疲于兑现指标而无暇考虑公众需求和实际需要，加剧了问题防控和社会服务碎片化状态。因此，智慧网格通过实行精细化供给模式，将问题防控和社会服务的资源配置权、相关财政权、决策权、表达权等由上级政府下放至基层（街道社区），构建问题防控和社会服务领域"自下而上"的需求表达机制，为问题防控常态化管理提供依据和参考。

以习近平同志为核心的党中央高度重视数字化发展，明确提出数

字中国战略。党的十九届五中全会通过的《中共中央关于制定国民经济和社会发展第十四个五年规划和二〇三五年远景目标的建议》,明确提出要"加快数字化发展",并对此作出了系统部署。这是党中央站在战略和全局的高度,科学把握发展规律,着眼实现高质量发展和建设社会主义现代化强国作出的重大战略决策。温州数字化改革、智能化治理正是新时期建设"平安温州"的创新手段和重要方式。

三、提升市域治理现代化建设科学化水平

党的十八大以来,习近平总书记提出完善中国特色社会主义社会治理体系的新理念、新举措,为新时代提升市域治理科学化水平提供重要遵循。2020年,温州作为全国首批试点城市参与市域社会治理现代化创建工作,全市上下抢抓机遇、合力推进,不断完善共建共治共享的社会治理制度,学习和发展新时代"枫桥经验",推进城市综合改革,驱动治理模式转化,努力打造市域社会治理现代化的"温州经验""温州品牌"。

(一)着力打造治理样板城市

党的十九届四中全会明确指出:"建设更高水平的平安中国。要完善正确处理新形势下人民内部矛盾有效机制,完善社会治安防控体系,健全公共安全体制机制,构建基层社会治理新格局,完善国家安全体系。"[1]市域建设与发展要把社会治理作为重大责任和奋斗目标,联合社会各界,从源头破解社会治理的基础性、体制性问题,着力建设人人有责、人人尽责、人人享有的社会治理共同体。2019年12月3日,全国市域社会治理现代化工作会议在京召开。会议提出,要坚持以习近平新时代中国特色社会主义思想为指导,深入学习贯彻党的十九届四中全会精神,勇于开拓、善于创新、攻坚克难,加快推进市域社会治

---

① 《中国共产党第十九届中央委员会第四次全体会议公报》,《人民日报》2019年11月1日。

理现代化,坚持和完善中国特色社会主义制度、推进国家治理体系和治理能力现代化。2020 年 5 月 13 日,温州市召开创建全国市域社会治理现代化试点城市动员会议,提出要对标对表习近平总书记赋予浙江建设"重要窗口"的新目标新定位,紧扣"奋战 1161,奋进 2020"年度工作主题主线,着力建设更高质量更高水平的"平安温州",先行先试打造市域治理现代化的全国样板,加快把温州建设成为社会最安全、治理最高效、群众最满意的城市之一。

(二)温州市域社会治理的目标

温州市域社会治理现代化方案提出,要通过发挥市一级的统筹协调以及资源和技术优势,更为有效地应对城乡区域发展过程中各类新型社会矛盾风险的挑战,从而真正落实以人民为中心的发展思想。

2020 年 5 月,在温州市创建全国市域社会治理现代化试点城市动员会议上,正式发布《温州市创建全国市域社会治理现代化试点城市工作三年行动计划》(以下简称《行动计划》)。《行动计划》提出,2020 年至 2022 年,用三年左右时间把温州高质量高水平创成全国市域社会治理现代化试点城市。《行动计划》围绕打造新时代共建共治共享的社会治理格局,坚持把政治引领贯穿温州市域社会治理全过程,深入开展"基层基础提升年"行动,从源头破解社会治理的基础性、体制性问题。根据《行动计划》,温州市将从完善市域社会治理体制机制、提升市域防控风险与服务群众水平、创新市域社会治理方式手段、彰显市域社会治理特色等四个方面着手,全面开展市域社会治理工作。

根据《行动计划》,温州将以循序渐进、压茬推进的方式,力争取得社会治理一年一个样的成果。到 2020 年底,固根基、扬优势、补短板、强弱项,破解和突破一批社会治理难题和瓶颈。成果包括建设市域社会治理精密智控体系,创建全国社会治安防控体系标准化城市,深化健全"两个健康"先行区创建法治保障体系等。到 2021 年,社会治理体制机制更加健全、结构布局更加科学、方式手段更加精准、区域特色更加鲜明,并探索出一套更加完善、更加成熟的市域社会治理制度体系。到 2022 年,形成一整套可推广可复制的社会治理实践成果、理论成果和制度成果,制度优势转化为治理效能更加凸显,最终推动温州高质量高水平创成全国市域社会治理现代化试点城市。

（三）温州市域科学治理的创新内容

第一,承上启下的枢纽作用:建好四级治理体系的主架构。充分发挥党委总揽全局、协调各方的领导核心作用,打造市、县、乡、村"善治指挥链"。构建市级智慧主平台,统筹治理规划、资源力量、信息平台等,打造全市"数据城池",建立统一指挥、集成作战、专业研判、应急处置的"治理中枢"。打造县域集成综合体,以"最多跑一地"为指标,建立"全生命周期"式的平安综合体,形成诉讼、调解、社会帮扶、心理服务、综治指挥、维稳作战"六位一体"格局,实现群众"走进一个厅,事情全办清"。拧紧镇街源头风险闸,深化以镇街党委政府为责任主体、以"防火""灭火"机制为两大支撑的"一体两翼"基层治理模式,让基层社会风险止于初发、控于源头。筑牢村社服务奠基石,推动自治、法治、德治从乡村走向社区,完善基层协商民主制度,发挥法治保障和德治教化作用,探索推广"平安市民监督团""乡贤治乡"等特色做法,激活每一个治理"细胞"。

第二,以点带面的示范作用:提升社会治理实践的亲民度。与县域相比,市域治理对象更多样、治理问题更典型、治理体系更完备,需要市域层面加强顶层设计、进行宏观指导。与省域相比,市域直面基层一线,直面社会治理各类问题,需要拿出微观层面的操作方案和具体解决办法。真心办好人民群众急、盼、烦的事,让社会治理现代化成为利民、便民、安民的过程。探索高效利民的基层管理体制,深化乡镇（街道）机构改革,试点推进大网格实体化运行机制,让街镇干部、派出所民警、城管执法员、市场监管员等干部进驻网格,推动管理层级下移、干部力量下倾、服务重心下沉。创新智能便民的现代治理方式,坚持"智能化＋市场化＋精细化"，打造"最多跑一次"改革民生版、企业版、海外版，提升物联网管控等创新模式，解决社会治理与百姓密切相关的"最后一纳米"问题。构建综合安民的矛盾化解体系，拓展"大数据＋人民调解"，联动"4＋1"基层人民调解和警调、诉调、检调、交调机制，让更多的问题在乡镇及以下层面得到解决。

第三，以城带乡的引擎作用：打造社会广泛参与的共同体。市域作为城市和农村两种社会形态的结合体，是统筹推进城乡一体化的有效载体。把市域作为完整的治理单元，能够充分发挥城市辐射带动作用，推进城乡一体化、基本公共服务均等化，让治理成效更多、更公平地惠及城乡居民。为了更好地带动城乡一体化发展，温州将打造由社会广泛参与的治理共同体。因而，要创新社会治理共建共享的载体机制，完善社会力量参与治理的渠道方式，切实增强治理活力。要发展社会组织协作治理，积极培育枢纽型、支持型社会组织，健全政府向社会组织购买服务制度，提升社会组织自我监督管理、承接公共服务的能力水平。要激励多元主体助推治理，增强行业协会商会自律功能，推广志愿服务"时间银行"等模式，强化专群结合、群防群治，推进问题联治、工作联动、平安联创。要推动网上网下同步治理，探索数字经济发展与网络空间治理规则制度，完善互联网政法治理服务机制，培育向上向善的网络空间。

第六章　创建人与自然和谐
发展的生态市

　　2005 年 8 月,时任中共浙江省委书记的习近平同志在安吉调研期间提出了"绿水青山就是金山银山"的重要理念。习近平同志指出:"绿水青山可以源源不断地带来金山银山,绿水青山本身就是金山银山,我们种的常青树就是摇钱树,生态优势变成经济优势,形成了一种浑然一体、和谐统一的关系。"①此后,尤其是党的十八大以来,习近平总书记关于"绿水青山就是金山银山"理念的表述不断丰富,体系不断完善,党的十九大首次将"树立和践行绿水青山就是金山银山的理念"写入了中国共产党的党代会报告。2018 年 5 月 18 日至 19 日,全国生态环境保护大会在北京召开,习近平总书记发表重要讲话,对全面加强生态环境保护,坚决打好污染防治攻坚战,作出了系统部署和安排。全国生态环境保护大会确立了习近平生态文明思想,这是标志性、创新性、战略性的重大理论成果,是新时代生态文明建设的根本遵循,为推动生态文明建设提供了思想指引和实践指南。党的二十大报告再次站在人与自然和谐共生的高度谋划生态文明建设,并从加快发展方式绿色转型,深入推进环境污染防治,提升生态系统多样性、稳定性、持续性,积极稳妥推进碳达峰碳中和四个主要方面为推动绿色发展、建设美丽中国指明了方向。

---

　　① 习近平:《干在实处　走在前列——推进浙江新发展的思考与实践》,中共中央党校出版社 2006 年版,第 198 页。

"八八战略"提出以来,温州始终坚持以"绿水青山就是金山银山"的理念作为推进城乡建设的指导思想,聚焦问题短板,强化精准施策,以决战决胜的姿态打好污染防治攻坚战,全力建设集自然美、经济美、城乡美、生活美、人文美于一体的"五美"新温州。温州市在生态文明建设中取得了瞩目的成绩,先后获得了全国文明城市、国家卫生城市、国家园林城市、国家森林城市、全国水生态文明城市、中国气候宜居城市等诸多荣誉,通过了国家环保模范城市的技术评估,成为忠实践行习近平生态文明思想的市域样板之一。

第一节　转变理念,绿水青山就是金山银山

历史和实践证明,生态环境治理不能等到污染严重后才去治理,也不能边污染边治理。习近平同志在福建省工作时,在生态省建设方面有了很多思考和实践,"他也清楚地知道,在经济发展过程中走西方国家那种'先破坏后治理'的老路,是得不偿失的,也是对子孙后代有百害而无一利的"[①]。2005年8月,习近平同志在安吉考察时正式提出"绿水青山就是金山银山"重要理念。2006年,他再次强调指出:"对环境污染和生态破坏问题采取无所作为的消极态度……这种错误认识将使我们不得不重蹈'先污染后治理'或'边污染边治理'的覆辙,最终将使'绿水青山'和'金山银山'都落空。"[②]2017年,党的十九大报告提出要构建以政府为主导、企业为主体、社会组织和公众共同参与的环境治理体系。2018年,《中共中央、国务院关于全面加强生态环境保护坚决打好污染防治攻坚战的意见》进一步明确"改革完善生态环境治理体系",并从生态环境监管体系、生态环境保护经济政策体

---

① 中央党校采访实录编辑室:《习近平在浙江》(下),中共中央党校出版社2021年版,第226页。
② 习近平:《之江新语》,浙江人民出版社2007年版,第223页。

系、生态环境保护法治体系、生态环境保护能力保障体系和生态环境保护社会行动体系等五大方面作出具体部署。党的二十大报告提出了"全面实行排污许可制,健全现代环境治理体系"[①]的论断。当下,生态环境治理体系已成为推进生态文明建设、实现美丽中国目标的重要抓手,对其进行改革完善具有重要的理论与现实意义。温州市在生态保护方面创新了生态治理体系,全市上下努力打造美丽新温州,扎实推进温州生态文明建设的创新实践,为全省乃至全国生态文明建设提供更多温州素材和温州经验。

一、温州自然生态优势

温州的自然生态环境具有得天独厚的优势。市河流发育受地质构造制约,沿华夏式断裂线流向,干流大多由西向东流,又因受纵横断裂影响,支流主要是羽状水系。许多河流左右岸流域面积不对称,如瓯江支流大部分发育在左岸。河流多为山溪性强潮河,源头海拔1000米以上,下游则在滨海平原,河床比降大。上游谷深坡陡,河床呈 V 形,水急滩险。河口为溺谷,深受潮汐影响,水流缓而多泥沙沉积。集水区域的降雨形式以梅雨和台风雨为最多。各河流汛期的出现主要在 6—9 月,而 12 月至次年 1 月水位最低。由于气候温暖湿润,植被保存较好,河流的含沙量较少,南雁荡山区、括苍山区是浙南暴雨中心,暴雨强度大,冲刷能力强。飞云江、鳌江、蒲江等沿河坡地土壤遭受严重冲刷,含沙量高。

温州市濒临东海,有大小河流 150 余条,水资源较丰富。据温州市水利部门估算,全市水资源总量为 141.13 亿立方米,人均占有量约 2240 立方米。在水资源中,地表水资源为 111.85 亿立方米,地下水资源 29.28 亿立方米。由于地质地貌等因素影响,水资源在地区的分布

---

① 习近平:《高举中国特色社会主义伟大旗帜　为全面建设社会主义现代化国家而团结奋斗——在中国共产党第二十次全国代表大会上的报告》,人民出版社 2022 年版,第 51 页。

上并不均衡,其中山地丘陵约 75.04 亿立方米,占全市地表水总量的 67%;东部平原地区约 36.68 亿立方米,占全市地表水总量的 32.8%;而海岛仅占 0.2%。

温州市为中亚热带季风气候区,冬夏季风交替显著,温度适中,四季分明,雨量充沛。年平均气温 17.3—19.4 摄氏度,1 月平均气温 4.9—9.9 摄氏度,7 月平均气温 26.7—29.6 摄氏度。冬无严寒,夏无酷暑。年降水量在 1113—2494 毫米。春夏之交有梅雨,7—9 月有热带气旋,无霜期为 241—326 天。年日照数在 1442—2264 小时。温州市位于中亚热带南缘,有着丰富的植物资源,原始植被是典型阔叶林,组成树种以壳斗科的栲、甜槠、水青冈、桑科的两种榕树、樟科的香樟、山胡椒、润楠,以及多种冬青为主。因受人类活动影响较深,原生林已少见,多为残存的次生林。如在泰顺的乌岩岭、天关山、上佛蝉、罗阳,文成的石蝉、叶胜、金朱、山华,瑞安的奇云、红双,平阳的怀溪、满田,苍南的莒溪,永嘉的四海山等处,尚可见成片的次生林。

温州市已发现各类矿产 38 种,有资源储量的固体矿产 18 种,矿产地 32 处,其中有基础储量的矿产 11 种,分别为钼、铅、锌、银、叶蜡石、明矾石、伊利石、高岭土、硫铁矿、石英闪长岩、钾钠长石等。矿产资源总的特点是以非金属矿产占主导地位,其中明矾石、叶蜡石矿藏量巨大,因此温州素有"世界矾都""世界蜡都"之称。伊利石、花岗岩石材、高岭土、矿泉水和地热资源以及金属矿产中的永嘉石染钼矿在全省也占有重要地位。这些丰富优良的自然生态资源条件,为温州打造"温润之州,山水之城"提供了得天独厚的先天禀赋和物质基础。

二、构建生态治理机制

习近平同志在浙江工作期间,高度重视环境治理,在讨论《浙江省大气污染防治条例(草案)》时,他总结说:"环境保护是我国一项基本国策,功在当代,利在千秋。标准怎么定都应该,花再大代价也值得。

治理环境,不能犹豫,要动真格的,来不得半点虚的。"①党的十八大以后,习近平总书记指出:"只有实行最严格的制度、最严密的法治,才能为生态文明建设提供可靠保障。"②温州市近年来不断加强生态保护司法建设,打造环境监管最严城市,研究制定按日计罚、查封扣押等新措施的执法规范,制定配套措施,探索环境行政执法与刑事司法有效衔接模式,确保新环保法及相关法律法规得到有力实施。不断完善突发性环境事件应急系统,完善市、区县和企业三级环境污染事故应急预案体系,加强对风险信息的收集、分析和研判,提升对突发环境污染事故的应急处置能力。不断强化基层环境监管执法队伍建设,建立健全环境执法协作联动机制,有序整合不同领域、不同部门、不同层次的监管力量,提高环境执法效率。

(一)完善生态环境监管体系

温州以摸清底数为目标,积极开展第二次国家污染源普查试点,"四个四做法""污普＋经普"数据对比法等创新举措得到生态环境部和省委、省政府领导肯定。在底数清晰的情况下,科学编制"三线一单",强化"空间、总量、项目、许可证"一体化管理,深化规划环评、区域环评和总量改革,不断优化绿色发展空间格局。全力推进环评改革,严格落实排污许可制度,推动温州市工业企业环评率从15%提升至近100%。开展重大环境问题发现处置机制改革,有效提升环境监管水平。同时,温州市专项小组成员单位还开展了资源环境承载力与国土空间开发适宜性"双评价"、耕地质量建设调查与档案集成、天然林保护修复、水资源承载力监测预警机制等方面的改革探索,作为生态环境保护的有益补充,都取得了积极成效。

"十一五"期间,温州市委、市政府深入贯彻落实科学发展观和生

① 中央党校采访实录编辑室:《习近平在浙江》(上),中共中央党校出版社2021年版,第255页。
② 中共中央文献研究室编:《习近平关于全面深化改革论述摘编》,中央文献出版社2014年版,第104页。

态文明建设的战略部署，大力开展生态建设，积极推进资源节约与环境保护行动计划，坚决落实节能减排各项政策措施，深入实施"811"环境污染整治行动和"811"环境保护新三年行动，持续加大环保执法监管力度，着力解决突出的环境问题，完成了"811"环境污染整治行动所确定的 18 个省、市严管区和"811"环境保护新三年行动四个方面的污染整治，解决了一批长期积累的区域性、结构性环境污染问题。

"十二五"期间，温州市委、市政府按照建设生态文明的新要求，深入实施生态环境保护"十二五"规划和"811"生态文明建设推进行动，强势推进电镀、化工、印染、造纸、制革、合成革等六大重点污染行业整治，大力开展"五水共治""四边三化"和"三改一拆"行动，强势推进"六城联创"，积极推进农村环境连片整治。加快建设"美丽温州"，生态环保工作取得积极成效，温州市环境质量持续改善，生态环境指数居全省前列。

第一，建立和完善生态环境监管长效管理机制。一是完善环保监管工作体制。过去有些乡镇摊子很大，产业基础很大，如果没有乡镇党委、政府的高度重视，光靠县（市）环保局十来个人去管是不现实的。所以，温州认真研究乡镇基层在环保方面的监管责任和权限问题，不断增强基层工作力量，努力形成"纵向到底、横向到边"的环保工作格局。二是积极推进信息技术在环保监管领域的应用。特别是对一些重点污染源，切实做到在线监控、实时监控。温州市委、市政府持续加大投入，积极推进环保管理的科技进步，建立和完善了监管网络体系。三是树立区域环保的意识。随着经济社会的发展，区域环境在整个生态环境建设中的地位越来越突出，党中央和国务院对此高度重视。2006 年，国务院办公厅下发了《关于开展全国主体功能区规划编制工作的通知》，主体功能区规划除了产业布局，更重要的是对生态环境的评价。因此，温州市委、市政府对一些重点区域全面实行区域环境评价制度。比如，要求龙湾、半岛区域发展先进制造业时，必须事先把环境的本底搞清楚，把这个区域的环境评价包括海洋环境评价搞好。同时,严格实行区域综合管理,特别是鳌江下游、瓯江出海口等区域的海洋生态环境相对比较复杂,必须有一个综合的措施。四是继续加大环保执法力度。针对偷、漏排现象普遍,有法不依、执法不严等情况,温州不断加大执法处罚力度,认真研究环保执法的综合措施,形成生态环境保护的红线和底线意识。

第二,建立健全生态环境监管市场协同体系。习近平同志曾要求,政府要"引导企业切实承担起社会责任……广大企业要自律自重,树立科学经营理念,理顺内外部关系,争做负责任的'企业公民'"①。温州市委、市政府开展了"环保管家"服务改革,2020 年温州市共有"环保管家"服务机构 21 家,覆盖 16 个工业园区,受惠企业 2400 多家,其中瓯海电镀园区"环保管家"入驻后,园区环境违法案件较往年下降了 85.7%,环境安全隐患大幅降低。开展环保中介机构规范化管理改革,构建"1+X"管理模式,专家库建设、信息化平台、行业自律公约等进一步完善,中介市场进一步规范。推进小微危废收集处置平台建设,2020 年纳入服务平台的企业 1400 多家,协助 1300 家企业签订危废处置合同,完成危废转运量 400 多吨,有效破解了小微危废收集处置难问题。推进机动车排放检测机构规范化管理改革,制定排放检验机构积分制管理细则,提高机构服务效率和水平。

第三,建立健全公众参与体系。习近平总书记指出,"人民性是马克思主义的本质属性,党的理论是来自人民、为了人民、造福人民的理论"②。人民是历史的推动者,更是生态文明建设的践行者和推动者。良好的生态环境作为"最公平的公共产品,是最普惠的民生福祉"③,政府必须建立畅通公众参与生态建设的各种渠道。温州市为此积极组

　　①　习近平:《之江新语》,浙江人民出版社 2007 年版,第 251 页。
　　②　习近平:《高举中国特色社会主义伟大旗帜　为全面建设社会主义现代化国家而团结奋斗——在中国共产党第二十次全国代表大会上的报告》,人民出版社 2022 年版,第 19 页。
　　③　中共中央文献研究室编:《习近平关于社会主义生态文明建设论述摘编》,中央文献出版社 2017 年版,第 4 页。

建温州市环保志愿者联合会，动员120个志愿者组织和3万多名环保志愿者参与环境治理，指导永嘉县绿色环保志愿者协会开展"零污染村"试点，推动"民间河长"组织不断充实扩大，打造环保监督管理的有力同盟军。强化"温小宝"融媒体平台建设，守住传统媒体宣传阵地的同时，充分运用"两微一抖"新媒体平台，全方位公开环境信息。加大力度推进环保设施开放，推进生态文明宣教基地和美丽温州体验地建设，整合已创成的207所国家、省级绿色学校，88家省、市级生态文明教育基地，打造南、北两条基地精品路线图，形成135个宣教阵地，构建生态文明教育网络新格局。例如，以"民间河长"为抓手，稳步提升水质和满意度。深化宣传教育，不断凝聚治水合力，通过聘任民间河长、五水共治监督员、企业家河长等形式，引导广大人民群众主动参与到"河长制"中，形成全民参与的治水格局，把公众从旁观者变成环境污染治理的参与者和监督者。2021年《温州市环境状况公报》出炉，温州市区（不包括洞头区，以下同）环境空气质量优良率为98.9%，其他县（市、区）环境空气优良率范围为98.3%—100%。在全市77个地表水市控以上监测断面中，水质达到Ⅰ—Ⅲ类水的断面有56个，占72.7%；满足水环境功能要求断面67个，占87.0%。①

第四，完善监测监控预警体系。温州市积极构建省、市、县三级联网、全天候实时监控的现代化环境质量监测体系，加强生态环境监测监控预警。进一步完善县（市、区）跨行政区河流交接断面水质自动监测系统和重点污染源自动监测监控系统。2015年，温州市全面建成县以上饮用水源地水质自动监测系统，建成全省水土保持监测网络、全省地下水资源监测网络、全省大气复合污染监测预警网络，建立全省湿地、土壤环境质量监测与预警系统，初步建立近岸海域环境和浮标实时监测系统。强化对监测和预警系统设备的检查，确保监测和预

---

① 《2021年温州市环境状况公报》，温州市生态环境局，2022年5月30日，http://sthjj.wenzhou.gov.cn/art/2022/5/30/art_1229561926_58871540.html。

警数据准确可靠。加强环境应急保障体系建设,规范和强化突发环境事件的应急处理工作,加强饮用水源地水质、危险废物、核辐射安全应急保障。加强重大危险源安全监控系统建设,防止危险化学品等重大危险源发生泄漏,破坏生态环境。

(二)健全生态环境保护法治体系

生态文明的建设离不开体制机制的支撑,只有实行最严格的制度、最严密的法治,才能为生态文明建设提供可靠保障。温州市委、市政府践行"绿水青山就是金山银山"重要理念,不断创新和健全生态制度,这些制度和措施为生态文明建设提供了强有力的保障。

第一,建立排污权交易制度。2011年,温州市开始施行《温州市排污权有偿使用和交易试行办法》,对温州市行政区域内化学需氧量、二氧化硫排污权实施有偿使用和交易。为进一步优化环境资源配置深入推进温州市排污权交易工作,规范温州市储备排污权出让电子竞价程序,建立公平、公正、公开的储备排污权出让市场,2016年温州市生态环境局联合温州市行政审批与公共资源交易服务管理中心一同制定了《温州市储备排污权出让电子竞价程序规定(试行)》。排污权的网络竞拍,能够削老量、控新量,通过排污权有偿使用和交易,激发企业的减排热情,倒逼高污染企业进行产业转型升级,最大限度控制污染排放总量。

第二,建立环境污染责任保险制度。环境污染责任保险又称绿色保险,是以企业发生污染事故对第三者造成的损害依法应承担的赔偿责任为标的的保险。污染险是在第二次世界大战以后经济迅速发展、环境问题日益突出的背景下诞生的。2011年12月,温州市出台《温州市环境污染责任保险试点工作实施方案》。按要求,温州市在化工、电镀、印染、造纸、制革、合成革、危废处置等高环境污染风险企业开展环境污染责任保险试点工作。据统计,2013—2016年,温州每年大约有30家企业签订环境污染责任保险,尝试环境责任处置法治化、市场化。

第三,建立生态补偿机制。生态环境保护需要坚持谁损害、谁赔偿原则和谁保护、谁受益原则。前者具体演化为生态环境损害赔偿制度,后者具体演化为生态补偿机制。2008 年 7 月 13 日,温州市出台了《温州市人民政府关于建立生态补偿机制的意见》,明确规定进一步调整优化财政支出结构,加大对生态补偿和生态环境保护的支持力度。各级财政都应逐步建立生态补偿机制,设立生态补偿专项资金。积极探索市场化生态补偿模式,逐步建立政府引导、市场推进、社会参与的生态补偿和建设投融资机制。为了规范生态补偿资金的专项专用,2011 年温州市通过了《温州市生态补偿专项资金使用管理办法》,明确规定温州市将建立生态补偿专项资金,重点支持珊溪(赵山渡)水库和泽雅水库集雨区生态补偿。生态补偿专项资金组成包括:温州市财政预算安排资金 5000 万元;鹿城区、龙湾区、瓯海区财政预算安排资金各 500 万元,共 1500 万元;珊溪水库原水价格中的库区水源保护费、生态补偿费;原水价格中的水资源费返回市财政的部分资金。生态补偿专项资金分配总量根据专项资金收入来源情况一年一定。为了进一步加强温州市级饮用水水源地保护,有效保障水源保护区经济利益,2017 年 1 月 1 日,温州市出台并正式实施《温州市级饮用水水源地保护专项补偿资金管理办法》,明确了专项资金的设立、筹集、分配、使用以及责任与考核。

第四,建立了"三位一体"环境准入制度,编制市县环境功能区规划。温州市委、市政府建立并实施了河长制、交界断面水质和环境空气质量考核制度。深化环评审批制度改革,实行分级、分类、分区域管理,通过抓重放轻,开展重污染行业整治活动,促进产业改造提升,部分项目实行审批备案制,减少审批事项 30% 以上。"十一五"期间,按照"关停淘汰一批、集聚入园一批、规范提升一批"的思路,实施电镀、合成革、化工、造纸、铸造、印染、印刷包装、冶金和建材等行业改造提升,整合重组,建设一批专业化园区,形成区域产业集聚群。"十二五"

期间,继续强势推进电镀、化工、印染、造纸、制革、合成革等六大重点污染行业整治提升,一批行业污染较重的区域环境问题得到有效解决,实现了环境保护与产业发展互促双赢。"十三五"时期,认真实施《温州市重污染行业整治提升三年行动计划(2016—2018年)》,全面推进金属表面处理、线路板、移膜革、皮革后处理、蚀刻、卤制品、铸造等7类行业整治提升工作,淘汰、整合低小散企业,实施入园集聚生产。创新环保监管模式,建立总量指标基本账户制度,建立环保司法、环保公安联动机制和网格化监管机制,苍南县法院率先派驻环保法庭。2015年7月,温州获得地方性立法权,截至2020年共制定了6个条例,其中《温州市市容和环境卫生管理条例》和《温州市城市绿化条例》是关于生态环境保护的地方性条例。生态制度的不断创新和健全为温州践行"绿水青山就是金山银山"理论、推进生态文明建设提供了坚实的制度保障,有利于温州绿色发展的长效化。

第五,严格执法,实现环保法治的"温州力度"。温州市委、市政府对环境违法行为始终坚持零容忍、严打击、重处罚,开展温州市"绿箭"系列环保专项行动、环保公安联合执法月、温州市环境安全隐患专项排查等专项活动,累计取缔非法企业,立案处罚环境违法案件,处罚金额,皆位居全省第一。仅2014年,温州市以"五水共治"和各类专项行动为载体,取缔非法窝点2522个,立案1927件,处罚金额6366.154万元。向公安移送案件284件,刑事拘留495人,约占全国五分之一,居全国地级市之首。温州市各级环保部门紧紧围绕G20环境质量保障、"五水共治"、"大拆大整"等省市重点工作,坚持以"绿箭1号"、百日环保执法、"四无"整治等环保专项执法行动为载体,严厉打击各类环境违法行为。正是温州市委、市政府雷厉风行的环境执法,助力温州生态文明建设取得了显著成绩。

(三)强化生态环境保护能力保障体系

在"美丽中国"目标的指引下,"美丽温州"成为温州人民的美好愿景,对美丽的追求已全面融入高质量发展实践中。"美丽温州"建设是"美丽中国""美丽浙江"建设在温州的生动实践,也是尽快改善生态环境、不断满足人民对美好生活新期待的重大举措,具有重要的战略意义。

第一,形成系统性规划体系。温州市委、市政府高度重视生态文明建设,按照生态市、国家环保模范城乡等创建目标,切实加强生态创建,已经形成系统性规划体系。"美丽温州"建设的规划体系可以较好地指导"美丽温州"建设,形成较好的建设格局,取得较好的建设效果。为了深入实施"八八战略"和"创业富民、创新强省"总战略,牢固树立"绿水青山就是金山银山"重要理念,坚持走绿色发展之路,温州市委、市政府相继出台了《关于围绕"两美"目标推进大都市区建设的实施意见》《温州市深化美丽乡村建设行动计划(2016—2018 年)》《"811"美丽温州建设行动方案》《温州市生态环境保护"十三五"规划》《"美丽温州"建设目标责任考核办法》《温州市高标准打好污染防治攻坚战 高质量推进生态文明示范创建行动实施意见》《深化生态文明示范创建高水平建设新时代美丽温州规划纲要(2020—2035 年)》等一系列政策文件。这些政策文件详细地说明了"美丽温州"建设的指导思想、主要目标、重点任务、保障措施等,系统地形成了"美丽温州"建设的规划体系。

第二,完善环保基础设施布局。一是加大生活污水处理设施建设投入,不断提高城镇污水收集率、处理率、负荷率和达标率,做到温州市生活污水处理厂镇级全覆盖,村级全收集、全处理。提高出水排放标准,加快城镇污水处理厂工艺改造。深化农村生活污水治理,充分发挥城镇污水处理厂的辐射效应,区位条件允许的村庄的生活污水坚持进污水处理厂处理,区位条件不允许的村庄因地制宜选择经济实用、维护简便的生活污水治理工艺,并注重污水处理设施的运行维护,进一步提高农村生活污水处理率。抓好排污管网建设,确保排污管网的畅通和各类排污(水)泵站的正常运行。建立城乡一体化的垃圾分类收运处置体系,使城乡生活垃圾无害化处置率达到100％,加快推进城市生活垃圾分类处理和餐厨废弃物资源化利用、无害化处理工作。加大固体废物、危险废物处置设施建设力度,建成综合性和专业性有机结合的固体废弃物处置网络。加快推进污水处理厂、制革、电镀等污泥无害化处理体系建设,禁止处理不达标的污泥进入耕地,坚决取缔污泥违规堆放,加快污泥资源化处置技术的研发及推广应用,使温州各县以上城市污泥无害化处置率达90％以上。二是推进"大拆大整"专项行动。"大拆大整"以城乡危旧房治理改造、违法建筑拆除等八个方面为主要内容,是推进温州城市转型与产业转型的重要抓手。据统计,2021—2025年,温州市区累计拆除近10000平方公里的"城中村"土地。"大拆大整"专项行动为进一步优化温州城市人居环境奠定了基础。三是"四边三化"全面发力。温州市委、市政府全面开展针对公路边、铁路边、河边、山边等区域的洁化、绿化、美化行动,即"四边三化"行动。以"四边"区域为重点深入推进公路边、铁路边洁化、绿化、美化,以种植绿化和垃圾清理、违法建筑清理、违法广告清理为重点,把交通干线沿线打造成为展示区域形象的景观大道和生态走廊。推进河边洁化、绿化、美化,深入开展万里清水河道建设,加快恢复河道自然生态功能,建立长效保洁管理制度。深化矿山生态环境整治,加快推进废弃矿山生态环境治理与修复,积极推进绿色矿山建设。四是美丽乡村建设深入推进。科学规划是建设社会主义新农村的基础,习近平同志要求规划要"体现江南鱼米之乡、山水浙江的风采特色"①。因此,要加强美丽乡村建设规划,科学布局美丽宜居村庄,充分考虑村庄自然禀赋、山水格局和地域文化,塑造特色鲜明的美丽乡村。温州市委、市政府全面推进农村环境整治,基本实现农村生活污水处理设施全覆盖。温州市还大力发展新兴业态,着力打造农业"两区"升级版、农家乐休闲旅游业升级版和农村电子商务升级版。截至2021年

---

① 习近平:《之江新语》,浙江人民出版社2007年版,第221页。

12月,温州市11个乡镇(街道)被评为省级美丽城镇样板,数量居全省第三;洞头区鹿西乡等43个乡镇(街道)获评省级达标镇,数量居全省第一。①

第三,强化重点领域保护体系。一是切实加大水污染防治力度。2015年4月2日,国务院印发了《水污染防治行动计划》,提出了全面控制污染物排放、推动经济结构转型升级、着力节约保护水资源、强化科技支撑、充分发挥市场机制作用、严格环境执法监管、切实加强水环境管理、全力保障水生态环境安全、明确和落实各方责任以及强化公众参与和社会监督等10项具体要求,与"气十条"(《大气污染防治行动计划》)相对应,《水污染防治行动计划》又被称为"水十条"。2016年4月,浙江省政府正式印发《浙江省水污染防治行动计划》,即浙江地方版"水十条",这意味着浙江省铁腕治水进入"新常态"。2016年8月,温州市发布《温州市水污染防治行动计划》,从10个方面对水污染防治工作提出明确要求,坚持以最严格的环保制度,强化水污染防治工作,全力改善温州水环境质量,俗称温州版"水十条"。从该计划提出到现在,温州市水环境质量明显改善,"水十条"是在"五水共治"基础上的深化提高,"水十条"的出台为"五水共治"提供了法治保障,将治水纳入法治轨道。二是强化森林保护。加强林业建设,优化生态公益林建设布局,提高林分质量,推进森林扩面提质,加强中幼林抚育和林相优化改造,保护珍贵树木和经济林。推进平原绿化,扩大平原地区林木覆盖面积,形成沿海基干林带、海岛防护林、平原农区与城镇防护林、山地丘陵防护林相结合的综合防护林体系。积极推进以生态清洁型小流域建设为主要载体的水土流失治理,构建科学完善的水土流失防治体系。加强生物多样性保护,开展生物物种资源调查和生物多样性评价。三是强化海洋生态保护。推进海洋功能区划的实施和海

---

① 《结果出炉,温州11个镇(街道)获评美丽城镇省级样板》,浙江新闻,2021年12月22日,https://zj.zjol.com.cn/news.html? id=1782268。

岸带生态修复。加强近岸海域污染防治，强化工业、农业、生活等陆源污染整治，严格控制入海排污总量。严格监管涉海工程环境，实施重大涉海工程环境影响评价和跟踪监测。加强滩涂和近海水产养殖污染整治，大力发展海洋生态养殖和碳汇渔业。加强海洋生态环境监测、赤潮灾害预警和海上污染事故应急处置能力建设。开展海洋生物资源、重要港湾及重点海域生态环境修复。开展滨海生态走廊和滨海防护林建设，强化对海洋生物多样性、重要海洋环境和景观的保护。四是加强重要生态功能区域的保护。加强南麂列岛、乌岩岭等自然保护区，雁荡山、楠溪江、百丈漈—飞云湖等风景名胜区，玉苍山、铜铃山、花岩等森林公园，洞头鸟岛、铜盘列岛和西门岛等海洋自然保护区、海洋特别保护区的管理和建设，严格监管开发、建设、保护和利用等各个环节。加强温州生态园、林垟湿地、苍南水乡湿地等重要湿地的保护、治理和修复，建立健全湿地保护管理机制，有效遏制湿地面积萎缩和功能退化趋势。加强珊溪、赵山渡、泽雅、桥墩等温州市9座主要供水水库的水源保护区环境管理，确保县级以上集中式饮用水水源地水质稳定达标，农村生活饮用水水质抽检合格率逐年提升。

第四，实现人与自然和谐共处。人与自然的关系是人类社会最基本的关系。习近平同志指出："人类追求发展的需求和地球资源的有限供给是一对永恒的矛盾"，人与自然和谐相处是一场"社会革命"。[①]三垟湿地和大罗山是大自然赐予温州人民的宝贵财富，集山、水、林、田、湿地于一体，有着优越的区位条件、高品位的风景资源、深厚的文化底蕴、优质的生态农业，是温州城市天然的"绿肺"，是温州东南绿色生态屏障。在一个经济正快速增长的城市中心进行生态空间的规划、管控和保护修复，难度大、挑战大。为此，温州成立温州生态园，以其为主体对其进行生态保护修复，综合实施山水林田湖湿地生态保护和

---

① 习近平：《干在实处　走在前列——推进浙江新发展的思考与实践》，中共中央党校出版社2006年版，第193页。

修复工程,坚持生态惠民,依托现有的生态资源和山水脉络独特风光,让城市融入大自然,让居民望得见山、看得见水、记得住乡愁。温州生态园建设实践,实质是"把人与自然和谐共处作为基本目标"的具体化,是自觉地把生态文明建设成为人与自然和谐共处的成功样板。

三、推动产业绿色转化

(一)深化环境资源产权与价格改革

2006 年 1 月,习近平同志在浙江省人口资源环境工作座谈会上要求,"充分发挥市场机制和经济杠杆的作用,注重运用价格、财税、金融手段促进资源的节约和有效利用"[①]。在资源产权制度与价格改革方面,温州完善了水资源有偿使用制度,健全水资源费标准调整机制,推进水价改革,完善分类水价制度,稳步推进实施居民生活用水阶梯式水价和企业用水超计划累进加价办法。完善城市居民用电阶梯价格制度,严格执行差别电价政策,对超能耗产品实施惩罚性电价政策。全面实施燃煤电厂脱硫电价考核办法,扣减脱硫设施停运期间脱硫电价款。制定燃煤电厂脱硝电价补助政策。进一步完善可再生能源发电和垃圾焚烧发电上网电价政策,激励清洁能源发电。加强清洁发展机制项目建设,探索建立省内碳排放权交易制度。适度稳妥提高污水、垃圾处理费和企业排污费征收标准。完善跨界断面河流水量水质目标考核与生态补偿相结合的办法,健全森林生态效益补偿、饮用水源保护和海洋生态补偿机制,完善自然保护区财政专项补助政策,逐步提高源头地区保护水源的积极性和收益水平。健全生态环境质量综合考评奖惩机制,根据市、县(市、区)年度生态环境质量综合考评指数优劣状况,实施经济奖励或处罚。积极实施排污权有偿使用和交易、企业环境行为信用等级评价、上市企业环保核查、绿色信贷、绿色

---

① 习近平:《干在实处 走在前列——推进浙江新发展的思考与实践》,中共中央党校出版社 2006 年版,第 192 页。

保险、电力(热力)行业烟气脱硝补助等环境经济政策,激励各级政府和市场主体有效配置环境资源,将绿色节能产品优先列入政府采购目录。

(二)完善生态环保投融资机制

把生态环境保护作为公共财政支出的重点领域,充分发挥公共财政在生态环境保护和建设方面的导向作用,保证环保投入增长幅度高于经济增长速度。落实国家有关发展生态经济、改善生态环境、加强资源节约的各项税收优惠政策,积极争取中央预算内资金、国债等各类生态环保建设补助资金,加大对循环经济、清洁生产、节能减排、节地节水节材项目和企业的政策扶持。重大环境保护和生态建设项目要优先纳入国民经济和社会发展规划(计划)及相关投资计划。积极推进绿色信贷,推动林权、排污权抵押贷款增量扩面。创新投融资机制,积极开展生态建设和环境保护项目市场化运作。鼓励和支持社会资金以独资、合资、承包、租赁、股份制、股份合作制、BOT(建设—经营—转让)等不同形式参与生态建设和环境保护事业,积极鼓励和支持有条件的企业通过上市、发行企业债券等资本运作方式筹措资金。按照"政府引导、社会参与、市场运作"原则,积极引导社会资金参与城镇和农村污水处理设施、污水配套管网、垃圾处理设施、污泥处理项目等生态环保基础设施建设和运营。

(三)创新生态环境保护激励约束机制

第一,推行生态消费激励机制。一是推行生态产品的政府采购制度,规定政府机构优先或强制采购绿色生态产品。二是参照美国"湿地补偿银行"制度,强制受益消费者支付补偿费用或赔偿资金。三是借鉴阿里巴巴集团的蚂蚁森林项目、万豪国际酒店集团的热带雨林项目,鼓励引导非直接受益消费者以捐赠、租赁等形式自愿购买生态产品。四是促进知名电商企业建立实施生态产品采购销售策略,广泛设立生态产品销售平台。

第二，完善政府生态购买机制。一是创新生态购买方式。加快界定权属交叉重叠的自然资源资产所有者之间的权责利，进而通过赎买、置换、租赁、改造提升、入股、合作经营、地役权合同和补助等方式丰富土地产权交易体系。对于竞争性较强的公益性生态管护服务，采取合同外包、特许经营等方式竞标购买；对于竞争性较弱的公益性生态产品生产和生态工程建设服务，通过委托、战略合作、经济补助、凭单制、社会效益债券等方式定向购买。二是推动差别化的生态购买价格政策。依据地方财政实际、区域经济发展水平、市场供求情况以及不同类型、质量和功能的生态服务供给成本等综合因素，采取"招拍挂"、谈判、协商等竞争方式形成差别化生态购买价格。

第三，创建自然资源利用的约束机制。一是落实严格的国土空间规划用途管制制度。以流域为单位编制国土空间规划，对所有国土空间分区分类实施用途管控。二是建立健全自然资源干部离任审计制度。将生态产品纳入自然资源干部政绩考核，并与生态产品开发利用配额指标相挂钩，对干部实行自然资源干部离任审计。三是持续推进生态信用制度体系。探索建设生态信用工程，推广生态信用正负面清单、个人生态信用积分、生态信用指数，完善生态信用激励与奖惩机制。

（四）培育市场运作体系

第一，优化市场交易机制。"生态环境是资源，是资产，是潜在的发展优势和效益。"[①]一是科学评估生态产品价值。分类分级界定生态产品对象，准确评估生态产品的实物量、功能量和价值量；建立统一规范的生态产品评价定价制度。二是合理规定排放基数。采用总量制定法、历史排放数据法科学设置排放总量，采取免费分配、逐步拍卖的方式合理确定排污权、碳排放权、用能权和用水权的初始分配方案。

---

① 习近平：《干在实处　走在前列——推进浙江新发展的思考与实践》，中共中央党校出版社2006年版，第190页。

三是设置三级交易市场。引入社会投资主体,建立二级市场;积极拓宽融资渠道,打开三级市场,实现生态产品价值由抽象到具象。

第二,创新绿色金融服务。一是深化绿色信贷,创新贷款贴息、融资担保、生态授信的"生态贷"等金融扶持政策。二是鼓励绿色风投,促进生态产品项目融资,探索建立社会资本主导的生态系统服务投资基金。三是发展生态证券,合理引导技术创新、管理规范的生态产品生产经营企业上市交易。四是发展生态保险,探索实行生态环境污染破坏强制责任保险制度。

第三,深化全域旅游发展。统筹协调全域全要素,推动与丽水国家公园的全域联动发展,打造瓯江绿道"升级版",打造瓯江山水诗之路"实景版",打响乡村旅游品牌。唱响"山字经""水字经",探索康复医院进森林试点,深化疗休养区域协作,推动水经济项目落地,大力发展赛事经济。全力打造生产性服务业集聚区,推动现代服务业与先进制造业深度融合;建设消费集聚区,打造特色街区,推进生活性服务业主客共享品质化发展。

习近平同志曾指出:"让良好生态环境成为人民生活的增长点、成为展现我国良好形象的发力点,让老百姓呼吸上新鲜的空气、喝上干净的水、吃上放心的食物、生活在宜居的环境中、切实感受到经济发展带来的实实在在的环境效益,让中华大地天更蓝、山更绿、水更清、环境更优美,走向生态文明新时代。"[①]通过多年努力,温州的生态建设取得了长足的进步,为新时期温州高质量发展提供了坚实的生态屏障和强劲的绿色动力。

---

① 中共中央文献研究室编:《习近平关于社会主义生态文明建设论述摘编》,中央文献出版社2017年版,第33页。

第二节　全面动员，打好污染防治攻坚战

只有建设天蓝地绿水净的自然生态环境，才能为人类的生存发展创造良好的生存空间。在浙江工作期间，习近平同志高度重视生态建设，他指出："抓生态省建设，是我省落实科学发展观的重要体现，就是要追求人与自然的和谐相处，就是要实现经济发展和生态建设的双赢。"[①]党的十八大以来，习近平总书记在多个场合提出要加强生态环境保护，为子孙后代留下天蓝地绿水净的生产生活环境。习近平总书记在 2014 年国际工程科技大会上发表主旨演讲时指出："加大自然生态系统和环境保护力度，着力解决雾霾等一系列问题，努力建设天蓝地绿水净的美丽中国。"[②]2015 年 5 月 6 日对外发布的《中共中央、国务院关于加快推进生态文明建设的意见》指出："加快建设美丽中国，使蓝天常在、青山常在、绿水常在，实现中华民族永续发展。"[③]环境问题与民生息息相关，习近平总书记指出"环境就是民生，青山就是美丽，蓝天也是幸福"[④]。可以说，拥有天蓝地绿水净的自然生态环境是美丽中国建设的首要目标，也是温州全盘统筹、全面动员，坚决打赢蓝天保卫战、碧水保卫战、净土保卫战，落实"六城联创""五水共治""四边三化""大拆大整""大建大美"的美丽城市名片的重要目标，是推进建设新时代美丽温州和碳达峰碳中和工作的必然选择。

为了打好污染防治攻坚战，回应老百姓对蓝天白云的热切期盼，满足温州市民对日益增长的优美生态环境的需要，温州市委、市政府

①　习近平：《之江新语》，浙江人民出版社 2007 年版，第 44 页。
②　《让工程科技造福人类、创造未来》，《人民日报》2014 年 6 月 4 日。
③　《中共中央、国务院关于加快推进生态文明建设的意见》，《人民日报》2015 年 5 月 6 日。
④　中共中央文献研究室编：《习近平关于社会主义生态文明建设论述摘编》，中央文献出版社 2017 年版，第 8 页。

深入学习贯彻习近平生态文明思想和重要讲话精神,牢固树立和践行
"绿水青山就是金山银山"理念,坚定不移走生态优先、绿色发展之路,
采取了最为严厉的措施,用铁腕全力打好污染防治攻坚战,打造出生
态文明建设的温州样板,顺应了经济社会发展规律,回应了广大人民
群众的所想、所盼、所急。在长期不懈的努力下,温州市区环境空气质
量指数(AQI)优良率从 2013 年的 68.8% 提高到 2020 年的 97.0%,位
居全省第 3,温州市 PM2.5 平均浓度达到 26 微克/米³,较 2013 年下
降 55.2%,并于 2019 年入选中国气候宜居城市。2020 年,浙江省委
组织部、统计局、发改委、生态环境厅四部门联合发布《2019 年浙江省
生态文明建设年度评价结果公报》,其中,温州绿色发展指数为 80.37,
全省排名第 2,连续 4 年持续提升。

一、坚决打赢蓝天保卫战

民之所盼,政之所向。党的二十大报告指出:"推进美丽中国建
设,坚持山水林田湖草沙一体化保护和系统治理,统筹产业结构调整、
污染治理、生态保护、应对气候变化,协同推进降碳、减污、扩绿、增长,
推进生态优先、节约集约、绿色低碳发展。"[①]从过去的"打好蓝天保卫
战"到现在的"打赢蓝天保卫战",表述虽仅一字之变,但让为呼吸而战
的人们备受鼓舞,也让百姓充满期待。当守住蓝天白云、享受明媚阳
光成为群众的共同期盼,治理大气污染自然成为回应群众诉求的头等
大事。从保障和改善民生的角度讲,治理大气污染就是改善人民群众
生活质量的基本内容,把大气污染防治攻坚战作为一项重要和迫切的
民生工程来抓,是满足人民群众对美好生活的向往的应有之义。

第一,强化领导,落实责任不手软。落实的关键在领导,领导的关
键在责任。早在 2005 年,习近平同志就要求领导干部必须做到"守土

[①] 习近平:《高举中国特色社会主义伟大旗帜　为全面建设社会主义现代化国家而团结奋
斗——在中国共产党第二十次全国代表大会上的报告》,人民出版社 2022 年版,第 50 页。

有责"，他指出："我们作为共产党的领导干部，更应有强烈的责任感，明白责任，敢于负责，保一方平安，强一方经济，富一方百姓，真正做到守土有责。"①温州各县（市、区）党政"一把手"是生态建设的第一责任人，必须对生态建设、对环境污染整治工作负全责。温州市政府和各县（市、区）签订目标责任书，目的就是给各地加压力、增动力，形成一级抓一级、一级对一级负责的格局。这份责任书，就是一份郑重的承诺，就是一份沉甸甸的责任。落实责任书确定的各项目标任务，不讲百分比，更没有弹性，各地对照目标想责任，对照要求明确措施，对照任务狠抓落实。有责任制就要有问责制。对完不成任务的，严格实行"一票否决"。对环保工作重视不够、整治不力的，以及渎职失职造成生态环境破坏事故、酿成群体性事件的，严格按规定追究责任。落实责任，普遍的做法是"两条线"管理：一条是以块为单位，分块负责，指标分解到各县（市、区），各地认真研究，不折不扣地抓好落实；另一条是对重点企业实行单列管理，落实到点上，落实到企业。

第二，坚定不移，坚决打好整治硬仗。2020年，温州深入开展多轮重点行业环境污染整治，累计关停淘汰企业9471家，集聚入园1505家，规范提升6206家。加快挥发性有机物（VOCs）污染治理，完成了炼化与化工、涂装、制鞋、合成革等行业455家企业的VOCs污染治理。完成3476家大气污染工业园企业清单调查，建立温州市大气污染源清单数据库。大力推进涉气重点区域专项整治，龙湾区全面启动浙南科技城建设，对区域内涉气企业实施关停搬迁。鹿城区完成制鞋行业专项整治提升工作，对量大面广的制鞋企业实施集中改造。

第三，精准施策，大力推进四大结构调整。能源结构调整方面，推进能源结构调整优化。严格控制煤炭消费总量，推进热电联产改造、区域集中供热改造、分散锅炉淘汰及清洁能源替代等控制煤炭消费三大工程，累计淘汰35蒸吨/时以下燃煤锅炉5935台。2019年温州市

---

① 习近平：《之江新语》，浙江人民出版社2007年版，第115页。

规上煤炭消费总量(不含统调电厂)比2003年已累计下降43.4%。大力推动天然气、生物质能、风力、太阳能、核能等清洁能源项目开发利用。实施低硫、低灰分配煤工程,推进煤炭清洁化利用,洁净煤使用率超过90%。

产业结构调整方面,深化工业行业废气治理。推进现役燃煤发电机组超低排放技术改造,温州市4家电厂12台机组均实现了废气超低排放。开展重点行业领域废气清洁排放改造,共完成6台35蒸吨/时以上燃煤锅炉超低排放改造、192台燃气锅炉低氮改造、52台生物质锅炉超低排放改造、22家再生金属工业企业废气提标改造、2条玻璃生产线和1条水泥企业废气清洁排放改造。

交通运输结构调整方面,开展车、油、路协同控制,全面落实新注册登记车辆和转入车辆国Ⅴ准入标准,加快推进城区新增和更新公交车新能源或清洁能源替代,全面划定高排放非道路移动机械禁止使用区域。2019年,温州市新增淘汰黄标车和老旧车超过13.7万辆。全面完成加油站、储油库、油罐车油气回收改造,全面供应国Ⅵ标准车用汽柴油。

用地结构调整方面,加强城乡扬尘整治,组织修订《温州市扬尘防治管理办法》,制定房建、交通、保洁、矿山领域扬尘防治技术指南,形成"1+4"工作体系。加大城市道路机械化清扫作业投入,提高机械化清扫率,在温州市建成区主次干道实施重点清洗作业,市区道路机械化清扫率达到70%。加强餐饮业油烟治理,温州市已完成有排污许可证的餐饮企业油烟污染整治,并建立了定期清洗和长效监管制度。积极推进农作物秸秆综合利用,2020年度温州市秸秆利用率超过95%。

二、着力打好碧水保卫战

2005年,时任中共浙江省委书记的习近平就提出,要"在抓好安全饮水、科学调水、有效节水、治理污水等'四水'工程的同时,全面贯彻落实提高水资源费和推进水价改革的政策,积极推行用水定额管理,超用量加价,更好地发挥经济杠杆对节水的作用"[1]。水污染防治是解决老百姓身边突出环境问题、提高人民群众美好生活获得感的重要方面,是涉及民生的头等大事。水系生态保护工程,是践行以人民为中心的发展思想、满足群众美好生活需要的民心工程,对于改善温州市水生态环境、提升城市形象意义重大。温州市各地各单位认真贯彻落实中央、省、市的决策部署,依托城镇水污染生态治理技术国家地方联合工程研究中心、温州市海洋生态与藻类研究院以及相关高校、科研院所、技术公司,持续深化"五水共治",全力推进剿灭劣 V 类水工作,取得了显著成效。

(一)提高政治站位,加强统筹协调

全力以赴推动河道整治、景观绿化、配套建设等工程提速提质提效,精心打造蓝绿交织、水城共融的生态美景,进一步提升温州市生态建设水平,造福广大人民群众。温州是名副其实的水乡,水环境与人民群众的生产生活关系密切。水搞好了是"水利",水搞不好是"水害"。过去讲"水害"主要是洪涝灾害,现在看来如果水环境的质量问题不解决好,"水害"更严重。洪涝灾害还只是汛期特定的几天会发生,如果是水质量很差的水系,是全年 365 天每天都会给人民群众的生活带来不便甚至给身体带来伤害。温州市各级各有关部门深入学习并践行党中央和省委、省政府的要求,进一步理解水生生态文明建设的重要性,着眼长远,立足当前,扎实工作,稳步推进,坚决把排污工作落实到位,把水质生态建设摆到科学发展、构建和谐社会和事关全局发展的高度来认识。温州市各级党委、政府和各级领导干部应切实增强生态建设和水生生态保护意识,变被动为主动,一以贯之、下决心整治水污染。努力做到水质有保证、景观有提升、管理有水平、发展有

① 习近平:《干在实处　走在前列——推进浙江新发展的思考与实践》,中共中央党校出版社 2006 年版,第 197 页。

带动,切实改善水质,构建美丽河道,实现"生态宜居梦"。

第一,守牢生态保护底线,提升美丽温州建设的系统化、规范化、科学化水平。强化"山水林田湖草是生命共同体"的理念,遵循自然规律、经济规律,严守生态保护红线、环境质量底线、资源利用上线,落实好最严格生态保护制度,实施好生态保护提升工程,筑牢生态安全屏障。

第二,强化水源地环境保护,完善环保设施布局。总体上,在掌握全域污染源的总量、增量、变量的基础上,科学谋划配套项目,提高智能管理水平、资源配置能力,做到精准配置、高效利用,实现减量控量、效益最优。把提升城镇污水处理厂"三率"(负荷率、处理率、达标率)水平摆上突出位置,下大力气实施排水管网整治行动,努力构建"一城一网一主体"的运维体制。同时,创建污水零直排区,强化规划引领,做到终端设施、管网、源头"三位一体"综合谋划、统筹推进。强化资源整合,紧密结合"精建精美"、浙江省"大花园"建设行动、"诗画浙江"等专项工作,做到整体布局、合力推进,避免各自为政、推诿扯皮。强化严格监管,在建好硬件设施的同时,严格执法、严格管理,确保发挥效用,杜绝污水直排。

第三,加大投入力度,加强环保基础设施建设。紧紧围绕做优做活水文章,发扬连续作战、攻坚克难的优良作风,紧盯时间节点,优化施工方案,细化工作任务,切实保障工程质量,确保工程高效率推进、高质量完成。统筹推进河道治理、水系连通等,进一步改善水环境、修复水生态,让水蓄起来、活起来、净起来,提升水资源综合利用水平。为生态文明建设、打造"美丽浙南水乡"创造水优势。重点是加强塘河沿岸污水处理厂及配套管网建设,加快建设温州市区东、西片污水主干管和西片污水处理厂,加大截污纳管力度,提高主城区污水收集处理率。积极贯彻落实浙江省温州市五水共治"碧水"行动决策部署,以水质改善提升为目标,以"污水零直排区""美丽河湖"创建为抓手,深度排查环保基础设施建设滞后、污水垃圾处置能力不足的问题,深入反思制度落实不到位、排查治理不到位、工作运行不到位的原因，标本兼治解决顽疾。

（二）全民参与，社会共治共享

第一，以全民参与为手段，不断凝聚治水合力。一是加强生态文明宣传教育，努力营造"生态建设、环境保护人人有责"的良好氛围。生态环境建设事关广大群众的利益，没有浓厚的氛围，没有老百姓的参与，这项工作是很难抓好的。为此，由温州市委宣传部牵头，作为学习贯彻党的十九大精神、落实习近平总书记倡导的生态文明建设具体举措，在温州市范围内大力营造生态环境建设的良好氛围，增强全社会"保护生态环境、整治污染光荣，污染环境、破坏生态就是对他人利益的侵害、就是对社会的不负责任、就是不道德的行为"的意识。二是强化公众参与环保共建，多次开展公众参与活动，包括"五水共治"排污口排摸、二污普体验、体验鹿城审批零跑、体验美丽温州示范建设成果、环保执法体验等。三是做好生态文明教育示范基地开放接待，形成集群效应，推动环境教育工作。对外开放临江垃圾焚烧发电厂、岛中岛生态园、东瓯智库、水心第二小学、大自然家园社区等生态文明教育基地。加强环保志愿者队伍建设，每月开展"河小二"助力治水活动和垃圾分类主题活动。同时，充分运用媒体优势，发动各街镇社区、民间团体、志愿服务组织开展生态文化宣传活动，如"6·5 世界环境日系列活动"，《美丽鹿城、环保先行》专题片展播，"二污普宣传""我与绿色有约"志愿活动，街镇生态环保墙报专刊比赛等。通过微信、微博等社交平台，推送生态文明相关宣传内容，引导民众在媒体上发出声音。

第二，高标准推进河（湖）长制落实。严格实施"一河（湖）一策一档"，压实河长、湖长责任，以推动河（湖）长制"有名""有实"为主线，通过立规矩、固基础、建机制、强督查、求创新，不断推进河湖治理体系和治理能力现代化，确保水质有效提升。通过聘任民间河（湖）长、"五水共治"监督员、企业家河（湖）长等形式，引导广大人民群众主动参与到

"河(湖)长制"中,形成全民参与的治水格局。温州市涌现了"南塘大妈护河队"、七都仰义企业家河长、鹿城区环保志愿者协会等一批民间河(湖)长典范。

三、扎实推进净土保卫战

土地利用与社会经济的物质和能量流的紧密关系表现在:从环境中开采物质和能源需要土地,基础设施的建设需要土地,以及经济社会活动需要物质和能源的运输、储存、转换、消费以及废弃物的处置。然而在温州市各领域环境治理中,治土基础最为薄弱。对此,温州市专项小组成员单位开展了资源环境承载力与国土空间开发适宜性"双评价",耕地质量建设调查与档案集成,天然林保护修复,作为生态环境保护的有益补充,都取得了积极成效。

(一)加强土地集约利用,优化布局

早在 2004 年,习近平同志就曾一针见血地指出浙江的土地省情,"土地要素制约是我省一个硬制约⋯⋯不要以为'躲得了初一,十五就好过了'⋯⋯事实明摆着,我们浙江就这么一点地"[①]。温州的情况尤甚,建设用地利用综合分值排在全省倒数第一,粗放的土地利用带来了巨大的环境压力。2011 年启动的破难攻坚七大行动中,拆围墙和拆违章等工作进展比较顺利,但转而未供土地供地进展不理想。特别是已围土地空置率过高成为督察组反馈的一个重点整改问题。其中既有自身招商引资力度不大、质量不高的问题,更有指标、审批、生态、监管等方面的一系列难题。所以,温州市一方面加大对优质项目招引力度和落地建设速度,另一方面积极向国家争取"综合开发试点",目的是解决已围垦土地的集约高效利用问题。温州按照建设生态型、组团型、时尚型、智慧型大都市的要求,对温州建设大都市的规模结构、

---

① 习近平:《之江新语》,浙江人民出版社 2007 年版,第 89 页。

空间布局、产业发展、城乡建设、资源利用、环境保护等进行科学规划，实施空间分级分类管控，从规划源头统筹人口、经济、资源环境协调发展，切实增强温州大都市的生态涵养功能和环境支撑能力。

一是优化城乡生态布局，加快温中平原生态区、温西山地生态区、温东海洋岛屿生态区三个生态功能片区建设，打造瓯江、飞云江、鳌江三大生态廊道，把中央绿轴公园、三垟湿地、滨江商务区等亮点区块打造成亮丽的城市中轴线，适度保持城郊原野风光和城际之间过渡空地，形成疏密有致的城乡生态布局。

二是优化产业规划布局，积极引导各地立足区域环境资源禀赋发展优势产业，逐步形成温州东部滨海海洋型产业带、西部山区生态型产业带和中部平原城市型产业带联动发展格局。

三是调整优化永久基本农田布局。调整优化永久基本农田布局，确保依法确定的基本农田严格管控，不被占用开发。2022 年，温州市鹿城区共认定、提升、建设高标准基本农田 340 公顷，主要分布在西部藤桥镇内土层深厚、适宜农耕的区块；高标准基本农田及粮食功能区范围内优质耕地划入永久基本农田。将质量等级相对较差及连片性差的耕地、25 度以上的耕地、非耕地地块已经办理农转用手续的耕地、"十三五"发展所需要的耕地予以调出。

四是引导建设用地节约集约利用。结合历史文化名城创建，以鹿城中心保留完好的"斗城"为载体，通过功能置换和连片更新，保留和重现温州古城"北斗七星"规划布局，新增一批城市商业空间、都市休闲空间和众创空间，改善旧城区居住条件，让老城区焕发新的发展活力。围绕时尚产业、现代服务业、创新创业、对外开放等重点领域，谋划和推进一批重大平台，重点建设环五马千亿级时尚商圈、温州鹿城轻工产业园区、"中国鞋都"时尚智造圈三大产业平台，培育滨江商务区金融集聚区、鹿城时尚信息产业集聚区、南汇汽车文化与商贸集聚区、塘河时尚都市休闲新区、吴桥健康产业集聚区等五大主题集聚平台。

(二)开展土壤污染治理,净化土地

在农用地方面,温州市开展了农用地土壤超标点位"对账销号"行动,组织各地按照"核实、控源、管控"三步法,采取加密监测、隔断污染来源、管控土壤和农产品风险等措施,不仅切实降低土壤污染对食用农产品的影响,更为地方党委和政府推动土壤污染防治提供抓手,2020 年已完成浙江省治土办下达的 44 个点位销号任务。根据《关于调整受污染耕地安全利用和严格管控任务的通知》(浙政办函〔2020〕6号)的要求,已全面下达任务至污染耕地严格管控区所在的县(市、区),对温州市污染耕地严格管控区 162 亩水稻种植区域进行前期抽样检查,根据检测结果,对指标超标区域进行种植销毁或由镇政府统一收购,作为非粮食用途使用。同时禁止该区域来年种植水稻,进行种植结构调整,合理下达安全利用任务。对已经完成种植结构调整的917.19 亩范围,继续加强监管,严禁种植水稻。对照温州市任务面积,1729.48 亩污染耕地严格管控措施到位完成率已达 100%。经检测,温州市受污染耕地安全利用率达 95.79%。

在建设用地方面,依法推进建设用地土壤污染状况调查,完善风险评估、风险管控和修复流程。进一步健全与自然资源、住建等部门的联动监管机制,强化污染地块安全利用,推进温州市土壤环境质量数据库建设。经调查,温州市确定非污染地块 66 个,累计形成污染地块 30 个,相关材料已上传至全国污染地块土壤环境管理系统,并通报自然资源管理部门。督促开展污染地块修复,加强监管,2020 年温州市污染地块安全利用率为 100%。2018 年和 2019 年温州市列入省政府考核的重点土壤污染治理修复项目共 8 个,均已完成修复,分别完成污染土壤修复量近 16.04 万立方米,污染地下水治理的量约 3.2 万立方米。截至 2020 年,温州市 30 个污染地块中的 18 个已完成治理修复,为城市建设提供"净地"60 万平方米。

"十四五"时期是在高水平建成小康社会基础上开启社会主义现

代化强国建设新征程的第一个五年规划期,也是温州市巩固提升污染防治攻坚战成果、加快推进美丽温州建设的关键期。温州市全面总结"十三五"生态环境保护成效经验,深入分析研判"十四五"时期生态环境保护面临的时代背景和总体形势,围绕巩固提升蓝天、碧水、净土、清废攻坚战成果,深化海洋污染防治,低碳发展,提升环境治理能力等重点领域,推进温州市生态环境保护工作,持续让温州蓝天永驻、青山常在、绿水长流。

第三节　统筹协调,展示生态文明重要窗口

作为中国民营经济的先发地区与改革开放的前沿阵地,温州在改革开放初期经济快速发展,人民生活水平得到了极大提高,然而粗放的经济发展方式同时也让当地付出了沉重的环境代价。面对发展困境,温州以"绿水青山就是金山银山"实践创新基地创建为载体,按照"创建全覆盖"的工作目标,实施"绿水青山就是金山银山"和生态示范创建提质扩面行动。温州市相继获得国家森林城市、国家环保模范城市、全国水生态文明城市、中国气候宜居城市等荣誉。洞头区获评"绿水青山就是金山银山"实践创新基地,泰顺县、永嘉县获评国家生态文明建设示范县,鹿城区、洞头区、文成县、泰顺县、永嘉县获评省级生态文明建设示范县。温州市委、市政府以生态示范市创建为抓手,在奋力推动生态文明的"重要窗口"建设方面写下了浓墨重彩的崭新篇章。

一、倡导生态文化,形成人与自然和谐发展

习近平同志强调:"生态文化的核心应该是一种行为准则、一种价值理念。我们衡量生态文化是否在全社会扎根,就是要看这种行为准

则和价值理念是否自觉体现在社会生产生活的方方面面。"①他还指出："生态兴则文明兴,生态衰则文明衰。"②生态环境是人类生存发展的基础。生态环境没有替代品,用之不觉,失之难存。生态文明建设的核心要义就是尊重自然、顺应自然、保护自然,实现人与自然和谐共生。自古以来,中华民族就推崇"天人合一、道法自然";温州传统文化中也有"生态"基因,5000多年前的瓯越先民就在此生活,开创了耕读文化、山水文化、田园文化。我们要汲取古人智慧,遵循自然规律和经济规律,把生态文明价值观贯穿于经济社会发展各方面,努力探索一条人口、资源、环境与经济社会相协调的发展之路。

　　生态文化是关于人与自然和谐相处、协同发展的新型文化,反映了人对自然改造的态度和价值取向。推进绿色发展,建设生态文明,建设美丽温州,需要构建适合温州地区的生态文化体系。党的十八大以来,以习近平同志为核心的党中央高度重视生态文化培育工作,多次强调要增强生态文明意识,牢固树立和全面践行"绿水青山就是金山银山"的理念。习近平总书记在2018年全国生态环境保护大会上强调,"加快构建生态文明体系。加快解决历史交汇期的生态环境问题,必须加快建立健全以生态价值观念为准则的生态文化体系"③。为此,温州市委、市政府不断加强生态文化建设,不断完善生态价值理念。在环境保护方面,温州要注重传承温州优秀传统文化,深入挖掘瓯越传统文化中的生态理念和生态思想,逐步形成具有温州特色的生态文化体系。

　　温州市委、市政府坚持人与自然和谐发展,坚持把保护优先、节约优先、自然恢复作为基本方针,把绿色化发展作为基本途径,不断优化生态环境,着力提升生态功能,积极培育生态文化,大力发展生态经济,不断提高人民群众生活品质,加快推进生态市建设,努力建设宜

① 习近平:《之江新语》,浙江人民出版社2007年版,第48页。
② 《生态兴则文明兴——推进生态建设打造"绿色浙江"》,《浙江日报》2003年7月3日。
③ 习近平:《推动我国生态文明建设迈上新台阶》,《求是》2019年第3期。

居、宜业、宜游的美丽温州。2015 年 8 月 24 日，温州市委、市政府出台《关于实施生态化战略的决定》，部署了温州市生态化战略的总体要求，提出到 2020 年，温州市符合主体功能定位的开发格局全面形成，产业结构更趋合理，资源利用效率大幅提升，区域主要污染物排放总量实现下降，环境基础设施不断完善，人居环境明显改善，城市空气质量达到二级标准以上的天数比例不低于 75%；主要江河水系、近岸流域水质有效改善，地表水劣 V 类水质基本消除；土壤环境趋于好转；森林覆盖率超过 62%；城镇人均公园绿地面积不低于 15 米²/人；县以上城市污水处理率达到 95% 以上，垃圾无害化处理率保持 100%；达到生态文明理念进一步树立、生态文明制度体系进一步健全、生态文明建设水平进一步提升的主要目标。这离不开"绿水青山就是金山银山"文化意蕴的浸润与引导。为此，温州市委、市政府提出生态化战略重要任务，其中包括加强丰富多元的生态文化主流价值观建设。

一是要着重开展生态文化基础研究。树立生态理念引领地位，弘扬生态文明主流价值观，推进生态文化系统建设，深入开展温州传统地域文化中生态保护思想的现代应用研究，逐步形成既有历史传承，又有现代活力的温州特色生态文化体系。要建立和完善生态文化宣教体系，开展结合"浙江生态日""环境日"等重要时节的纪念活动，弘扬生态人文精神，增强公民法治观念。2017 年，温州市开展了第一批"美丽温州"示范项目创建"互学互比"活动，初步呈现一批"美丽温州"建设亮点。

发展生态文化产业，丰富生态文化艺术创作，满足公众对生态文化的新需求。要坚持生态优先、绿色发展路线，推进生态保护与产业培育深度融合，打造全新的生态体验式消费模式。加强对古村落、古民居等乡土文化载体的抢救保护，修复挖掘和弘扬具有温州时代印迹和地域特色的传统建筑和乡土文化，大力弘扬生态文化。温州市委、市政府打造为城市居民提供生态体验的文旅产业，利用旧村拆迁腾出的空间规划布置瓯越风情街、禅养村等生态型项目。温州市还重点开展旅游设施建设、文旅产业开发培育、新基建等工作，在西入口、北入口及南仙堤已建设了 2.4 万平方米的配套设施，逐步实现以基础设施建设为抓手、文旅产业开发培育为载体、规范运营管理为保障、文旅活动开展及推广为牵引、加强新基建为支撑力的工作目标，全力推进生态园文旅产业高质量发展。

二是要积极开展生态文化宣传普及。习近平同志在浙江工作期间就曾经指出："建设生态省、打造'绿色浙江'，必须建立在广大群众普遍认同和自觉自为的基础之上。"①温州市在实践中，着力建立完善生态文化宣教体系，将生态文明列入各级党委中心组、党校（行政学院）的学习内容，加大对党员干部的生态文明教育；把生态文明教育作为素质教育的重要内容，提高全民生态文明素养。培育生态文化载体，加快建设生态环境教育示范基地、生态旅游示范区、绿色家庭等绿色细胞工程，为广大公众提供一批生动直观、特色鲜明、功能多样的生态文化宣教平台。加大生态文明宣传引导力度，广泛宣传先进示范典型，结合世界环境日、世界水日、地球日、低碳日等主题纪念日，认真做好宣传推广，逐步提高公众生态价值意识、生态道德意识、生态责任意识，加快推动生活方式和消费模式向勤俭节约、绿色低碳、文明健康的方向转变。

三是要着力推进公众参与生态环保。加强政府和企事业单位的环境信息公开，拓宽公众表达渠道，健全政府、企业、公众三方对话机制，支持公众多形式参与环境决策、管理、执法、督查等环境事务。加强对环保社会组织的扶持引导，通过项目资助、购买服务等方式支持社会组织参与生态环保活动，支持社会组织依法开展环境公益诉讼，加强对各类环保社会组织的培训。

温州市委、市政府还将生态文化建设纳入重点任务与责任分工体系，在绿色创建行动项目中列入推进生态文化、宣传普及教育的考核

---

① 习近平：《之江新语》，浙江人民出版社 2007 年版，第 13 页。

指标,要求市环保局、市委宣传部、市委组织部、市教育局负责,各县(市、区)政府、市级功能区管委会具体实施,全面开展温州市生态文化研究前期调研;在市级以上主要媒体开辟生态省建设宣传专栏;在党校(行政学院)等干部培训基地开设生态环保讲座;在中小学普及环保宣传教育;开展共建共享美丽人居环境行动,培育民间环保组织,推动公众参与环境保护;建立健全舆情监控及媒体应对机制。

温州名山、名水、名人、名文、名品要素齐全,自然、历史、人文、产业、市场基础兼备。对此,温州市委、市政府把握全域旅游新机遇,顺应文旅融合新趋势,迎合大众旅游新需求,从更高站位、更宽视野、更深层次,引领推动温州旅游大发展大繁荣。温州旅游发展四大定位之一就是明确主题定位,增强旅游品牌吸引力。针对温州多年来旅游品牌不响问题,市委、市政府充分挖掘温州的文化底蕴、生态特色、产业功能、地域标签、创业基因,全力打造“诗画山水,温润之州”主题品牌,不断提升温州旅游的品牌辨识度和吸引力,让温州旅游品牌成为温州城市的金字招牌,让更多的人来温州领略诗画山水、感受温润之州、共享幸福生活。温州市各地聚焦“诗画山水,温润之州”,携手做强特色、做深内涵、做精品牌。为增强旅游发展品牌吸引力,温州还提出做好“五篇文章”,打造“文化温州”金名片,正确处理文化与旅游、事业与产业的关系,打造一批文化地标、文旅产品和新业态,给文化“加码”,为旅游“赋能”。深入挖掘红色文化、戏曲文化、山水文化、塘河文化、海洋文化、名人文化、温商文化等元素,完善温州文庙、温州非遗馆、南怀瑾书院等旅游配套设施,集聚形成“名城、名镇、名村、名街、名居、名木”等旅游支撑体系;有序推进一批古遗址、古村落、古街巷、古廊桥、古戏台等保护性开发,加快创建一批非遗景区村,打造十大非遗文化体验基地。加快温州美术馆、民间博物馆、“城市书房”等公共文化设施建设步伐,打造十大精品非国有博物馆,努力让公共文化地标发挥旅游效应、展现旅游价值。开发瓯绣、瓯剧、瓯塑、瓯菜、瓯窑等瓯派文化精品,打造十大文旅融合 IP 和一批爆款文旅产品,让旅游者感知岁月积淀和文化魅力,把文旅融合发展这篇大文章做实做好。2020 年,温州市累计建成 3 个国家级生态示范区、3 个省级生态县、21 个全国生态乡镇、153 个省级以上生态乡镇、202 个市级生态乡镇(街道)和 1018 个市级生态村。2018 年国庆开园的温州生态园建设在恪守生态文明建设理念的基础上,强化人文精神挖掘塑造,打造榕树园生态文明建设教育展示中心,以南怀瑾书院为基础,深度融合瓯越文化,充分挖掘本土特产、民间传说、榕亭等乡土文化,推进瓯越文化与湿地旅游的融合,使生态园成为望得见山、看得到水、记得住乡愁的人文精神地标。

永嘉县以"绿水青山就是金山银山"理念为引领,在全县倡导绿色生活方式,通过举办多种形式的宣传活动,致力打造多种形式的"绿色细胞工程",引导广大民众参与环境保护。2020 年,全县已成功创建省级生态环境教育基地 4 个、市级生态文明教育基地 11 家,省级绿色学校 17 家、市级绿色学校 34 家、县级绿色学校 57 家,省级绿色社区 4 家,省市级绿色家庭 152 家。据《2019 年永嘉县生态满意度调查报告》,全县公众生态文明建设的参与度超过 80%,人民自觉践行绿色生产生活方式,生态文化自觉性显著提升。

洞头是全国 14 个海岛区(县)之一,拥有大小岛屿 302 个,其中有居民海岛 14 个。洞头依托"绿水青山就是金山银山"实践创新三年行动方案拓展生态宜居城乡文化。高水平建设花园城镇、花园村庄,实施花园小区、花园单位、花园家庭等细胞工程,按照花园村庄"三好"标准,加大对古渔村、石头房的整体保护利用,最大限度保留原乡原貌,留住乡愁。深入开展习近平生态文明思想宣传教育,将"绿水青山就是金山银山"理念与"海洋放生""七夕祈福"等优秀海洋传统民俗文化融合。倡导绿色消费观念,推行健康生活方式。引导居民增强绿色消费观念,树立居民返璞归真、节约的消费意识,形成了保护生态环境的社区风尚。

二、统筹社会力量，推动生态文明体系化

2003 年 10 月，习近平同志在第三届中国环境与发展国际合作委员会第二次全体会议上指出："不重视生态的政府是不清醒的政府，不重视生态的领导是不称职的领导，不重视生态的企业是没有希望的企业，不重视生态的公民不能算是具备现代文明意识的公民。"①生态环境质量关乎人民身体健康与生活质量，生态文明建设关系各行各业、千家万户，社会性的公共力量在生态文明建设中越来越成为不可替代的重要组成部分。实践证明，我国传统政府主导的行政性环境治理模式虽然取得了一定的效果，但是环境污染和生态破坏问题仍然没有得到有效遏制。习近平总书记十分重视生态环境保护，多次要求推进全民参与生态文明建设，动员全社会参与其中。在浙江工作期间，他就强调要"让生态文化在全社会扎根"②。2018 年《中共中央、国务院关于全面加强生态环境保护坚决打好污染防治攻坚战的意见》强调指出，要"构建生态环境保护社会行动体系"③。党的二十大报告强调："必须牢固树立和践行绿水青山就是金山银山的理念，站在人与自然和谐共生的高度谋划发展。"④

生态文明建设是一项复杂的系统工程，主要表现在诸多矛盾的辩证关系之中，例如环境保护与工业生产方式对环境的破坏性的矛盾、自然资源的稀缺性与自然资源的公共性的矛盾、经济效益与生态效益的矛盾等。这就要求在生态治理体系中，运用顶层设计、规划制定、项目实施、监管执法等多种措施，既让工作有整体规划的蓝图，又有可行

---

① 习近平：《干在实处　走在前列——推进浙江新发展的思考与实践》，中共中央党校出版社 2006 年版，第 186 页。

② 习近平：《之江新语》，浙江人民出版社 2007 年版，第 48 页。

③ 《中共中央、国务院关于全面加强生态环境保护坚决打好污染防治攻坚战的意见》，《人民日报》2018 年 6 月 25 日。

④ 习近平：《高举中国特色社会主义伟大旗帜　为全面建设社会主义现代化国家而团结奋斗——在中国共产党第二十次全国代表大会上的报告》，人民出版社 2022 年版，第 50 页。

的实施路径,还有微观量化的指导办法和绩效考核标准。在生态文明建设中,各地区、各部门要齐心协力、步调一致,充分调动社会各界的参与热情,利用好各类社会资源,特别是发挥出政府、企业、公众和环保社会组织的主体作用,形成互动互助、共治共享的生态治理格局。

党的十八大以来,温州市委、市政府深入贯彻以习近平同志为核心的党中央关于生态文明建设的重要战略,切实以习近平生态文明思想和省委重要部署为指导,结合温州实际情况,提出建设美丽温州的重大战略,积极构建生态文明建设社会行动体系。

一是加强政府和企事业单位的环境信息公开,优化公众表达及诉求渠道,健全政府、企业、公众三方对话机制。长期以来,温州生态环境治理一直是政府的主要责任,企业要靠政府的严管,公众则大多是环境治理的旁观者、环境治理成果的享受者,多数市民还缺乏环境保护的相关知识,甚至部分公众认为环境治理是国家和政府的事情而与己无关。为此,温州市委、市政府提出建立健全政府、企业、公众三方对话机制,市民若发现任何单位和个人有污染环境和破坏生态行为,可以通过信函、传真、电子邮件、环保举报热线、政府网站等途径,向温州环境保护主管部门举报,提出环境保护意见和建议,积极参与环境治理。

二是深化公众参与,动员支持公众利用媒体积极参与环境决策、管理、执法、督查等环境事务。广播电视、报纸、网站等新闻媒体具有强大的传播力和社会影响力,对环境监督具有特殊优势。温州市委、市政府鼓励广大公众通过新闻媒体,对本市辖区内企业的生产经营行为进行舆论监督,对温州政府及相关部门的用权履责情况进行监督。各类新闻媒体应当积极主动发挥舆论监督作用,对造成污染的企业进行曝光,对突出的环境问题及时进行信息披露,严厉批评污染环境和破坏生态的行为,进而有效约束不良企业污染环境和破坏生态的行为,有效抑制企业的不良行为动机。新闻媒体还要对各级政府相关部门的环境履责情况进行监督,通过专门的信息报道,监督政府及相关部门积极履行环境责任，对造成严重环境问题的相关决策部门、决策人、责任人进行信息披露，促进环境管理部门加强环境监管，促使各类市场经济主体遵守环境法律法规。

三是加强对环保社会组织的扶持引导，通过项目资助、购买服务等方式支持社会组织参与生态环保活动，支持社会组织依法开展环境公益诉讼，加强对各类环保社会组织的培训，不断提高生态环保的参与水平。群众的力量是伟大的，社会组织和公众完全可以并且应当利用自身的优势，在环境教育、环境信息公开、环境决策参与、环境监督、环境维权、野生动植物保护等方面发挥积极作用。温州市委、市政府要求加强社会组织建设，增强社会组织参与环境治理的能力，从组织激励、组织管理等方面调动温州市县社会组织参与环境治理的积极性，推动社会组织为环境治理贡献力量。2020年，在温活跃的社会组织包括消费者协会、环境保护协会等民间团体。长期以来，这些社会组织参与环境保护事业的渠道不甚畅通，政府对其重视程度也不够，导致它们在参与温州环境治理过程中存在组织能力、经费、人员等不足，积极性不高等问题。为此，温州市委、市政府要求必须按照法人地位明确、治理结构完善、筹资渠道稳定、制约机制健全、管理运行科学的目标建立社会组织，积极反映环境治理诉求，规范市场主体行为，提供优质的环境治理服务。此外，还要求加强社会组织人才教育培训，稳定社会组织专职工作人员队伍，提高其专业化、职业化水平，促使其在开展环境保护政策知识和宣传、推动环境政策制定、促进绿色发展等方面发挥积极作用，使其成为环境治理的参与者。

此外，在温州市委、市政府的积极推动下，温州涌现出一批具有代表性意义的生态文明建设社会行动体系实践经验，这些鲜活的地方经验经过总结提炼、试点复制，为温州市生态文明建设画上了浓墨重彩的一笔。

温州市鹿城区深入贯彻落实习近平生态文明思想和省委、市委、市政府关于构建生态文明建设社会行动体系的相关部署，以生态文明示范创建为总抓手，着力打造美丽鹿城，在全域掀起了绿色发展的新浪潮。在治河方面，鹿城区严格实施"一河（湖）一策一档"模式，稳步提升瓯江、塘河水质。通过聘任民间河长、"五水共治"监督员、企业家河长等形式，引导广大人民群众主动参与到河（湖）长制中，形成全民参与的治水格局。

温瑞塘河自古以来就是温瑞平原的母亲河，是浙江城市内河水系规模之最，全长 1178 公里。为激发温瑞塘河综合整治项目实施主体的积极性、创造性，塘河指挥部开展"互学互比""六比竞赛"等活动，切实推动建设项目高质量、快速度发展；为传承和发扬塘河文化，各地成立温瑞塘河文化发展促进会等机构，吸引历史文化、古建筑、农林、水利等专家开展寻根之旅，采集文化元素，促进城河相融，提升文旅产业品质；为增强群众幸福感、获得感，各地通过新闻报道、摄影比赛、成果展览、市民体验等形式，宣传规划蓝图，听取群众意见，展示工作成果，积极营造"大建大美、同心同享"的良好互动氛围，促进"绿水青山就是金山银山"理念实践的综合效益丰收。

文成县是典型的"八山一水一分田"浙南山区生态县，也是全省 26 个加快发展县之一。文成县坚持全民参与生态文明建设，生态旅游惠民成效显著。县政府坚定树立全域旅游发展全民参与的信念，基层群众对全域旅游化环境再造、高速公路、通景公路、刘伯温故里创 5A、篁庄村整村改造、刘基庙前民房拆迁村等重大涉旅项目高度支持，使工程建设顺利推进。而小城镇环境综合整治的深入开展、民宿特色村和精品民宿的持续培育，唤醒了西坑畲族镇、铜铃山镇、让川村、下石庄村等镇村存量农房的价值，农房或宅基地价格翻了几倍，甚至是 10 倍，农房租金水平也接近县城租金水平。旅游经济产业链的发展，累计带动了数千个低收入农户创业就业和增收致富，年人均增收 20% 以上，推动了农业转型升级，激活了农村产业潜力，完善了农村产业体系。村民或可与投资者协商，依托房屋、土地等生产资料获得租金收入；或可被返聘作为民宿、乡村旅游点服务人员，成为新型职业农民，获得每月 3000—5000 元的工资收入；或可借助乡村旅游东风，参与农产品加工业、商业、手工业、建筑业、特色养殖业的新发展，获得经营性收入。2020 年，文成全县地区生产总值 112 亿元，农村居民人均可支配收入 20528 元，绿色发展指数列全省 14 位、温州第一位。

三、创建生态市，协调全面绿色转型

践行"绿水青山就是金山银山"理念的关键环节是实现"绿水青山"向"金山银山"的转化。社会主义的根本属性要求我们既要保护自然环境，胸怀全人类的利益，关怀后代的福祉，又必须不断提升人民群众的物质、精神生活水平。绿色发展，点绿成金，更高站位打通转化通道。

在"绿水青山就是金山银山"理念的指引下，温州市委、市政府高度重视生态文明建设，全面启动了生态市建设，持续打好"六城联创""五水共治""四边三化""大拆大整""大建大美"等组合拳，推动城乡环境面貌发生显著变化，生态环境质量公众满意度持续提升，生态文明建设取得长足进步。

绿色是新时代高质量发展的底色。在绿色发展这道转型关口面前，温州市委、市政府全面贯彻"把生态资源作为宝贵财富来看待"的新发展理念，深化供给侧结构性改革，加快构建以产业生态化和生态产业化为主体的生态经济体系，走出了一条"差异化、特色化、增量调整"的绿色发展的新路子。为此，温州大力推动产业生态化、生态产业化，淘汰落后产能和过剩产能，培育绿色低碳产业。2019 年，推进西部生态休闲产业带项目 180 个，社会资本下乡 227 亿元。农业现代化发展指数全省排名前 6 位，村集体经济总收入和经营性收入分别增长39.3％、30.4％。同时，充分发挥生态资源优势，大力发展休闲度假、旅游观光、养生养老、农耕体验等产业，培育体验经济、电商经济、民宿经济等一批新经济新业态。

在"绿水青山就是金山银山"理念的指引下,瓯越大地上诞生了许多个"中对口村",它们串联成线,相交成面。温州充分利用自身优势,让美丽城镇和美丽乡村交相辉映、美丽山川和美丽人居有机融合,实现生态系统多重服务价值。温州实施"美丽点位"建设,推进美丽城镇、美丽乡村、美丽田园、美丽园区、美丽河湖等美丽系列创建,构建美丽陆域、美丽海洋、美丽生态、美丽人居;推动建成一批"美丽温州体验地",中心城区瓯江两岸、塘河水岸、历史文化街区、三垟湿地公园、城市中央绿轴等"两线三片"建设已经成为美丽城市的"网红打卡地"。同时,温州以"绿水青山就是金山银山"理念实践创新基地创建为载体,按照"创建全覆盖"的工作目标,实施生态示范创建提质扩面行动,相继获得国家森林城市、国家环保模范城市、全国水生态文明城市、中国气候宜居城市等荣誉。

第一,加快制造业绿色化转型。坚持传统制造业改造提升与低碳产业、新兴产业培育并重,扩大总量与提质增效并重。积极推进再生资源循环经济园区建设。壮大培育节能环保产业,推动节能减排降碳。全力打造一批以山水特色小镇为基本形态,全面融入绿水青山的现代创新产业平台载体,高标准配置医疗、教育等公共服务,以优良的生态环境和生活服务,吸引高端人才创新创业,大力发展互联网经济、电子信息、生物医药、创意设计等以人才和技术为核心的现代产业,打开生态产品价值实现新路径。为深入践行"绿水青山就是金山银山"理念,平阳县以背水一战的决心、壮士断腕的力度,强势推进制革业整治。为治理制革污染,平阳县投入大量人力、物力、财力,经过全县上下的不懈努力,平阳县制革行业污染整治取得了明显成效,达到了预期目标,形成了良好的社会效益、环境效益及经济效益。主要表现在以下几方面:一是生产规模大幅削减,二是污染物排放大幅削减,三是产业结构逐步调整。瓯海区是温州市四大主城区之一,作为温州市场经济的先驱之地,如何走出一条既保护好生态环境又实现好高质量发展的道路,是瓯海践行"绿水青山就是金山银山"理念的一道必答题。

在区委、区政府的高度重视下，在整治的同时，推出一系列建设泽雅、改善泽雅人民生活环境、促进泽雅群众再就业的新举措，包括泽雅"农家乐一条街"的规划与建设，农业龙头企业的落户，源口—林岙公路扩建，周岙溪和龙溪流域治理，泽雅大道改扩建，全镇村、街道绿化美化和环境整治。现在的泽雅，拥有众多国家级、省级金名片：全国重点文物保护单位——四连碓造纸作坊群、国家级非物质文化遗产——泽雅古法造纸技艺、中国指南针计划项目——唐宅中国古法纸文化园、全国山溪游钓基地、国家级生态镇、国家4A级旅游景区。泽雅已成为温州市民休闲旅游度假胜地。苍南县矾山镇秉承"文化立镇、旅游兴镇"的发展理念，依托640多年的矾矿工业遗产，以"工业风、矿山情"为主题，积极修复建设了一批矾矿工业旅游项目。

第二，大力发展绿色高效农业。大力发展生态循环农业，提升和完善清洁化、减量化、集约化等高效生态养殖技术，突进农业主导产业全产业链生态化发展。实施农业产品品牌振兴计划，做大杨梅、瓯柑等生态品牌。加大物联网、大数据、云计算等数字技术在精准农业、温室园艺、畜牧养殖以及生产链各环节的集成应用。积极探索5G智慧农业试验区。强化农产品质量安全监管，建立重点农产品风险监测预警机制，健全农产品溯源系统，逐步完善从生产基地到餐桌的全程监管体系。比如，温州瑞安曹村镇打破"农村只有农业、农业只有种植业"的老观念，抢抓乡村振兴战略契机，做好"生态＋农业""生态＋文化""生态＋旅游"三篇文章，走出一条生态驱动融合发展的新路子。比如，引入"艾米会"，通过科技助力和优化种植，实现亩均产值翻三番。同时，还联合艾米公司、为农服务中心和农商行等，共同出资600万元，打造农业智慧产业园、智能农业大数据科技园、新型农民培训基地等，推动科技下乡。

第三，大力发展生态旅游产业。以绿色生态为旅游发展的着力点，充分发挥温州的生态优势、文化优势、温商网络优势，建设一批具有生态优势、历史记忆、地域特色的特色小镇，发展旅游项目。持续推进文成刘伯温故里、楠溪江、苏步青故里文化旅游区等主要景区建设。培育发展"绿水青山"向"金山银山"转化的新业态。依托森林河湖、田园景观、传统文化等资源大力开发旅游产品,建设一批集农业、休闲、度假等功能于一体的乡村民俗群、风情小镇、慢生活休闲旅游示范区。大力推进生态和医养融合发展,积极创新"生态＋医养"新产品和新业态,发展康体养生旅游。比如,温州瑞安曹村镇在粗放业态上做"减法"。借力土地要素整治"东风",率全市之先启动宅基地"三权分置"改革试点,适度流转整合村民闲置宅基地,形成 36.2 公顷的连片土地。再比如,东岙村流转 31 处闲置宅基地,将其集中打造成民宿及旅游集散接待中心。在产业融合上做"乘法"。以天井垟粮食生产功能区为基地、农产品种植为内核、农产品加工为引擎、农文旅产业为延伸,打造"1＋2＋3"产业循环联动的现代产业集群,实现上亿元年产值。创新公投民营模式,引导下辖 14 个村与中青旅合作成立乡悦旅游公司,以企业化运作盘活集体资产,形成研学旅行为主、多元旅游为辅的旅游产业体系。此外,曹村还成立了曹村人自己的进士旅游公司,仅 2 个月营收就超 100 万元。在优化环境上做"除法"。大力推进营商环境工作,例如在艾米展示中心建设前期,安排专人负责部门对接,仅 10 天就实现项目落地。

文成县以"绿水青山就是金山银山"理念为引领,依托县域森林资源优势,实现"全景文成、全域旅游、全时旺季",全面奏响全域"绿色"生态旅游主旋律。2019 年,该县景区接待游客 327.7 万人次、增长 20.3%,过夜游客 68.9 万人次、增长 16%,实现旅游总收入 44.3 亿元、增长 16%。全域规划"绿色",景观提升"村镇",依"带"连片推进。全县范围内实施"绿满文成"专项行动,在 G322 国道文成段两侧、飞云江两岸、珊溪水库库周等干线公路和河道两侧、城镇主要街道及农村闲置空地植绿,加快推进水陆两轴彩色长廊创建,建设了一批街头绿地园林长廊景观。洞头蓝色海湾整治效益的不断显现正转化为生态文明经济效益的不断溢出。如今,东岙沙滩、沙岙沙滩、凸垄底沙滩、韭菜岙沙滩等已经成为洞头的"网红地标"，吸引了大量游客，大批赛事选择在这里举办。例如承办了"一带一路"沿线国家和地区间群众体育交流活动、国际千人瑜伽盛会、国际铁人三项赛、浙江省青少年沙滩排球锦标赛等。

第四，培育弘扬瓯越生态文化。深入挖掘永嘉学派、刘伯温文化等名人文化，龙舟文化、榕亭文化等生态地域文化，传承和弘扬温州特色的瓯越生态文化，塑造和普及现代生态文化，强化科技创新能力和人才队伍支撑，借助世界科学家峰会、长三角等平台，积极与国内外各界合作，强化科技创新能力和人才队伍支撑，积极与国内外各界分享"绿水青山"向"金山银山"转化的模式与美丽温州建设经验，引领生态文化时代潮流。近年来，温州瑞安曹村先后举办了全国农民丰收节、中国风筝节、花灯文化旅游节等节庆文化活动。通过成立联谊会，让乡贤回归故里、反哺家乡。在首届曹村乡贤联谊会上，乡贤就出资打造生态休闲滑翔伞基地等3大旅游项目。在生态文明建设中，文化是灵魂。只有创造和谐共生的人文之美，才能彰显"绿水青山就是金山银山"的人文情怀。温州市委、市政府充分挖掘本土文化底蕴、生态特色和地域标签，打造一批生态文化新标识，给文化"加码"，为生态"赋能"。一是持续强化文化引领。把生态文化建设摆在更加突出的位置，深入挖掘、培育、弘扬温州特色生态文化，积极开展生态村居、生态校园、生态单位、生态园区等"生态细胞"创建活动，发挥生态文化"润物细无声"的作用，让生态文明观、生态价值观深入人心、成为共识。二是办好"城市书房"、百姓书屋、百姓健身房和农贸市场等"关键小事"，实施一批便民、惠民、利民工程，让温州更加舒适宜人。三是持续强化习惯养成。积极倡导低碳环保的文明消费模式和绿色生产生活方式，在衣、食、住、行、游等方面全方位开展绿色革命。大力推广餐饮"光盘行动"，鼓励绿色出行，全面推行政府绿色采购，努力形成生态文明的价值追求和社会风尚。四是持续发动全民参与。培育和发展环保社会组织，支持环保社会组织依法开展环境公益活动，形成政府、企业、公众互动的社会行动体系。五是巩固全国文明城市创建成果,深化移风易俗工作,大力选树"温州好人""最美温州人",把道德建设融入生态文明建设,让最美人文与最美景观相得益彰,让温州这座城市更有温度。

持续改善的生态环境给人民群众带来更优质的生活环境,是最普惠的民生福祉。温州始终坚持以人民为中心的发展思想,坚持问题导向、需求导向,在城市建设上下功夫,在环境基础设施上补短板,实实在在地提升了人民群众满意度。2011—2020 年,温州全面打造城市绿化体系,累计新建绿地 4441 公顷。从"一张床"提升到"一间房",温州人均绿地从 6.05 平方米增加到 12.1 平方米。作为浙南闽北赣东的一颗生态明珠,温州山清水秀、岸绿景美、鸟语花香、诗画风光,彰显着"五美"新温州建设的基本底色和亮丽图景。

2018 年,洞头被命名为国家第二批"绿水青山就是金山银山"实践创新基地;同年,文成县被列为省级生态文明建设示范县(市、区)。全年温州市建成乡村振兴示范带 16 条,创成省美丽乡村示范乡镇 13 个、特色精品村 45 个、3A 级景区村 76 个;创成历史文化村落保护利用省重点村 3 个、一般村 25 个,省级休闲农业精品线路 11 条、省级"最美田园"9 个,县级以上美丽庭院 3439 户,完成"醉美自然""蒲州新韵"等"美丽温州"提升工程 14 个。

展望未来,"十四五"时期,温州将对标浙江建设"重要窗口"的新目标新定位和当好"重要窗口"建设者、维护者、展示者的新期待新要求,坚定不移沿着"绿水青山就是金山银山"的路子走下去,以高水平建设"五美"新温州为抓手,全力打造浙南美丽大花园,全域推进美丽田园、美丽乡村、美丽城镇、美丽都市建设,筑牢高质量发展生态屏障,全面构建绿色发展体系,持续巩固污染防治攻坚成果,完善生态文明制度体系,不断擦亮浙南闽北生态明珠金名片,努力当好"重要窗口"的建设者、维护者、展示者,让美丽经济成为温州高质量发展的亮丽名片,走出一条具有温州特色的生态文明建设和可持续发展路子。

第七章　提高党的执政能力和领导水平

　　坚持党的领导、加强党的建设、以党建为统领,是抓好各项工作的前提和保证。党的十九届六中全会通过的《中共中央关于党的百年奋斗重大成就和历史经验的决议》强调指出:"中国人民和中华民族之所以能够扭转近代以后的历史命运、取得今天的伟大成就,最根本的是有中国共产党的坚强领导。"①这是党的十九届六中全会历史决议中总结提出的"十个坚持"历史经验之一,也是浙江坚定不移沿着"八八战略"指引的道路奋勇前进的集中体现,进一步"从省域层面进一步揭示了'过去我们为什么能够成功、未来我们怎样才能继续成功'的基因密码"②。因此,党的领导和党的建设是实施"八八战略"的根本保证,温州在实施"八八战略"过程中结合自身实际,积极探索以党建引领发展,以发展促进党建的有效途径。在深化从严治党引领温州发展的同时,就非公企业党建、基层党建工作等方面都进行了深入探索,取得了显著成效。

---

　　① 《中共中央关于党的百年奋斗重大成就和历史经验的决议》,人民出版社2021年版,第65页。

　　② 《深入学习贯彻党的十九届六中全会精神　坚定不移做"两个确立"忠诚拥护者"两个维护"示范引领者》,《浙江日报》2021年12月2日。

第一节　从严治党，打造"温州铁军"

习近平同志在浙江工作期间多次强调广大党员干部要牢记初心使命、干在实处的重要性，提出："工作靠实，事业靠干。我们每一位党员干部，都要把个人进步和党的事业联系起来，脚踏实地、踏实工作，讲真话、报实情，不夸夸其谈，不脱离实际，不搞劳民伤财的假政绩，扎扎实实干出实绩，实实在在让群众满意，推动党和人民的事业又快又好地发展。"[①]要干在实处走在前列，就必须加强党员干部思想教育，使广大党员干部牢记初心使命，勇于担负使命，发扬真抓实干的工作作风。

一、强化思想教育，永葆为民初心

中国共产党是中国工人阶级的先锋队，也是中国人民和中华民族的先锋队。正因为如此，"在革命斗争中，党弘扬坚持真理、坚守理想、践行初心、担当使命，不怕牺牲、英勇斗争，对党忠诚、不负人民的伟大建党精神，实施和推进党的建设伟大工程，提出着重从思想上建党的原则"[②]。就党的阶级基础、思想基础及理想信念来看，先进性是马克思主义政党的基本属性，但是这个先进性不是天然的，也不是一劳永逸的，需要在长期伟大社会革命斗争中锤炼、锻造和保持。

2003 年，习近平同志在杭州市委常委会民主生活会上的讲话中指出："要通过深入思考，把学到的知识融会贯通，真正转化为自身的

---

①　习近平：《干在实处　走在前列——推进浙江新发展的思考与实践》，中共中央党校出版社 2006 年版，第 555—556 页。

②　《中共中央关于党的百年奋斗重大成就和历史经验的决议》，人民出版社 2021 年版，第 7—8 页。

理论素养、知识水平、业务本领和领导能力。"①他还曾深情地说："我调任浙江后，即怀着无限崇敬的心情，专程到嘉兴南湖瞻仰红船，接受革命精神教育。"②党的十八大之后，习近平总书记更是在许多场合谈及"坚定理想信念"，提出理想信念就是共产党人精神上的"钙"，理想信念不坚定，精神上就会"缺钙"，就会得"软骨病"。他指出："我们党50余年的执政实践告诉我们，必须把为民谋利作为取得执政资格的最基本条件"③，因此"当'官'要有'官德'"，"当干部的，要真正在思想上解决'入党为什么，当官做什么，身后留什么'的问题，牢记'两个务必'，真正做到权为民所用、情为民所系、利为民所谋"。④ 只有把思想理论建设摆在更加突出的位置，把人民的利益放在首位，"贴近实际、贴近生活、贴近群众"⑤，才能在实现共同富裕的道路上把握政治方向。

坚持思想政治理论教育是党保持先进性的内在要求。改革开放以来，在上级党委的正确领导下，中共温州市委在注重解放思想的同时，始终高度重视加强党员干部理想信念教育。进入21世纪，在党内思想教育中温州坚持正面教育、互动教育、自我教育、典型教育、集中教育和电化教育等教育手段相结合，进一步健全"两会一课"、中心学习组、讨论交流、活动记载等配套制度，积极推动党内思想制度化、常态化，提高思想教育成效。在先进性教育活动中，永嘉县成功地推出了郑九万这个全国先进典型，并利用这个先进典型，进行巡回报告、交流讨论、对照检查等，引导教育全市基层党员干部扎根基层，无私无畏，甘为人梯，甘于奉献，争做群众贴心人。

在学习型党组织建设中，2010年3月，温州依据自身实践，提出了

---

① 习近平：《干在实处　走在前列——推进浙江新发展的思考与实践》，中共中央党校出版社2006年版，第396页。

② 《弘扬"红船精神"走在时代前列》，《光明日报》2005年6月21日。

③ 习近平：《干在实处　走在前列——推进浙江新发展的思考与实践》，中共中央党校出版社2006年版，第400页。

④ 习近平：《之江新语》，浙江人民出版社2007年版，第3页。

⑤ 习近平：《干在实处　走在前列——推进浙江新发展的思考与实践》，中共中央党校出版社2006年版，第391页。

"四学四力"的创建理念,通过组织开展学理论、学政策、学科学、学技能,着力增强各级党组织的学习力、创新力、执行力和公信力。①在具体创建中,确定了"分类推进、分层实施、分季开展"的工作思路,扎实地开展学习型党组织建设各项工作。在分类推进上,针对机关、农村、社区、学校、新经济组织、新社会组织等不同类型党组织实际,各有侧重,突出特色,广泛深入开展"抓学习、提素质、转作风、促发展"主题系列学习教育,确保学习型党组织创建活动实现全覆盖。在分层实施上,分学习型领导班子、学习型党支部、学习型党员等不同层次,采取分层实施的方式,分别组织开展"一个班子一个龙头""一个支部一个堡垒""一名党员一面旗帜"等系列主题实践活动,体现了创建活动的针对性。在分季开展上,根据阶段工作重点,分春、夏、秋、冬四个季节,先后组织开展"喜读书,贺新春""好读书,迎世博""勤读书,庆党建""善读书,树典型"系列活动,一年四季各有重点、各有特色。

建立健全长效机制是创建学习型党组织的重要保证。温州市在不断完善党委(党组)理论中心组学习、党支部学习日等日常学习制度的同时,积极探索建立各种长效机制,推动学习型党组织创建活动深入持久开展。一是建立考评机制。专门制定了《温州市学习型党组织创建考评办法》《温州市学习型党员考评标准》,从组织领导、活动开展、载体创新、制度建设、经费保障等多个方面对各地各部门各单位学习型党组织建设工作进行综合考评。在此基础上,开展了温州市"十佳"学习型领导班子、学习型党组织和"百佳"学习型党员评选表彰活动,进一步激发全市各级党组织的创建积极性。二是建立学分制度。建立党员干部学习学分制度,要求党员干部每周在线学习一小时、每月集中学习一次、每季读一本好书。同时组织开展必读理论书籍和业务知识学习测试,并予以量化分值,在一年的学习周期内要求完成一定分数的学习,学分完成情况与干部个人年度考核挂钩,作为评先推

---

① 《勤学善思蔚然成风——我省推进学习型党组织建设纪事》,《浙江日报》2011年6月8日。

优和干部使用的重要依据。三是建立讲学制度。建立"党员干部轮流讲学"制度，以基层党支部为单位，由党员干部轮流主讲，每两月举行一次党员读书会，取得了良好的效果。

党的十八大以来，温州在进一步完善党员干部思想教育机制的同时，也为创新思想教育进行了积极探索。如龙湾区举行基层党建示范带建设"互学互比"活动，龙湾区在全区建成"先锋影院"8家，以"先锋影院"为活动基地，安排读书分享会、志愿者服务等各类现场活动。泰顺县实行"电视问政"，助推"两学一做"的深入开展。乐清市探索"党建＋重点工程项目"新模式，以乡镇（街道）为统筹单位，一个项目设置一个党组织，把乡镇领导、机关党员、相关职能部门干部，以及涉及工程项目的各村的党组织书记和党员村委会主任、党代表和党员人大代表、党员政协委员、有影响和群众威信的党员等纳入党组织，使党员干部成为攻坚主力，使项目党支部成为助推经济发展的"红色引擎"。平阳县成立了农村党员干部现代远程教育工作领导小组，由县委副书记任组长，下设办公室并设立综合指导组、基础设施组、资源课件开发组三个工作小组，制定了《平阳县农村党员干部现代远程教育工作领导小组成员联系点制度》(2006)、《平阳县农村党员干部现代远程教育工作领导小组成员工作职责》(2006)等重要文件。

在教育实践活动中，各级基层党组织结合自身实际，将学习教育与解决自身问题、优化作风、完善工作机制结合起来，使各级党组织和党员干部真正"干在实处走在前列"。如苍南县在先进性教育活动中，进一步建立健全"民情系列"活动机制，开展党员面向党旗承诺活动，建立党员公示栏、设立共产党员示范岗，群众"有困难，找党员"，树立党员干部的新形象。瓯海区在创先争优活动中专门制定下发了《关于在创先争优活动中开展党员承诺活动的实施意见》，对机关、村居、非公企业等不同类型党组织的党员干部进行分类指导，并制作相应的党员干部承诺书。如农村党员干部要结合设岗定责，重点在增强致富带富能力、服务农民群众、弘扬新风正气、积极参与公益事业等方面作出承诺。非公有制经济组织中的党员重点在技术攻关、节能减耗、市场开拓、安全生产、产品质量等方面作出承诺。瑞安市在村居社区中,把落实"网格化管理、组团式服务"作为农村党员"亮身份明职责"的重要内容,通过"定格、定人、定责",使每户群众、每栋楼房、每个网格都有对应的党员服务,使计生、综治、信访等社会管理工作都有对应的专人负责。在机关事业单位中,广泛开展"党员服务窗""党员先锋岗"创建活动,采取联系卡、党员公示栏等形式,公开党员的姓名、岗位、职责、联系方式等,并评选出一批业务能力强、服务态度好的党员窗口,设立"党员先锋岗"标识,带动全体党员提升服务理念,提高服务质量。

党的十八大以来,温州在落实党的群众路线教育、"三严三实"教育、"两学一做"学习教育,以及"不忘初心、牢记使命"主题教育中,进一步将集中教育与改进作风结合起来,以思想教育推动作风改进。在"不忘初心、牢记使命"主题教育中,开展了扶贫、民生等领域不正之风的专项整治,全市共查处扶贫领域腐败和作风问题116起160人。在2021年开展的党史学习教育中,温州各地除了运用课堂教学、现场教学、体验式教学、视频教学、经验交流等教学方法开展党内思想教育,还注重运用大数据、云计算、"互联网十"等新技术手段开展党内思想教育,形成单向培训与双向互动相结合、线下教育培训与线上线下学习交流相结合、"键对键"与"面对面"相结合的生动局面,有效坚定广大党员的理想信念,为全面从严治党向纵深推进夯实思想基础。

二、完善干部选拔任用机制,强化党的核心作用

政治路线确定之后,干部就是决定的因素。党要担负革命、建设和改革的历史重任,离不开一支高素质的干部队伍。2003年11月3日,习近平同志在新任市县党政"一把手"民主集中制专题研讨班上的讲话中强调指出:"以对党、对人民、对干部本人高度负责的精神,切实

把好关、选准人。"①在浙江省委十一届四次全体会议上作报告时的插话中他还进一步指出："选拔干部时要注意两个问题：一要正确处理德与才的关系……二要正确对待民主测评……让真正坚持立党为公、执政为民，敢负责、能干事的人被提拔、被任用。"②温州在践行"八八战略"的过程中一直重视抓干部队伍建设，实现从严管理与从优关爱相结合。正如习近平总书记所指出的："我们党历来高度重视选贤任能，始终把选人用人作为关系党和人民事业的关键性、根本性问题来抓。"③

2005年2月，温州市委发布了《关于按"三真"的要求加强基层干部队伍建设的意见》。该意见明确规定了对基层干部要"真正重视、真情关怀、真心爱护"，加强基层干部队伍建设，主要举措包括：

第一，加强乡镇（街道）干部的岗位锻炼。每年要选调乡镇（街道）领导干部到市直机关挂职锻炼，选调乡镇（街道）领导干部外派到经济发达地区挂职锻炼，选派欠发达乡镇（街道）领导干部到经济发达乡镇（街道）挂职锻炼。各县（市、区）每年要安排一定数量的乡镇（街道）干部进行挂职锻炼。加大乡镇（街道）干部的交流力度，特别要加强乡镇（街道）与机关部门之间、经济发达乡镇（街道）与欠发达乡镇（街道）之间的干部交流。

第二，注重从基层培养选拔领导干部。县（市、区）领导班子成员和党政机关部门主要领导干部的选拔，首先考虑在基层工作、经过基层锻炼的干部。对长期在基层工作尤其在困难条件下取得突出成绩的干部，要优先提拔使用，特别优秀的，可以破格提拔。

第三，完善从村（居）干部中录用公务员等制度。按照省市有关政

① 习近平：《干在实处　走在前列——推进浙江新发展的思考与实践》，中共中央党校出版社2006年版，第422页。
② 习近平：《干在实处　走在前列——推进浙江新发展的思考与实践》，中共中央党校出版社2006年版，第423页。
③ 《建设一支宏大高素质干部队伍　确保党始终成为坚强领导核心》，《人民日报》2013年6月30日。

策,做好从优秀村(居)干部中录用公务员工作,适当增加名额并单列考录,被评为县级以上优秀村(居)干部的,同等条件下可以优先录用。事业单位在招考人员时,对优秀村(居)干部,同等条件下优先录用。

第四,营造重视、关怀、爱护基层干部的良好氛围。开展评选优秀基层干部活动,市、县两级每两年要组织开展一次优秀乡镇(街道)干部和优秀村(居)党组织书记、模范村(居)委会主任评选表彰活动,对优秀干部要进行通报表彰,并适当给予物质奖励。广大基层干部要严格要求自己,认真干事、廉洁自律,切实提高自身的思想政治素质、知识水平和工作能力,用优异的工作业绩和模范行动,树立基层干部的良好形象。县级以上党政机关和部门要制定支持帮助基层工作的政策,加强对基层工作的具体帮助和指导,及时帮助和支持基层干部解决工作中碰到的困难和问题,总结推广基层干部创造的好经验好做法。

第五,落实领导干部联系基层制度。市、县领导干部要多倾听基层干部的呼声,经常了解他们的情况。市、县每位领导班子成员都要联系一个乡镇(街道)、一个先进村和一个后进村,经常到联系点指导工作,与基层干部谈心交心,帮助基层厘清发展思路,设法解决基层碰到的实际困难。领导干部联系基层的情况要列入年度目标管理考核,作为干部提拔使用的重要依据。

为促使优秀人才脱颖而出,温州努力营造奖优促劣、比学赶超的浓厚氛围。2011年温州市委、市政府印发了《温州市领导干部绩擢法(试行)》。"绩擢法"运用考绩结果选拔使用干部,是温州市政府机制改革和干部人事改革的重大举措之一。"绩擢法"作为"考绩法"的姊妹篇,不仅仅是一种公开、透明、公正的干部用人体制,更是对干部人事制度改革工作的一种深入探索。"绩擢法"改变了以往一张试卷、一场面试定胜负的选拔方式,是对温州各级领导干部的工作能力、表现和业绩进行高度量化、立体评价的全面"检验",从而把政治坚定、实绩突出、敢于攻坚、善于破难的"智勇双全"干部选拔上来。在探索实践基础上，2012 年 5 月中共温州市委正式发布了《关于健全完善干部绩擢制度的若干意见》。该意见明确规定要坚持把绩擢作为干部选拔任用的重要方式，加大绩擢方式选拔干部的力度。推进绩擢方式选拔干部工作常态化、制度化。该意见还规定绩擢方式产生的干部，应与其他方式选拔的干部通盘考虑，统筹安排至合适职位。

党的十八大以来，温州在全面从严治党实践中进一步加大干部队伍建设力度，锻造温州"铁军"。2016 年温州市委专门出台了《关于进一步加强好班长好班子好梯队建设的实施意见》，针对党政正职能力不强、冲劲不够、缺乏担当克难精神等问题提出一系列破解之策，比如"在县处级、乡科级干部中遴选一批、培养一批、使用一批'狮子型'优秀干部到关键岗位任职""重用敢于担当、实绩突出、特别优秀的乡镇（街道）党（工）委书记"等。该意见还提出"支持和保护坚持原则、敢于负责的领导干部，对因敢抓敢管得罪人、影响得票的干部，组织上要主持公道，给予客观公正评价"，这是给各级党政正职吃下一颗"定心丸"，鼓励他们争当担责有为的"狮子型"干部。

为推进真抓实干，各地区还完善了干部考核机制。在脱贫攻坚中，瓯海区开展"对标攻坚考绩择才"行动，要求各镇街制定出台针对全部村干部的考核细则，与村干部领衔的攻坚任务挂钩，清单式列出具体内容和工作要求。温州洞头区建立了村干部"干事清单"制度。即按照责任清晰、任务量化的原则，在完成对组织运转、联系走访、服务群众等"共性清单"梳理基础上，在每月初还对各村村干部进行"个性化"的责任派单，并按照定期派单、月度反馈、季度鉴定、年度评议的流程执行。在扶贫攻坚中全面实施村级绩效考核管理，将考核结果与村主要干部的"面子""位子""票子"相挂钩。对考核优秀的村给予 5 万元运行经费奖励，村主职干部优先推荐省市"两优一先"等各类荣誉。乐清市在"两学一做"学习教育中，为引导党员在基层一线、攻坚前线中发挥模范作用，制定了《重点工程临时党支部管理考核办法》，细化工作责任清单，强化对临时党支部的管理考核，等等。

锻造"温州铁军"不仅体现在干部选拔、考核环节上，还体现在应对重大自然灾害面前。党员干部敢于担当，冲锋在前，在抢险救灾中把人民群众的生命财产安全放在首位，切实践行党的初心使命。温州地处浙东南沿海，气候温和，靠山濒海，尤其是夏季台风较为频繁，抗台抢险救灾工作任务繁重。2005 年 7 月 26 日，习近平同志在温州就防台救灾发表重要讲话，强调"各地要高度重视和认真抓好城乡基础设施的防灾建设，统筹规划，全面建设，切实加强依法管理，切实提高城乡基础的防台抗灾能力"①，要"在实践中认真总结经验，切实吸取教训，真正做到'吃一堑，长一智'，不断从思想上、建设上、法制上、机制上、制度上、组织能力上等方面，完善防台抗灾的措施和预案，不断提高防台抗台的整体能力"②。他尤其强调要"发挥政治优势，加强各方协作，形成强大合力"。温州市各级党委和政府在历次重大自然灾害面前，都始终如一坚持将人民群众的生命安全放在首位，要求广大干部发挥先锋模范作用。

2013 年 10 月 6 日强台风"菲特"期间，温州市委要求各地各部门立足防大汛、抗大灾，要求有关责任领导立即进岗到位，指挥部署防台工作，做到责任到位、人员到位、措施到位、宣传到位，确保人民群众生命财产安全。温州市广大干部"闻风而动"，放弃休假，以"赶考"姿态返回工作岗位，奔赴防台第一线，紧张而有序投入防御台风的战斗中。2019 年 8 月 10 日超强台风"利奇马"来势猛、强度大、范围广、破坏力极强。为确保人民群众生命财产安全，温州市委组织部发出《关于在防台抗灾中充分发挥各级党组织和广大党员干部作用的通知》。在实践中，各级领导靠前指挥是核心，坚持抓早抓紧抓实，坚决执行市委、市政府决策部署，做到有令即行、有禁即止、政令畅通。市卫健委迅速

---

　　① 习近平：《干在实处　走在前列——推进浙江新发展的思考与实践》，中共中央党校出版社 2006 年版，第 272 页。

　　② 习近平：《干在实处　走在前列——推进浙江新发展的思考与实践》，中共中央党校出版社 2006 年版，第 272 页。

成立由党员干部带头的医疗救援队，深入灾区，开展医疗救援、灾后饮用水卫生、环境消毒、心理危机干预、疫情监测等工作。

温州在多年防台抢险救灾等工作中积累了丰富的经验，主要包括：一是坚持把人民生命健康放在第一位。坚持人民至上、生命至上是党的宗旨和理念。坚持把人民生命健康放在第一位既有利于为防台抢险救灾树立正确的价值导向，也有利于密切党群关系，践行党的初心和使命。二是加强党的领导，完善领导机制。党的领导是根本保证，是制度优势，有利于统筹各方资源，凝聚各方力量。同时，通过建立和完善责任制，做到领导有力、分工明确、任务落实、保障到位。三是充分发挥党员领导干部的模范带头作用，做带领群众抗台抢险救灾的主心骨。温州在组织防台抢险救灾过程中高度重视领导干部作用，要求党员领导干部要深入防台抢险救灾的第一线，在问题最集中、危险隐患最大、群众最迫切需要的地方，都要有领导干部的带领，解决实际困难和问题。各级组织部门和市直各单位党委（党组）把党员干部在防台抢险救灾关键时刻的表现作为对其考察的重要方面，善于在防台抢险救灾中发现"狮子型"干部。对那些在防台抢险救灾中不敢担当、患得患失的，决不能提拔重用；对那些玩忽职守，置人民群众生命财产安全而不顾的，决不能姑息迁就，严肃追究责任。四是紧紧依靠人民，汇聚防台抢险救灾强大合力。每一次防台抢险救灾之所以有效应对，一个重要的原因就是温州的党员干部始终与群众战斗在一起，紧紧依靠群众。

2020 年初，面对新冠疫情，全市上下坚决贯彻落实习近平总书记的重要指示精神和党中央、省委决策部署，坚持把人民群众生命安全和身体健康放在第一位，坚持"从高、从严、从紧"标准，全力应对疫情，果断推出"25 条""12 条""居家七天"等硬核举措，创新实施"大数据＋卫健＋疾控＋公安＋基层"精密智控机制，全力做好患者救治、全面做好源头防控、筑牢交通场所防线、加强各项物资保障。在市委、市政府领导下，全市 2.8 万个基层党组织、22.6 万余名机关事业干部、4.2 万余名村社干部、3 万余名医务工作者听从号令、迅速出击,19 万党员组建 8600 多个先锋队冲锋在前、日夜奋战,带领全市广大市民、广大志愿者和社会各界人士,众志成城防控疫情,仅用 29 天实现本土确诊病例零新增、56 天本土病例全部清零。在这场疫情防控斗争中,全市干部群众团结协作、坚韧奉献,广大一线工作者特别是医务人员舍身忘我、逆行冲锋,广大海内外温州人守望相助、万里驰援,构筑起同心战"疫"的坚固防线。

三、狠抓党风廉政,营造良好政治生态

从严治党是党的优良传统和优势所在,也是党的凝聚力和战斗力之所在,发展市场经济更需要营造良好的生态环境。正如党的十九届六中全会所强调的那样,"腐败是党长期执政的最大威胁,反腐败是一场输不起也绝不能输的重大政治斗争,不得罪成百上千的腐败分子,就要得罪十四亿人民,必须把权力关进制度的笼子里"[①]。事实上,早在浙江工作期间,习近平同志就语重心长地教诲"各级领导干部要注重加强自身修养,慎小事,拘小节,防微杜渐,两袖清风,筑牢思想道德和党纪国法两道防线"[②]。构建党建统领的整体智治体系,加快形成清廉浙江建设标志性成果,放大全面从严治党新优势。温州在贯彻"八八战略"过程中,对在市场经济条件下从严治党进行了创新性探索,为营造良好市场环境,进而营造良好政治生态提供了重要保证。温州注重落实党风廉政建设责任制,注重狠抓惩防体系建设,加大从源头上治理腐败问题的力度,尤其注重重点部位、重点领域的权力监督。在权力监督方式上,积极推进党内监督和党外监督相结合,尤其注重拓展群众监督渠道,采取公布举报电话、设立举报箱、聘请群众监督等方

---

① 《中共中央关于党的百年奋斗重大成就和历史经验的决议》,人民出版社 2021 年版,第 32—33 页。

② 习近平:《干在实处　走在前列——推进浙江新发展的思考与实践》,中共中央党校出版社 2006 年版,第 440 页。

式,放手发动群众监督。

温州作为中国改革开放先行地区、市场经济先发地区,市场经济高度发达,但温州也有自身的文化局限,主要表现为"熟人文化"传统根深蒂固。为了加强权力监督,2009 年初,温州市环保局等 12 个市直机关和 4 个县(市、区)对国家工作人员实行利益冲突回避的试点;2009 年 7 月,下发《温州市国家工作人员利益冲突回避暂行办法》和《开展国家工作人员利益冲突回避试点工作实施方案》,通过健全制度和规范行为,明确界定和禁止国家工作人员私人利益与其职务所代表的公共利益相冲突的具体行为,把亲情关系与国家工作人员的任职和职务行为最大限度地隔离开来,构筑廉政"防护墙"。

党的十八大以来,中华民族复兴进入关键性历史阶段。为了进一步加强党的建设,习近平总书记明确提出全面从严治党的重要思想。全面从严治党意味着将"从严"覆盖到党的建设各个领域和全过程之中,既抓大又抓小,治标又治本,既立足当前又着眼长远。全面从严治党进一步回应了新时代"怎样才能管好党、治好党"这一重大时代问题,是中国共产党主动进行的一场刀刃向己、壮士断腕的自我革命。温州作为市场经济较为发达地区,在推进党的建设、探索"两个健康"先行区过程中,为贯彻落实全面从严治党进行多方面的探索,主要表现为:

第一,坚持以政治建设为引领,把"两个维护"作为新时代强化政治监督的根本任务,加强对坚持中国特色社会主义制度、落实党中央重大决策部署和习近平总书记重要指示批示精神情况的监督检查,坚决纠正贯彻落实中的温差、偏差、落差问题。在党内监督中,突出政治纪律和组织纪律,把党内政治生活、选人用人、党务公开等情况和执行民主集中制、个人重大事项请示报告等各项制度情况,作为监督执纪、派驻监督和巡察的重要内容。全面开展纪律教育,深入践行监督执纪"四种形态",抓早抓小、标本兼治。

第二,注重强化管党治党责任,协助党委完善全面从严治党主体责任制度,推动构建党委主体责任、党委书记第一责任、班子成员"一岗双责"、纪委监督责任"四责协同"机制。同时建立全面从严治党、清廉温州建设、政治生态建设"三位一体"责任考核体系,对党的领导弱化、党的建设缺失、全面从严治党和推进"清廉温州"建设责任落实不到位进行严肃问责,既追究主体责任也追究监督责任。

第三,持续深化体制改革,推动健全党和国家监督体系。温州是监察体制改革的试点地区、先行地区之一。温州在纪检监察体制改革试点过程中,坚持先试先行。2017年2月和4月,县、市两级监委分别组建挂牌,纪委和监委实现人员、机构、业务和感情深度融合。同时完善监察委员会工作流程,出台配套制度,打通监察与司法衔接通道,为履行监察职能夯实基础。党的十九大之后,继续发挥先行试点优势,率先完成全市194个乡镇(街道)、功能区监察办公室设置工作,推动监察工作向基层延伸。制定进一步规范问题线索管理处置意见,完善问题线索集体会商机制,出台查办职务犯罪案件加强协作配合等制度,健全纪法贯通、法法衔接机制。搭建网络查询平台,实现与银行业金融机构、公安机关、大数据中心等方面信息共享,有力推进"智慧纪检监察"建设。

第四,加强巡查工作,着力发现问题、形成震慑。党的十八大以来,在推动巡查工作中,温州首创推行农村基层作风巡查,从市本级派出12个巡查组进驻35个村开展蹲点式实地巡查,各县(市、区)也建立巡查组协同作战,梳理解决历史遗留和"三访"问题,破解农村基层的"微腐败"①。之后,在巡查工作中形成了重点项目专项巡查与农村基层作风巡查、市直单位作风巡查"三位一体"巡查工作格局,形成了多层级、多角度全覆盖的立体"监督网"。在巡查工作中,注重推动问题整改与建章立制、深化改革的有效结合,提升巡查成果综合运用水平。

---

① 《温州巡查农村基层作风》,《浙江日报》2015年6月24日。

第二节 助推新发展，
让非公企业党建更好发挥实质作用

温州靠民营经济"起家""发家""立家"，全民经商、全民创业几乎是温州经济的底色。非公有制经济是坚持和发展社会主义市场经济的重要力量。2019 年"温州市市场主体总量超过 100 万户，相当于每 9 个温州人中就有一位老板，每 26 个人中就有一家企业"①。全民经商、全民创业几乎是温州经济的底色。走社会主义道路最终要实现共同富裕，民营经济是社会主义市场经济条件的民营经济。民营经济是改革开放过程中逐步形成和发展起来的非公有制经济的重要组成部分。无论是从党的自身建设角度来说，还是从保证非公经济的发展方向来说，都需要创新并加强非公企业的党建工作。党的十六大之后，温州在贯彻落实"八八战略"的同时，不断探索非公企业党建，并形成了自己的特色，走在了全省乃至全国的前列。

一、创新体制机制，构建齐抓共管格局

2005 年，温州市率先成立市委社工委，挂靠在市委组织部，内设新经济组织党建处、新社会组织党建处，统一负责"两新组织"（指新经济组织和新社会组织）党建工作。县（市、区）委也都成立了社会工作委员会，落实了机构、编制和人员。明确了党委"一把手"亲自抓、负总责，党群副书记具体抓、负专责的党建工作领导责任制，建立了市、县、乡三级领导干部"联系一个点、包好一个片、负责一条线"的党建工作责任区，一级抓一级，层层抓落实，从而为非公有制企业开展党建工作

① 《"民营经济看温州"：9 个温州人中就有 1 位老板》，中国新闻网，2019 年 9 月 6 日，http://www.chinanews.com/cj/2019/09-06/8949521.shtml。

提供了强有力的组织保障。

2007年,温州市委下发《关于进一步做好非公有制企业党组织组建工作的通知》,要求在各级党委的统一领导下,充分发挥组织部门的牵头抓总作用,完善运行机制,积极做好具体实施中的组织、指导、协调工作,检查督促工作进展情况,及时总结推广典型经验。各级工商、税务、劳动、生产安全、环保、质检等管理部门要发挥自身优势,积极参与,共同抓好组建党组织工作。2011年,市委社工委参照省委"两新工委"的模式,更名为市委"两新工委"。同时,在11个县(市、区)的185个乡镇(街道)成立"两新工委",构建了完善的体制机制,主要包括:

第一,创新工作机制。除了定期召开全市"两新"党建工作会议、"两新工委"成员单位会议,还实行重点乡镇(街道、园区)季度例会制度,市委两新工委每季度召开一次工作例会,召集了全市60%以上"两新组织"的34个重点乡镇(街道、园区),采取现场考察、经验交流、工作汇报等方式,将工作直接抓到基层、落到重点区域。

第二,创新考核机制。实行"两纳入一约谈",将"两新组织"党建工作纳入基层党建述职评议考核内容,纳入领导班子和领导干部考核内容,对党建工作考核排名末位的乡镇(街道),由市委组织部分管领导约谈党委书记,压紧压实责任。

第三,创新保障机制。在落实企业党员党费全额返还、党建经费税前列支等制度的基础上,在企业集中的区域探索建立"党建公积金",存取比最高可达1∶2,有效解决党组织的活动经费问题。截至2020年底,温州全市党建企业集聚度较多的重点乡镇(街道)党员数量较多。

二、拓面提质,同步并举强党建

在拓展非公企业党建覆盖面上,一方面,严格按照"成熟一个、组建一个"的要求,采取建立领导联系点、选派党建指导员等举措,抓好企业党组织单独组建,确保不搞"大呼隆"。另一方面,针对非公企业组织形态多样化的实际,不搞"一刀切",而是在坚持"支部建在企业"的基础上,依托工业园区、党员服务中心和商贸圈,创新采取联合共建、行业联建等方式建立区域性党组织,有效整合资源,形成"组织共建、设施共享、党员共管、活动共抓"的党建新模式。① 2007 年,温州市委下发《关于进一步做好非公有制企业党组织组建工作的通知》,提出如下要求:"各地、各有关单位要及时组织力量,对本地本辖区的非公有制企业党建工作的基本情况进行深入调查,尤其要全面摸清 30 名职工以上企业的基本情况,包括企业的党员数、'隐形'党员数、入党积极分子数及业主对党组织组建工作态度等,逐家进行登记造册,建立详细的党建工作情况档案,实行台账管理。"在非公企业党建目标上,该通知明确要求,相对固定职工 100 人以上的或相对固定职工 50—99 人且营业收入超 500 万元的企业,于 2007 年 10 月前全部建立党组织;2007 年底前,其他相对固定职工 50—99 人的企业(包括高新技术企业)基本建立党组织,相对固定职工 30 名以上的企业 60% 有党员或入党积极分子,20 名以上的企业 50% 有入党积极分子或入党申请人。在党组织设置上,要求坚持从非公有制企业党员人数及其构成的实际情况出发,以单独组建为主,联合共建、社区联建、后备补建、行业托建为辅,因地制宜地设置党的组织。对有正式党员 3 名以上的,要采取单独组建方式及时组建;对没有党员或党员人数不到 3 名的企业,要采取联合、挂靠、引进党员职工、迁转党员组织关系的方式组建;对暂不具备建立党组织条件的企业,应先建立工会、共青团组织,并通过工会、共青团组织开展工作,为建立党的组织、开展党的活动创造条件。到 2008 年 7 月初,温州非公企业党员人数已达 32 万余名,建立非公企业党组织 4185 个,规模以上企业 100% 建立了党组织,党的工作覆

---

① 《拓面提质　高位求进》,《温州日报》2011 年 4 月 8 日。

盖了 1.6 万家非公企业,非公企业党组织总量居全国地级市第 1 位。

实践证明,把"扩大党的组织覆盖"作为着力点,是巩固党的基层组织基础的需要。但从进一步提升党建工作水平来看,仅仅依靠"扩大党的组织覆盖"是不够的,必须将扩大党组织覆盖面与提高党建质量结合起来。这一时期,温州在扩大非公企业党建覆盖面的同时,越来越关注提升非公企业党建质量问题。2005 年初,温州利用党的先进性教育活动开展非公企业党建工作调研活动,其中一份对 50 家规模较大的非公企业党组织、企业主和职工的问卷调查显示,认为党组织在企业发挥作用"一般"的占 59%,"差"的占 9%,"好"或"较好"的占 32%。为提高非公企业党建质量,探索非公企业党建有效途径,2005 年 7 月,温州市委组织部在调研和试点的基础上,结合贯彻落实党中央重大战略思想,立足非公企业实际,在浙江省率先提出把建设"活力和谐企业"作为非公企业党建工作总目标、总任务、总载体。

其后,在非公企业党建中,温州各地区进行了一系列创新性的探索。如瓯海区积极探索非公企业区域化党建工作新路子。所谓非公企业区域化党建,就是突破传统的"把支部建在企业中"的限制,依托党员服务中心,建立区域性党组织,使服务中心的组织覆盖实现横向到边、纵向到底,走出了一条动态开放的基层党组织建设新路子。主要包括:一是抓好覆盖,"孵化"新建党组织。通过中心支部帮助企业做好积极分子培养和党员发展工作,为党组织组建创造条件;当企业单独组建党组织条件成熟时,及时帮助组建党组织,切实发挥党员服务中心作为党组织"孵化器"的功能。二是抓好帮扶,转化后进党组织。针对个别非公企业党组织书记、党员频繁流动,导致活动难组织、工作难开展,甚至出现瘫痪状态的情况,党员服务中心对区域内非公企业党组织开展预警管理和结对帮扶。对列入黄色预警的党组织,落实具体措施,督促限期整改;对列入橙色、红色预警的党组织,由党员服务中心进行暂时接管,安排先进党组织与其结对,并落实富有经验的专职党务工作者帮助进行整顿和转化。三是抓好示范,打造优秀党组织。主要集中力量对辖区内优秀企业党组织进行重点培养、重点指导、重点宣传,发挥以点带面的作用。鹿城区探索实施了"网格化管理、联动式发展"工作模式,即以网格为单位,以核心企业为龙头,进行内部联动,着力规范和带动规模较小企业的党建工作,并建立交互式学习、常态化合作机制,形成以大带小、以强帮弱、互促互进、整体提高的良好局面。

党的十八大以来,非公企业党建拓面提质行动进一步深入,相关的举措主要表现为以下几个方面:第一,"四化联动"强拓面。即在抓好企业党组织单独组建的基础上,创新推行集群化、链条化、行业化、社区化"四化联动"组建工作法,不断提升党的组织覆盖水平。2016—2020年,累计新建党组织3784个,每年新建数量均在全省遥遥领先。第二,拓展组建破难点。针对两新组织党员"人在、组织关系不在"的普遍现象,在有正式党员但都不可接转组织关系的两新组织中创新建立"拓展型"党组织,负责抓好组织生活、党员学习等工作,有效扩大党的工作覆盖面。截至2020年底,全市共建立"拓展型"党组织3434个,有效加强了流动党员的管理,提升了党的工作覆盖质量。第三,"双强五星"抓规范。着眼新时代党建的新任务新要求,开展红色领航"争双强·创五星"活动,以突出政治功能、提升组织力为要求,以"党建强、发展强"为目标,以领导力、组织力、战斗力、保障力、号召力"五个提升"为标准,持续加强企业党组织的基本队伍、基本活动、基本阵地、基本制度、基本保障等建设,切实把企业党组织建设成为党的领导的坚强战斗堡垒。第四,"覆盖检修"促提升。创新开展"覆盖检修"工作,在每年的第四季度,在全面排查基础上,按照5%的比例倒排一批企业后进党组织,全力抓好问题整治、做好规范提升,着力解决存在的"四不"(班子配备不规范、组织设置不合理、组织运行不正常、党员管理不严格)、"三化"(虚化、弱化、边缘化)问题。2020年,在"不忘初心、牢记使命"主题教育期间,全市共整固提升后进党组织83个。

三、坚持政治统领，引导非公企业跟党走

发挥政治核心作用和政治引领作用，是非公企业党组织的基本职能，也是引领非公企业持续健康发展的政治保障。党的十六大之后，随着市场经济的深入推进和流动党员的增多，温州在推进非公企业党建过程中，一方面积极引导民营企业主关心政治，提高对非公有制企业党建工作的参与热情；另一方面围绕注重加强党员教育管理，通过一系列的举措引导两新领域听党话跟党走。

为引领民营企业跟党走，2007年温州市委下发《关于进一步做好非公有制企业党组织组建工作的通知》，强调要通过实施领导干部谈心、挂钩联系帮助企业解决发展中遇到的难题、组织业主现身说法等形式，使企业主充分了解在非公企业中建立党组织对促进企业发展的重要作用，让企业主在思想上真正重视、在行动上自觉支持，要把企业主对党建工作的认识与支持力度作为评先评优、社会职务安排的重要依据。同时要深入挖掘一批重视、支持党组织工作的企业及企业主，一批在非公有制企业党组织中涌现出来的优秀党务工作者和企业党组织书记，认真总结经验，并充分利用各种新闻媒体宣传其先进事迹，为全面推进温州非公有制企业组建党组织工作营造良好的舆论氛围。在党员教育管理上，该通知强调，要认真做好党员的发展和教育管理工作，尤其要认真按照"坚持标准、保证质量、改善结构、慎重发展"的方针，做到成熟一个发展一个，切实加快党员发展的速度。要将发展党员的重点放在企业生产一线优秀员工、生产经营技术骨干、经营管理人才上。

与此同时，为了加强非公有制企业党的建设工作，温州市委组织部还将2007年确定为"党组织组建年"。在温州市委组织部发布的《关于在全市非公有制企业组织开展"党组织组建年"活动的实施方案》中进一步规定：要切实做好一批企业主的思想引导工作。各级党

委要把有组织有计划地培训规模以上非公有制企业主，作为推动企业
党组织组建工作的重要措施。要充分发挥地方党委、政府和统战、工
商联等组织优势，加强对企业主的培训，不断提高企业主的思想素质
和管理水平。要通过实施领导干部挂钩联系帮助企业解决发展中遇
到的难题、组织企业主现身说法、组建企业主党建联谊会等形式，引导
企业主转变观念，积极支持在本企业建立党组织、开展党的工作等等。
之后，各地围绕引导民营企业"听党话、跟党走"进行一系列创新性的
探索。

　　龙湾区专门制定《深入开展争创"活力和谐企业"、争当"发展强、
党建强"先进企业活动的实施意见》等政策规定，把活动与企业的评比
表彰、达标晋级、银行放贷等相结合，进一步提高企业主对设置党组
织、开展党建工作的积极性，增强内部动力。同时，建立区领导联系制
度：区领导重点联系 84 家企业，各乡镇（街道）和有关职能部门负责联
系近 200 家规模以上企业，在帮助指导企业优化产品结构、解决各种
难题的基础上指导做好培育工作。为激励企业家重视非公企业党建，
2012 年龙湾区又出台《关于做好非公有制经济组织和社会组织党组
织标准化建设的意见》，提出对达到四星级及以上党组织的书记、出资
人优先推荐"两代表一委员"对象、优先安排教育培训、优先安排外出
健康疗养；达到三星级及以上党组织的社会组织具有接受政府职能转
移、政府购买服务和享受公益性捐赠税前扣除优惠政策等的资格。苍
南注重抓好非公企业业主的教育培训，引导他们支持党建工作，为党
组织开展活动提供经费、时间、场所等保障。同时，在评先选优、安排
社会职务时，把业主对党的感情、对党建工作的支持程度作为重要条
件，实行"一票否决"。乐清市成立"乐清市青年企业家协会"，覆盖各
类优秀企业主 198 人。充分发挥协会的平台作用，开展革命传统教
育、党建工作经验交流会、青年企业家座谈会，使新生代企业家抓党建
促发展的意识不断提高。瑞安市为加强党员教育，专门建立了流动党
员学堂。在泰顺县罗阳镇、雅阳镇等乡镇党委分别成立了"流动党员

学堂",加强对流动党员的教育与管理,使学堂成为提高流动党员思想认识的"加油站"、党员管理的"监督站"、新经济组织党建的"指导站"、与流动党员沟通的"联络站"。此外,瑞安还广泛开展了党员"亮身份、践承诺、树形象"活动。比如,嘉利特荏原泵业有限公司党支部引导党员在重点岗位上积极发挥"一名党员一面红旗"的作用,活动成效得到外方董事局的高度评价;华峰集团落实学习型组织创建、网格化管理、人性化服务三大举措,推荐了一批优秀党员进入董事局,掀起了广大党员参与创先争优的热潮。

党的十八大以来,为了进一步强化政治统领,引导"两新"领域听党话跟党走,温州进一步做了系统全面的探索,主要表现为:第一,立足思想融合,党的声音进企业。坚持内外并举加强思想建设和理论武装。内部方面,在企业管理层建立"党企学习会"制度,在党员中常态化过好组织生活、主题党日,在职工群众中推行"工前学习一刻钟"做法,及时传递党的声音、落实党的政策、执行党的决策。外部方面,以乡镇(街道)、产业园区为单位,建立讲师团,开展"新思想"进企业、进协(商)会、进园区、进商圈、进楼宇、进学校、进医院、进"三师"等"八进"活动,切实把中央和省市委精神、稳企惠企强企政策讲清讲透,推动"新思想"入心入脑、常学常新。第二,立足制度融合,党的建设进章程。依据《中国共产党章程》《中华人民共和国公司法》等规定,积极引导企业召开全体股东大会,把党组织机构设置、人员编制、经费来源、阵地保障、职责任务等写入公司章程,推动"党的全面领导"有章可循、有据可依,为党组织切实发挥作用夯实根基。如华峰集团党委引导企业把党建条款写入公司章程第十条。第三,立足目标融合,对党建工作成效进行考核。坚持"因企制宜、简便易行"原则,结合党组织"堡垒指数"、党员"先锋指数"评定,按一定权重将党建工作和党员表现纳入业绩考核,督促党组织书记履行管党治党职责,激发党员职工发挥示范引领作用。比如,森马集团党委按10%权重作为附加分纳入考核,引导党员职工更加主动参与党建工作。

四、加强队伍建设，完善非公企业党建保障机制

人才队伍建设是非公企业发展的保障。习近平同志在浙江工作期间就如何加强党的干部队伍建设，造就大批德才兼备、善于治国理政、能够团结带领广大群众奔小康向共富的先锋模范发表了一系列重要论述。他以史为鉴、以人为镜，短文章写出大理论，可以说，微言大义、发人深省。他认为，党的干部队伍要忠诚于党和人民，这就要求党的干部"一把手的综合素质要非常高"①。只有"一把手"不断加强"内功修炼"，铸就高尚品德，才能秉公用权，团结带领广大人民群众实现共同富裕。

党的十六大之后，为了促进民营经济党的建设，温州下派中层干部到企业做党建指导员。派驻期间，党建工作指导员与原单位工作脱钩，派出单位不得要求其提前返回，因实际情况需要兼顾原单位工作的，应征得市委组织部同意。党建工作指导员要把党的组织关系迁入企业，作为企业一名员工在企业上班，严格遵守考勤和请销假制度，充分尊重企业干部、职工，执行企业董事会、企业党组织和职工代表会议作出的决定。同时为了解决下派干部的后顾之忧，规定下派企业的党建工作指导员，派驻期间不转行政关系，编制、职务、职级保留，工资、奖金、福利等各项待遇与在职一样，由原单位发放，不影响正常的工资调整和职称评定。

为加强非公企业党建人才建设，苍南县进行了多方面的探索。一是建立健全非公有制企业党务工作者培训教育信息库。全面收集全县非公企业党务工作者队伍受培训教育情况，并进行分类，落实培训教育任务。二是加大企业党务工作者培训力度。通过岗前培训制度、"老"党务工作者一对一帮带制度、月工作例会制度等，有针对性地加

---

① 习近平：《干在实处　走在前列——推进浙江新发展的思考与实践》，中共中央党校出版社2006年版，第419页。

强党务知识、党员信息管理、相关法律法规等指导,帮助熟悉党务工作,提高工作业务水平。三是创新培训教育的方式和内容。把培训党务工作者与非公企业对党务人才的需求相结合,建立"立体式"培训机制,按行业分类、文化层次、企业需求等进行培训,使他们基本上达到了"六会",即:会与企业主沟通,会独立负责地谋划非公企业党建工作,会组织开展党员活动,会培养入党积极分子并搞好党员发展工作,会深入细致地做好企业员工思想政治工作,会协调好企业有关矛盾和关系。四是建立党务工作者交流平台。积极筹建非公企业党务工作者协会,定期开展工作交流、问题研讨、学习培训等活动,总结推广各地好的经验和做法,共同探讨问题,实现相互促进。五是建立党务工作者选拔机制,不断拓宽选人用人的渠道。即制定非公企业党务工作者人才库入选标准,公开入选条件,面向社会各个行业吸纳党务人才进入信息库。

《关于进一步做好非公有制企业党组织组建工作的通知》(温委办发〔2007〕51 号)规定:"要高度重视非公有制企业党组织书记的选配工作,通过内部选优、上级选派、社会选聘、双向选择等途径,择优挑选思想政治素质好、懂经营会管理、善做群众工作的党员担任党组织书记。"该通知还要求:"进一步加强非公有制企业党务工作者人才库建设,为选配企业党组织书记提供人员储备。"之后,温州各地围绕非公企业党建人才队伍建设进一步深化了探索。

乐清市针对非公企业党组织"打工书记多""新手书记多""流动书记多"等问题,通过实施"五个优先"等措施,强化党组织书记保障激励机制。一是推荐选拔优先。在公开选拔事业单位工作人员时,从事企业党务工作 3 年以上的企业党组织书记,同等条件下可优先录用。二是福利待遇优先。规定企业党组织书记薪酬一般不低于其所在企业行政副总薪酬标准;联合共建党组织书记,工资主要由核心企业支付,成员企业共同协商承担。三是保障权益优先。实行企业党组织书记解聘报备制,在企业解除与党组织书记的劳动关系时,事先征求所属基层"两新工委"的意见，说明解聘原因。对于不按规定程序解聘的，由基层两新工委会同市劳动保障部门协商解决。引导和鼓励企业为党组织书记办理医疗保险、养老保险、人身安全保险和住房公积金等。四是参政议政优先。积极拓宽企业党组织书记参政议政渠道，在市、镇（街道）推荐"两代表一委员"时，规定企业党组织书记占一定比例。五是评先评优优先。每年开展企业优秀党务工作者评选表彰活动，每两年评选 10 名功勋企业党组织书记，并分别安排免费健康体检和外出疗养。在评选优秀共产党员、"劳动模范"等时，在同等条件下，非公企业党组织书记可适当优先。

鹿城区分级实施非公有制企业党组织书记素质提升工程，多次举办区重点创建企业党组织书记论坛。遴选浙江丽园装饰有限公司等 4 家企业参加全市统一组织的面向全国公开招选党组织书记活动。同时注重选择党性强、党务工作经验丰富、热心于党建工作的党员干部、退二线干部、优秀党务工作者，到非公有制企业担任党建指导员或第一书记，帮助指导企业建立党组织和党员发展工作，充分发挥市派"两新"组织党建工作指导员的作用。

瓯海区财政每年投入 300 万元用于建立运行党员服务中心系统，推进区域化党建。尤其注重对党员服务中心党支部书记的候选人进行重点培养。党员服务中心党支部首先将党建工作覆盖周边未建立党组织的企业，鼓励其优秀员工向中心支部递交入党申请，帮助企业做好积极分子培养和党员发展工作，为党组织组建创造条件。

泰顺县建立了县领导联系企业制度，确定了 25 名县 4 套班子成员每人联系 1 家企业，22 名县 4 套班子党员领导干部分别联系 22 个非公企业党组织，对非公企业党建工作进行指导和协调。同时，从县直机关部门中选派一批综合能力强、党务工作经验丰富的县管后备干部到非公企业中担任党建工作指导员（联络员）。此外，为了提高企业党组织书记素质，还按照分级负责、分类培训、力求实效的原则，建立健全非公有制企业党组织书记、企业党员和企业主（出资人）培训体系。着重对新任党支部书记进行岗位初任培训,重点突出党的基本理论知识、党支部书记工作实务、党建与企业发展、企业管理等 4 个方面的业务培训。

党的十八大以来,温州进一步深化非公企业党建人才队伍建设,具体举措主要包括:

第一,打造"双强红领"队伍。2015 年,温州市委制定出台了《关于加强非公有制经济组织和社会组织党组织书记队伍建设的实施意见》,要求建立多元化选配、专业化培养、规范化管理、有效化激励、制度化保障的"五化"机制。2020 年 11 月,温州市委专门发文出台《建立"双强红领"认证体系 进一步加强两新党组织书记队伍建设的实施意见(试行)》,创新探索"两新"党组织书记专业化培育、职业化发展道路。这个意见的亮点和突破点在于,一是管理理念新。参照教育、卫生等领域做法,建立"双强红领"认证体系,对两新党组织书记进行分级考评、实行持证上岗,从全国范围来讲这属于一项创新。二是政策保障实。4 个方面 10 条激励保障举措,比较系统全面,条条具体可行,在全省乃至全国具有领先优势。比如提升经济待遇方面,对一到五级"双强红领"分别给予不低于 24000 元/年、12000 元/年、6000 元/年、4000 元/年、2000 元/年的"双强红领"岗位津贴。三是探索力度大。尝试将符合条件的优秀"双强红领"书记纳入机关、事业单位、国有企业领导干部选拔视野,探索"双强红领"进入体制内的流动渠道,打通"双强红领"享受人才待遇的政策通道。全市推荐 199 名"两新"党组织书记参加或列席各级党委会、人代会、政协会,数量较以往大幅提升。

第二,凝聚"双传承"队伍。把出资人尤其是新生代出资人的思想政治建设和业务能力水平摆在重要位置,以市县党校、"两新"党务干部学院为依托,精心组织契合他们认知层次、学习习惯的思想理论培训,外出考察学习,短期试岗历练等活动,切实增强其对党的思想认同和情感认同,加大对党建工作的支持力度。从 2011 年开始,连续 9 年开展"红色接力·寻根旅"系列活动，组织 20 批近 800 多名新生代企业家到革命圣地、改革开放前沿地区接受政治教育和思想洗礼，让他们认清世情国情党情、开阔眼界胸襟，坚定不移听党话、跟党走。

第三，下派"双指导"队伍。深入开展"万名干部进万企"活动，2020 年，市县乡三级联动选派驻企干部 10284 名、结对企业 9992 个，落实涉企工作指导、党建工作指导"双重责任"，帮助企业解难纾困的同时督促企业抓好党建工作。同时，出台企业党建指导工作"责任清单""任务清单"，加强对驻企服务员党建工作的考核，定期开展工作督查，推动他们切实发挥作用。

五、以党建促发展，建设"活力和谐企业"

非公有制企业党建必须与企业发展相融合，与企业的发展实现共赢，这既是非公企业党建的重要目标，也是检验非公企业党建成败的重要标准。对此，党的十六大之后，随着科学发展观的提出及其在实践中的贯彻落实，党中央要求进一步增强党组织的服务功能。

就温州非公企业党建而言，党的十六大之后，随着非公企业党建覆盖面拓展，非公企业党组织如何发挥自身作用问题逐步凸显。这个问题不仅是非公企业党建本身的问题，更重要的是如何将非公企业党建与企业发展结合起来的问题。在探索实践的基础上，2005 年 7 月，温州市委组织部将建设"活力和谐企业"作为非公有制企业党建工作目标。"活力和谐企业"的内涵包括：一是企业发展充满活力。企业的自主创新能力得到最大限度的激发，企业综合竞争力不断增强，呈现出旺盛生命力。二是企业内部实现和谐。企业中不同层次人员分工协作，和谐相处，获得尽可能大的公平感和相应的满足感。三是企业与外部和谐共处。企业集群内和谐创业，产业链上下游企业合作竞争。企业主动承担社会责任，建立良好的企业形象和社会声誉。企业重视环境保护，实现与自然的和谐。在此基础上，2006 年 4 月 30 日，温州市委专门下发了《关于以建设"活力和谐企业"为目标加强非公有制企业党的先进性建设的意见》,进一步明确了非公企业党组织的职责。如要求:"党组织要支持经营管理者依法行使职权,对生产经营管理的重大问题提出意见和建议,积极帮助企业解决发展中的难题;要加强业主和职工的理想信念教育和社会公德教育,用共同的价值追求把各方的积极性调动起来,把各方的力量凝聚起来,促进活力和谐企业建设","党组织要发动职工为企业多作贡献,尊重和维护经营管理者的合法权益;要引导和督促企业认真执行《公司法》《工会法》《劳动法》等,为全体职工创造良好的工作生活环境,维护好职工的合法权益;要正确处理职工与职工之间的利益冲突,构建和谐的企业内部人际关系";等等。

把"活力和谐企业"建设作为非公有制企业党的先进性建设的总目标,让党组织、企业主、员工各方面凝心聚力,共同推动企业走上充满活力、快速健康发展之路,有效将非公企业党建与企业发展融合起来。2007年,温州在下派中层干部到企业中做党建指导员的过程中,要求党建指导员树立起"一心一意服务企业"的思想,巧干、实干,扎扎实实地为企业、为企业主、党组织和职工群众多想实招、多办实事。要注意从企业发展的大局出发,在发挥党组织及其党员的能动性、发展企业创新能力、改善经营管理、提高企业竞争力等方面勤谋划、细思量,通过自己的工作促进所驻企业的快速发展。要求党建指导员要充分运用自己的专业知识和专业技能,发挥联系面广、善于协调的优势,认真为所驻企业当好参谋和助手。在深入调查研究、广泛深入地了解和掌握与企业生产经营相关的市场行情、信息变化的基础上,多出主意、多想办法,积极建言献策,替所驻企业的党组织和决策管理层分忧解难,推动企业各项工作上台阶。

在实践中,各地基层党组织围绕党组织功能发挥进行了多方面的探索,非公企业党组织在推进企业转型升级、促进企业内部关系和谐、调解劳资矛盾、推进企业文化建设等方面发挥积极的作用。党的十八大以来，温州进一步实施"双强先锋"工程，全力助推企业健康发展。具体来说，主要包括：第一，开展"克难攻坚当先锋"活动，助企转型升级。全面推行党员先锋岗、党员责任区、党员创新攻关队等的创建，广泛开展金点子征集、"党员＋项目"等活动，做到关键任务有党员引领、关键技术有党员攻关、关键工序有党员盯守、关键时刻有党员冲锋。2018 年以来全市共组织党员攻关项目 1200 多项，建立"党员专家工作室"108 个，解决技术攻关、节能降耗、安全生产等问题 3300 多个，为企业带来直接经济效益超过 1 亿元。第二，推进"凝心聚力促和谐"计划，助企和谐稳定。开展党员亮身份亮承诺、联系职工联系困难户"双亮双联"活动，1.2 万多名党员联系职工 3.1 万多名、困难户 4800 多户，2018 年以来年均帮助解决困难超过 5000 个。任命 2079 名"车间政委"、开通 2270 条书记热线，有力构建了和谐劳动关系，2018 年以来年均调解纠纷超过 7000 件，做到"小纠纷不出车间、大纠纷不出企业"。第三，实施"党员人才工程"，助企引才育才。全面落实"双培育一推荐"工作机制（将优秀党员培育成两新组织技术骨干、管理骨干，将技术骨干、管理骨干培育成党员；推荐党员技术骨干、管理骨干进入"两新"组织各级管理层），着重在高知、高管、高技能群体及产业工人中发展党员，使生产技术骨干、中层以上管理人员中的党员比例稳步上升。2016 年以来有 1328 名中高级技术人才经推优入党，1507 名党员人才成长为研发、技术等项目负责人。第四，推行"红色直通"，助企解难纾困。建立"红色直通"制度，发挥企业党组织桥梁纽带作用，及时把企业需求要求诉求"直通"至各级"两新"工委和工委委员单位，推动困难问题及时化解、妥善解决。截至 2022 年 6 月，市县乡三级"两新"工委成员单位共发动近 1 万人次开展入企走访工作，走访企业8800 多家，会同"两新"工委成员单位解决涉及生产要素、降本增效、

政策兑现、疫情防控等方面问题 2200 多个。^①

第三节　擦亮"瓯江红",打造基层党建样板

质量关乎生命。习近平同志指出:"基层既是产生利益冲突和社会矛盾的'源头',也是协调利益关系和疏导社会矛盾的'茬口'。"^②如何从"为民作主"转向"让民作主"? 如何化"对抗"为"对话"? 他认为,基层矛盾要用基层民主的办法来解决,强调要"进一步落实好群众的知情权、参与权、选择权和监督权。切实疏通民主渠道,拓宽民主途径,丰富民主形式,以党内民主推动人民民主。要善于运用民主协商的方式解决人民内部的矛盾和问题,把矛盾解决在基层,解决在萌芽状态"^③。面对世界百年未有之大变局,党要实现自身肩负的伟大使命,就必须推动全面从严治党,牢牢把握党建工作质量这一生命线。党的工作最坚实的力量支撑在基层。党的基层组织直接担负教育、管理党员的重任,直接面对基层社会治理中的各种矛盾,党的基层组织建设质量直接关系到党执政地位的巩固和人民群众对党的认同。

截至 2021 年 6 月 5 日,温州全市现有基层党组织 3.43 万个,党员 50.27 万名。为了推动基层党建高质量发展,近年来,温州市以提升组织力为重点,以"瓯江红"党建品牌建设为总抓手,打出一套涵盖"红色铸魂、红色领航、红色堡垒、红色服务、红色动能"等主要内容的组合拳,切实提升了基层党组织的组织力、战斗力,为改革发展稳定提供坚强有力的组织保障。

---

　　① 吴储岐:《浙江省温州市:政策服务直通助企解难纾困》,人民网,2022 年 8 月 16 日,https://china.qianlong.com/2022/0816/7526158.shtml。

　　② 习近平:《之江新语》,浙江人民出版社 2007 年版,第 239 页。

　　③ 习近平:《干在实处　走在前列——推进浙江新发展的思考与实践》,中共中央党校出版社 2006 年版,第 427—428 页。

一、建立"瓯江红",构筑党群服务中心

近年来,温州探索打造"瓯江红"基层党建工作品牌,通过盘活资源,充分利用各类公共场地、服务设施,打造集文体活动、群众服务等多种功能于一体的平台——"瓯江红"党群服务中心,打通了党群服务"最后一公里"。

为让党群服务中心成为凝聚群众、服务群众的"教育基地、美好家园",温州坚持需求导向、软硬并重,提升红色阵地的吸引力、引领力和服务力。截至2019年,温州市构建了"1＋13＋185＋N"党群服务中心联盟体系,即1个市级党群服务中心,13个县(市、区)、省级产业集聚区等区域性党群服务中心,185个乡镇(街道)党群服务中心,N个新型社区、产业园区、商圈楼宇、特色小镇、田园综合体等党群服务中心,并按照"六有五区四化一广场"标准推进中心建设,将其打造成为联系群众、凝聚群众、服务群众的美好家园。为强化这些"红色阵地"的政治功能、服务功能,市县两级大力提升党群服务中心管理运营水平,不断拓展内涵和形式,创新推出一大批"惠而有声、惠而有形"的党群活动,促使各地党员参与基层志愿服务蔚然成风。

二、优化"红色服务",把党的温暖送到群众心坎里

党员、干部、党的基层组织是党的生命有机体的"红色细胞"。近年来,温州全面深化"红色细胞工程",通过"红色细胞"组织网络,畅通群众诉求表达渠道,解决群众生产生活中的难题,并及时宣传党的路线方针政策。"红色细胞工程"建设的一大亮点就是实现不同层级、不同系统党员干部均能恰当地嵌入党群沟通服务体系之中。通过深化"红色细胞工程",实行了三个"全覆盖",即党员直接联系服务群众全覆盖、干部直接联系党员全覆盖、干部包村联户全覆盖,真正做到每户群众都有党员联系,每名党员都有干部联系,每个村(社区)都有干部

包干负责。同时,市、县机关事业单位党员干部特别是县处级以上领导干部深入农村、企业、学校等基层一线调研走亲,与党员群众谈心谈话,重点了解基层党员群众的所思所盼所求,听取意见和建议,进一步密切了党群关系。

同时,温州各级党组织还实施了"群众定制、服务上门"深化党员志愿服务,依托各类阵地,常态化开展"红色星期天"活动,形成"一公里红色活动圈""十分钟红色服务圈"。实施了"红色管家"计划,以党建为统领,加强街道(社区)对业主组织、物业服务企业的领导,协调整合辖区资源和社会力量,积极探索党建引领社区治理的有效路径。通过实施"红色管家"计划,有效解决急难愁"民生小事",98 个创建小区的物业满意率提高 30%。

老年人的事,就是事关整个社会和谐的大事。2017 年底,温州市户籍人口中 60 周岁以上的老人有 146 万,占 17.7%。为了切实发挥基层党组织在老年人中的组织堡垒作用,温州市全面启动红色领航"幸福银龄"行动。在条件成熟的村设立为老服务中心,具体负责本村老龄事业。村为老服务中心主任原则上由村党组织书记担任,引导 11 万名老党员,特别是 3 万名离退休干部释放"银色正能量"。

截至 2022 年,温州全市已有 50 万名党员志愿者活跃在基层一线开展志愿服务活动,广大群众获得了实惠、得到了便利,"红色力量"也赢得了认同、拥护和尊重。

三、迸发"红色动力",服务发展大局

如何把党建成果转化为改革发展成果,是考验组织工作的一道"必答题"。习近平同志强调指出,"党的基层组织是构建和谐社会的基石和支撑。基层党组织要围绕建设和谐社会的工作,进一步发挥领

导核心和战斗堡垒作用"[①]。他还引导和支持开展民主协商探索，提出要"不断创新领导方式和工作方式，综合采用政治、经济、行政、法律和民主协商等多种手段，提高将矛盾化解在基层、消灭在萌芽状态、控制在局部的能力"[②]。政治上的民主是实现共同富裕的重要保证，只有通过不断畅通民心民意，形成民主团结、生动活泼、安全和谐的社会环境，才能调动各基层人民建设社会主义现代化强国的积极性，在实现共同富裕的征程中真正实现当家作主。温州市在"瓯江红"党建品牌创建中，将党的建设与改革发展结合起来。尤其在新时代温州创建"两个健康"先行区过程中，温州基层党建紧贴稳企惠企，推动万名干部进万企，以"大走访、送温暖、送政策、解难题、建机制、强领导"为要求，聚焦企业发展面临的困难和问题，以党建促改革，以党建促发展。

第一，实施红色领航"双百双千"行动。乡村振兴的前提是组织振兴。2018 年以来，温州以提升基层党组织组织力为重点，聚焦"整乡推进、整县提升"，组织开展以"创建党建样板村、整治后进村、发展经济富裕村、打造美丽特色村"为主要内容的红色领航"双百双千"行动。市级层面整合乡村振兴专项资金 2.5 亿元、基层组织建设专项经费7700 万元。通过"双百双千"行动，温州全市创建 152 个样板村、整治304 个后进村，打造 1211 个经济富裕村、1345 个美丽特色村。

第二，强化人才支撑，激发组织力量。近年来，温州不断完善干部选拔任用制度，全面推进干部队伍建设。在推动"瓯江红"基层党建品牌建设中，进一步实现干部队伍建设与"瓯江红"基层党建品牌建设的有效融合，通过干部队伍建设充实基层组织力量，促进经济社会发展。如为了推进乡村振兴，在农村干部换届中，注重将一大批能干事、敢担当、善治理的村社干部选入村社班子，选拔 4537 名优秀大学生进村社组织；开展"村村有擂台"活动，落实村社书记县级备案管理制度；每年

---

① 习近平：《加强基层基础工作 夯实社会和谐之基》，《求是》2006 年第 21 期。
② 习近平：《之江新语》，浙江人民出版社 2007 年版，第 226 页。

开展村社干部轮训,打造一支带领基层治理、乡村振兴的温州基层铁军。

第三,推动万名干部进万企,增强党组织服务功能。成立"万名干部进万企"专项行动领导小组,开展以"五问五帮"为主要内容的"一对一"进企服务活动,主要包括:问冷暖,帮助企业提振发展信心;问实情,帮助企业把握发展态势;问对策,帮助企业化解发展难题;问项目,帮助企业增强发展后劲;问思路,帮助企业明确发展路径。同时建立和完善各级领导与企业家联系等制度,树立正向激励导向。包括制定和完善各级领导联系重点企业、企业家和重点行业协会商会制度,市领导面对面走访重点企业制度,民营企业家约见市县级领导和涉企部门主要负责人制度,以及政府作出重大决策和制定涉企政策征询企业家意见制度,等等。通过这些制度,引导全社会树立对企业家"高看一眼、厚爱七分"的鲜明导向,进一步增强基层党组织服务功能。

进入新时代的温州,全面从严治党仍需持续加强,党风廉政建设和反腐败斗争形势依然严峻复杂,意识形态工作仍需常抓不懈,党员干部队伍的作风、能力和素质还不能完全适应新时代要求。因此,温州市委、市政府要全面落实党的建设总要求,通过强化党的政治建设和创新理论武装,充分发挥市委总揽全局、协调各方的作用;通过贯彻落实中央"新时期好干部标准"和省委"系统性重塑干部队伍干部工作"要求,健全"以事找人、人事贯通"考评用人机制,打造政治过硬、堪当现代化先行和共同富裕建设重任的干部队伍;通过深化清廉温州建设,营造良好政治生态,坚持大抓基层基础,锻造坚强战斗堡垒;通过对标攻坚创新争先,激发干事创业活力,以此推动全面从严治党向纵深发展,加快打造新时代党建高地、清廉建设高地市域样板。

展　望

　　"八八战略"是引领浙江长期发展的纲领性路线,也是中国特色社会主义理论在浙江的具体化。习近平同志在浙江工作时曾寄语温州说:"我对温州有一个很大的希望,就是希望温州把这部创新史继续写下去,探索新的规律,创造新的业绩,总结新的经验,为全省带好头,也为全国作示范。"①温州历届市委带领温州市人民坚定不移以"八八战略"引领瓯越大地的改革创业,谱写了温州创新发展新篇章。中共中央、国务院支持浙江高质量发展建设共同富裕示范区。2022 年 6 月 20 日,中国共产党浙江省第十五次代表大会是浙江省迈入高水平全面建设社会主义现代化,高质量发展建设共同富裕示范区新征程,召开的第一次党代会。省党代会赋予了温州提升"全省第三极"功能的光荣使命,为浙江省忠实践行"八八战略"、奋力打造"重要窗口"、争创社会主义现代化先行省做出温州贡献的新动力源泉。党的二十大是我国开启全面建设社会主义现代化国家新征程、向着第二个百年奋斗目标前进关键时刻召开的一次十分重要的大会。温州市人民群众自觉用二十大精神统一思想、统一意志、统一行动,努力在新的赶考路上继续干在实处、走在前列、勇立潮头。在此乘势而上之际,认真总结温州践行"八八战略"的成效和经验,不断继续推进"八八战略"深化细化具体化,具有重要的理论价值和实践意义。

---

　　① 习近平:《干在实处　走在前列——推进浙江新发展的思考与实践》,中共中央党校出版社 2006 年版,第 489 页。

一、忠实践行"八八战略",是温州发展的取胜之道、制胜法宝

温州人民牢记习近平总书记寄予温州"续写创新史"的殷殷嘱托和对温州作出的重要指示批示精神。2003年以来,先后实施"一港三城""三个温州""三生融合·幸福温州""五化战略""三个城市""国际时尚智城""两个健康"先行区等一系列战略决策,坚持"干在实处、走在前列",坚持稳中求进工作总基调,坚持新发展理念,统筹经济社会发展,全面建成小康社会取得了决定性成就,温州市综合实力迈上新台阶,经济总量重返全国前30强,民生福祉有了新提高。2003年以来的发展经验表明,坚持以"八八战略"为思想指引,是温州发展的重要理论保障。

(一)遵循"八八战略"要求,不断完善社会主义市场经济体制

温州以加快经济发展方式转变为主线,不断推进经济实现高质量发展。至2020年,温州市实现地区生产总值6870.9亿元,较2003年翻了五番。温州群众悉心感悟习近平总书记对民营企业的关怀,着力创建全国首个新时代"两个健康"先行区,市场主体突破百万、在册企业突破30万,形成了赋能发展的叠加效应。2020年,温州市规模以上工业企业利润总额319.7亿元。2003年以来,温州居民收入持续增长,2020年温州市居民人均可支配收入达到54025元,农村家庭人均年收入8000元以下现象得到全面消除。

2003年以来,温州持续推进提升创新能力,建成了一批高能级平台、引领性项目,科学家、企业家、创投家"三界融合"创新路径成功打通,创新发展实现了重大突破。2018年2月国务院批复同意温州高新技术产业开发区建设国家自主创新示范区。电气、鞋服、汽摩配、泵阀等传统产业焕发新的生机,新能源汽车、激光光电等新兴产业蓬勃兴起。

（二）遵循"八八战略"要求，不断提高对内对外开放水平

温州坚决落实中央、省委各项改革要求，先行一步开展市场改革，有效破除关键环节体制机制障碍，"跳出温州发展温州"，大力实施开放带动战略，开放型经济水平全面提升。随着长三角一体化全面提速，长三角如今已迈入世界第六大城市群，被构建成高质量发展区域平台，城市间的正向溢出效应显著。温州主动接轨融入长三角，落实与长三角各地区多领域的互动合作。2019 年，温州市自然资源和规划局公布了《温州融入长三角的区域协同和战略定位研究》，将温州定位为长三角南大门区域中心城市、特而强的区域性全球城市。温州以加快区域交通互联互通为突破口，全面构筑温州接轨上海、融入长三角的大通道，以交通圈拓展都市圈的成效正日趋显示出来。

温州加大开放力度，以打造高质量开放平台为突破口，发挥温商国际、国内"两个扇面"力量，对接浙江自贸试验区改革和"一带一路"建设、长江经济带等国家战略，在"一带一路"沿线布局并建成 3 个国家级和 1 个省级境外经贸合作区；加快构建世界（温州）华商综合试验区，深化创建温州跨境电商综合试验区，完善落实高能级对外平台与通道；建成保税物流中心（B 型），升级温州机场、状元岙港区为国家一类口岸，获批海峡两岸（温州）民营经济创新发展示范区；着力推动本土温商走出去，并狠抓温商回归"一号工程"，回归总量不断增长，为扩大投资提供了有力支撑。

（三）遵循"八八战略"要求，走新型工业化道路

2003 年以来，温州着力产业转型升级提质增效，产业结构呈历史性转变，三次产业比重日趋合理，工业经济不断做优做强，第三产业特别是现代服务业发展迅猛。改革开放 40 多年来，制造业已成为温州经济发展的一张亮丽名片，同时也成为温州经济发展的根基和支柱。身处内外部经济环境发生深刻变化的当下，传统制造业面临的挑战也日趋严峻。温州市出台《传统制造业重塑计划》，开启重塑传统制造业新征途,初步构建了以电气、鞋业、服装、汽车零部件、泵阀等五大传统制造业为主,"N"个县域重点特色产业为辅的"5+N"产业集群,将智能电气产业打造成为世界级产业集群。

(四)遵循"八八战略"要求,加快推进城乡一体化

2003 年以来,温州大力培育农业龙头企业,发展农村合作经济组织,农业经营新体制初步形成,农业产业化水平持续提升;深化农业"两区"建设,积极实施"工业反哺农业",农业现代化步伐持续加快。温州实施"百村示范、千村整治"工程、"乡村康庄"工程、"万里清水河道"工程、"千库保安"工程、"千万农民饮水"工程,全面打造生态宜居的农村环境,农村生产生活条件不断改善;积极发展壮大村级集体经济,率浙江全省之先开展"消薄"系列实践探索,消除 1707 个集体经济薄弱村;对接省委"大花园"战略,启动温州西部生态休闲产业带建设,洞头区创成省美丽乡村示范县,永嘉县创成国家级休闲农业与乡村旅游示范县;建成美丽乡村标杆乡镇 20 个、美丽乡村精品线 56 条、特色精品村 483 个;大力发展全域旅游、民宿经济,推进山水与城乡融为一体、自然与文化相得益彰。

(五)遵循"八八战略"要求,打造"绿色温州"

2003 年以来,温州大力发展绿色经济,加大节能减排攻坚力度,着力构建绿色低碳循环发展的产业体系,着力构筑绿色屏障。严格落实河长制、湖长制、滩长制,全面消除劣 V 类水质断面,"国十条"全部达标;强力推进大气污染防治七大行动,2016 年起市区大气环境优良率稳定保持在 90% 以上,居全省前列;扎实推进生态创建工作,创成国家级生态县 3 个、国家级生态乡镇(街道)35 个、省级生态县 6 个,文成、泰顺入选国家级生态主体功能区建设试点;实行最严格的环境保护制度,打造了瓯江、飞云江、鳌江三大生态廊道;纵深推进"三改一拆""四边三化",小城镇环境综合整治初见成效。

（六）遵循"八八战略"要求，进一步发挥温州的山海资源优势

2003 年以来，温州利用自然条件，争取政策支持，规划发展海洋经济大格局，海洋经济示范区等建设取得重要突破。温州东临东海，区划海域总面积 8649 平方公里，海岸线总长 1171 公里，海岸线长度约占全省的 17.7％，拥有海岛 711.5 个，有发展海洋经济得天独厚的条件。2018 年，国家发展改革委、自然资源部联合印发了《关于建设海洋经济发展示范区的通知》，支持包括浙江宁波、温州在内的全国沿海 14 个海洋经济发展示范区建设。2019 年，浙江省政府批复同意《浙江宁波海洋经济发展示范区建设总体方案》和《浙江温州海洋经济发展示范区建设总体方案》。浙江温州海洋经济发展示范区包括瓯江口产业集聚区、洞头海洋生态经济区、状元岙港区、大小门临港产业区、国家海洋特色产业园区，面积约 148.3 平方公里，其中启动区面积约 24 平方公里。在"一核一轴四区多岛"总体框架下，着力推进瓯江口产业集聚区一期、二期联动的约 20 平方公里的启动区建设，同时在洞头本岛蓝色海湾整治修复核心区划定 4 平方公里左右区域，一并列入启动区范围。

温州根据各海岛的自然条件，科学规划、合理利用海岛及周边海域资源，着力打造综合利用岛、港口物流岛、临港工业岛、滨海旅游岛、现代渔业岛、海洋生态岛。温州海洋经济发展示范区和洞头"海上花园"格局基本呈现，成为温州联动长三角和海西区的重要节点。计划到 2025 年，示范区海洋产业增加值力争达到 160 亿元，五年年均增长约 12％，海洋新兴产业增加值占海洋生产总值比重的 40％左右，基本实现良性循环的海洋海岛生态系统，全面建成国家级海洋经济发展示范区。

（七）遵循"八八战略"要求，进一步发挥温州的环境优势

2003 年以来，温州全力推进"大建大美""精建精美"全域大都市区建设，精致打造"两线三片"亮丽城市名片，城市智慧化网络化管理

水平不断提高,城市形象、功能、品质得到极大提升,成为长三角一体化发展中心区城市。

温州市固定资产投资和重大基础设施建设投资实现飞跃式增长,城市化水平达到67.4%,初步形成了以中心城市为核心、城镇群联动发展的都市区雏形。"两纵两横三连一绕"的高速公路网逐步构建,两个"一小时交通圈"正加快形成,龙湾国际机场扩能提升,T2航站楼建成投用,成为全国性综合交通枢纽城市。

温州率先开展"效能革命",强力优化营商环境,有力推进"两集中两到位""放管服""四张清单一张网""最多跑一次"等重大改革,"最多跑一次"改革专项评估满意度位居全省第一。国家金融综合改革三年任务圆满完成,升级推出"新12条"金改举措,成功化解金融风险,实现"局部先发"到"率先突围"。"三位一体"新型农村合作体系实践经验写入中央"一号文件",民办教育综合改革、社会资本办医综合改革、民政综合改革、农村综合改革试验区改革等走在全国前列。农房财产权抵押贷款试点、城镇低效用地再开发试点、资源要素配置市场化改革等落地见效。

(八)遵循"八八战略"要求,加快建设文化大市

2003年以来,温州致力于文化大市建设,加强文化设施建设,传承保护与开发利用并行,延续城市记忆。《温州市城市公共文化设施专项规划(2011—2020)》明确提出以"山水城市"的特点为依托,在空间上强调沿瓯江文化休闲服务带和沿主塘河文化展示带,推进有温州文化底蕴的浙南文化水乡的建设任务。该专项规划推进以来,温州已基本建成具有全国影响力的历史文化名城、具有时尚特色的文化创意城市、具有文化底蕴的美丽浙南水乡,形成"15分钟文化圈"。

温州市加强和完善公共文化设施布局,满足市民提升生活品位的民生诉求,在城市建设中倡导"文化+"的概念,鼓励社区级文化设施与"城市书房"、文化驿站等相关文化设施结合设置;同时倡导"社区综

合体"概念,使文化、体育、养老、医疗等方面的公共设施相结合,互相补益,成为片区的活力中心,满足居民各类文化需求。越织越密的公共文化服务项目给温州市民带来的不仅是休闲享受,也让市民的精神文化生活更加充实。

温州市一直把吸引人才作为城市发展的活力源泉,不断出台吸引高层次人才的政策。2020年8月17日,市委人才办印发《关于高水平建设人才生态最优市的40条意见》("人才政策40条"2.0版),使人才受惠面更广,温州的城市吸引力更强。温州正成为精英人才流向的新目的地。

回望过去,2003年以来温州经济社会发展所取得的一系列成绩,所完成的各项重大突破,都得益于"八八战略"的指引。温州近20年的发展充分表明,"八八战略"是温州新时代改革开放的重要理论指引和不竭思想动力,也是温州市经济社会长足发展的制胜法宝。

二、积极建设"重要窗口",是温州发展的重要责任、历史机遇

随着全球新一轮科技革命和产业变革深入发展,新发展格局加快构建,长三角高质量一体化发展纵深推进,温州发展面临的形势和任务、机遇和挑战都有新的变化。温州将处于人均生产总值从10000美元向15000美元跨越的阶段,这一阶段新旧动能转换的提速期、新发展格局构建的窗口期、都市能级跃升的关键期、改革系统集成的深化期、市域现代治理的迭代期等多期叠加。

迈入新征程,温州人民坚持以习近平新时代中国特色社会主义思想为指引,对标对表习近平总书记赋予浙江建设"重要窗口"的新目标新定位和寄予温州"续写创新史"的殷殷嘱托,紧扣国务院明确温州作为"我国东南沿海重要商贸城市和区域中心城市、全国性综合交通枢纽"的城市定位,准确把握温州发展所处的历史方位,忠实践行"八八

战略"，为率先基本实现现代化打下坚实基础，奋力打造十大"重要窗口"。

（一）努力建设展示坚持党的科学理论、彰显习近平新时代中国特色社会主义思想真理力量的重要窗口

浙江是习近平新时代中国特色社会主义思想的重要萌发地，温州要在学习上有更高的标准、下更大的功夫，以思想为引领，打造建设彰显习近平新时代中国特色社会主义思想真理力量的重要窗口。温州各级党组织要按照中央和省委的要求，精心组织多种形式的学习贯彻活动，推进习近平新时代中国特色社会主义思想进企业、进农村、进机关、进校园、进社区、进军营、进网站，不断兴起大学习的热潮。广大党员干部群众对习近平新时代中国特色社会主义思想的历史性贡献有了比较深刻的认识，达成一个共识：只有这一重要思想能够在新的时代解决中国特色社会主义、中华民族的前途命运问题，能够让马克思主义焕发新的生命力。

（二）努力建设展示中国特色社会主义制度下加强党的全面领导、集中力量办大事的重要窗口

温州市改革创新的经验表明，坚持以习近平重要讲话和指示精神为根本遵循，全面加强党的领导，切实加强党对市域治理各领域各环节的全面领导，更好发挥党总揽全局、协调各方的领导核心作用，确保党中央、省委决策部署在温州一贯到底、落地生根，是社会发展的制度优势。继续推进"八八战略"落实，要着力打造加强党对各项事业全面领导、集中力量办大事的重要窗口。完善党中央重大决策部署和习近平重要指示贯彻落实机制，不断增强"四个意识"、坚定"四个自信"、做到"两个维护"。"十四五"期间，温州要发挥各级党委在经济社会发展工作中总揽全局、协调各方的领导核心作用，按经济规律办事，不断提高党领导经济的工作能力和水平，将党的领导始终贯穿"十四五"规划实施全过程，为顺利实现"十四五"规划提供坚强保证。

（三）努力建设展示发展社会主义民主政治、走中国特色社会主义法治道路的重要窗口

发展社会主义民主政治、建设社会主义政治文明是中国特色社会主义事业的重要组成部分。党的十九大报告指出："中国特色社会主义政治制度是中国共产党和中国人民的伟大创造。"温州市继续推进"八八战略"，温州人民要积极打造建设社会主义民主政治的重要窗口，使其助力中国特色社会主义事业取得更大进步。站在"十四五"新历史起点上，温州将坚持和完善人民代表大会制度，支持各级政协按照宪法和章程履职尽能，巩固和发展最广泛的爱国统一战线，基于温州地方特质构建党领导下的"大侨务"格局，充分发挥各人民团体和社会组织的作用，把群众紧紧凝聚在党的周围，切实把习近平法治思想贯彻落实到全面依法治国全过程。

（四）努力建设展示坚持和完善社会主义市场经济体制、不断推动高质量发展的重要窗口

深入推进"八八战略"，温州将以领跑者的姿态深化"两个健康"先行区创建，大力弘扬新时代企业家精神，纵深推进工商联组织及商会协会改革，完善"两个健康"标准体系和理论框架，形成一批具有全国影响力的标志性成果。"十四五"时期，温州将对标对表国际国内一流，大力推动"10＋N"便利化改革，力争打造中国营商环境标杆城市，优化营商环境提升服务效能；创造性贯彻落实《浙江省民营企业发展促进条例》，持续深化"民营＋"行动，全面推进民营企业理念创新、技术创新、管理创新、制度创新和商业模式创新，充分激发民营企业活力；实施"公私携手·共促清廉"计划，强化"党建进民企·命运共同体"示范引领，大力促进民营经济人士健康成长，健全"三清单一承诺"政商交往机制，持续深化"三服务""万名干部进企业"等行动，构建亲清新型政商关系，让温州始终成为企业家的盛产地、成功地、向往地，成为不断推动高质量发展的重要窗口。

　　（五）努力建设展示将改革开放进行到底、使社会始终充满
生机活力的重要窗口

　　进入新发展时期，温州更要坚定扛起"探路者"使命担当，充分发
挥改革先导突破作用，形成更多实质性、突破性、系统性改革成果，为
"重要窗口"建设多探路、多闯关、多破题；要深化要素配置市场化改
革，全力打造新型城镇化全国样板，全力推动商事制度便利化、"亩均
论英雄"改革、产业用地市场化配置、高效要素交易机制等，激发各类
市场主体活力；要深化金融综合改革2.0版，启动财政支持深化民营
和小微企业金融服务综合改革，建设全国一流金融服务平台，打造金
融服务实体经济的示范样板；要完善提升"三位一体"改革，深化农村
产权制度改革，打造城乡融合发展的示范样板。创新的关键在人才，
"十四五"时期，温州将深入实施人才强市、创新强市首位战略，打造最
优创新生态，加快形成以市场为导向、企业为主体、产学研深度融合的
科技创新体系，使温州成为将改革开放进行到底、使社会始终充满创
新和生机活力的重要窗口。

　　（六）努力建设展示坚持社会主义核心价值体系、弘扬中华
优秀传统文化、革命文化、社会主义先进文化的重要窗口

　　建设社会主义核心价值体系是一项重要的基础工程、灵魂工程，
是全党全社会的共同责任。推进"八八战略"落实，温州要深入开展社
会主义核心价值体系学习教育，把社会主义核心价值体系融入国民教
育、精神文明建设、党的建设全过程，贯穿改革开放和社会主义现代化
建设各领域。"十四五"时期，温州将深化文化强市战略，弘扬城市人
文精神，深入开展中华民族伟大复兴中国梦宣传教育，坚持用社会主
义核心价值体系引领社会思潮，深化全域文明创建，加强公民道德建
设，培育社会文明风尚，加强公共文化设施建设，创新公共文化服务方
式，让公共文化服务走进千家万户，立足温州本土特色，大力弘扬瓯越
文化，扩大城市文化影响力，让温州成为展示坚持社会主义核心价值

体系、弘扬中华优秀传统文化、革命文化、社会主义先进文化的重要窗口。

（七）努力建设展示推进国家治理体系和治理能力现代化、把制度优势更好转化为治理效能的重要窗口

深入推进"八八战略"，"十四五"时期，温州将持续深化全国市域社会治理现代化示范城市建设，以国土空间治理现代化为导向，进一步优化市域生产力布局，着力提升城市功能品质，切实增强辐射力、影响力，努力打造连接长三角与闽台赣的现代化国际化区域中心城市。温州将在治理核心上强引领，深化"红色领航"常态化机制，压紧压实全面从严治党主体责任，不断擦亮"瓯江红"党建品牌，成为展示推进国家治理体系和治理能力现代化、把制度优势更好转化为治理效能的重要窗口。要在治理方式上强智治，依托"城市大脑"迭代升级，全面推进经济、社会、政府数字化转型，打造"整体智治"的示范样板，建成数字生活新服务示范区和数字政府建设先行市；要在治理手段上强统筹，深入践行"绿水青山就是金山银山"理念，围绕把"绿水青山建得更美、金山银山做得更大"，全面推进绿色发展，加强生态系统保护，坚持农业农村优先发展，深入实施乡村振兴"六千六万"行动，一体推进美丽田园、美丽乡村、美丽城镇、美丽都市与美丽经济发展，加快形成新型工农城乡关系，打造全国乡村振兴重要示范区；要在治理架构上强体系，构建"市级智慧治理、县域集成指挥、镇街一体两翼、村社多元共治"的四级治理架构，健全矛盾纠纷化解机制，提升社会治理智能化水平，健全完善具有温州特色的基层治理精密智控体系、社会治安防控体系、大应急管理体系、公共卫生体系、"防灾减灾救灾"体系，努力建设平安中国示范区。

（八）努力建设展示坚持以人民为中心、实现社会全面进步和人的全面发展的重要窗口

深入践行"八八战略"，"十四五"时期，温州要坚持以人民为中心

的发展思想,立足特而强的区域性全球城市,凭借全球化的民营网络、良好的轻工业发展基础、出众的民营经济基底、杰出的旅游资源,打造全球华商创新创业高地、长三角特色智造中心、长三角民营经济创新示范城市、山海河城具备的长三角"人文生态后花园",建设社会全面进步和人的全面发展的重要窗口。坚持交通先行,全面深化空港、海港、陆港、信息港"四港"联动,全力推进"融杭、接沪、达闽、通赣"的铁路网、"S+M"轨道交通网等建设,打造3个"一小时交通圈"和"521"高铁时空圈,建设区域国际航空枢纽,提升沿海枢纽港地位,基本建成全国性综合交通枢纽;要坚持人民至上,推荐更充分更好质量就业,着力提高城乡居民收入,健全涉及医疗、住房、救助、教育等多层次的社会保障体系,全面促进人口均衡发展,大力推进未来社区建设、老旧小区改造,加快建设区域教育高地、区域医疗康养中心城市、国际化休闲度假旅游城市,持续提升人民获得感、幸福感,打造最具幸福感城市。

(九)努力建设展示人与自然和谐共生、生态文明高度发达的重要窗口

生态环境是保障经济发展的基础,要实现经济的可持续发展,必须保护好生态环境。深入贯彻实施"八八战略",温州要坚持体制机制改革,加强生态文明制度建设,充分激励人们走绿色发展、循环发展和低碳发展之路,建设生态文明高度发达的重要窗口。"十四五"时期,温州将筑牢高质量发展生态屏障,优化市域生态格局,加强生态系统保护修复,更加重视生物多样性保护;全面构建绿色发展体系,建设美丽大花园示范区,推行绿色低碳生产生活方式,更加节约集约利用资源能源;持续巩固污染防治攻坚成果,统筹推进"五水共治"碧水行动,持续深化大气污染防治、净土清废行动、"蓝色海湾"建设;完善生态文明制度体系,健全绿色发展体制机制,构建环境治理现代化体制机制。党委、政府是生态文明建设的引领者,企业是生态文明建设的主力军,公众是生态文明建设的参与者,要充分激发社会公众广泛参与生态文

明建设的积极性、主动性和创造性,形成全社会的合力,走出一条具有温州特色的生态文明建设和可持续发展路子。

(十)努力建设展示中国共产党自觉践行初心使命、推动全面从严治党走向纵深的重要窗口

深入推进"八八战略",温州要完善和落实不忘初心、牢记使命长效机制,坚持不懈锤炼党员干部忠诚干净担当的政治品格,打造推动全面从严治党走向纵深的重要窗口。各部门在党委领导下,着力完善党委(党组)理论学习中心组等各层级学习制度,健全重大决策前专题学习机制,统筹用好网络学习平台,深化习近平新时代中国特色社会主义思想研究,争当学懂弄通做实习近平新时代中国特色社会主义思想的排头兵,以党的政治建设为统领,严明政治纪律和政治规矩,持续净化党内政治生态。

深入推进"八八战略"落实,进入"十四五"时期,温州要立足长三角南大门区域中心城市的定位,以加快建设"五城五高地"为重要支撑,全力"做强第三极、建好南大门",全面提升在长三角南面及其周围地区的辐射力、影响力与竞争力,强化浙江省铁三角、区域中心城市的地位,巩固浙南闽北赣东区域中心城市、长三角一体化发展南面示范区地位,奋力"续写创新史、争创先行市",发挥"重要窗口"的带头作用。

三、建设共同富裕示范区,是温州发展的美好图景、时代使命

共同富裕是社会主义的本质要求,是人民群众的共同期盼。2021年5月,《中共中央、国务院关于支持浙江高质量发展建设共同富裕示范区的意见》出台,标志着浙江经济社会的发展进入新时期、踏上新征程。支持浙江高质量发展建设共同富裕示范区的蓝图已经绘就,这既是党中央、国务院赋予的一项重大政治任务,也是摆在我们面前的一

份顺应广大人民群众期盼的历史答卷。温州人民要切实承担主体责任,敢闯敢试,真正做到干在实处、走在前列,为实现全体人民共同富裕做出温州示范。

深入推进实施"八八战略",温州人民要深刻感悟习近平总书记对浙江的关怀厚爱和信任重托,牢记总书记对温州的殷殷嘱托,以高度的政治责任感、历史使命感坚定扛起责任,全力争创共同富裕先行市。要学习贯彻习近平总书记关于共同富裕的重要论述和《中共中央、国务院关于支持浙江高质量发展建设共同富裕示范区的意见》,把思想和行动统一到省委、省政府的重大决策部署上来,做到"中央有号令、省委省政府有部署、温州见行动",努力在浙江建设共同富裕示范区的征程中挑大梁、当先锋、作表率。政府各条线、各相关部门要主动对标对表中央和省委要求,深入开展调研谋划,抓紧完善市域实施方案,全面承接好中央和省委部署的一系列工作任务,谋划一批温州个性化、突破性的载体抓手,组织实施一批原创性改革举措,形成一批具有温州特色的标志性成果和最佳实践案例。要把握窗口机遇,积极向上争取改革试点,发挥优势大力先行先试,为全省、全国推动共同富裕提供温州经验。

温州要在推动高质量发展上先行示范,成为全省发展强劲的第三极、市场主体创新创业的热土、创新发展的策源地;要在缩小地区差距、城乡差距、收入差距上先行示范,提速加快发展县跨越式高质量发展,推动低收入农户持续快速增收,推动村集体经济做大做强;要在推动人的全生命周期公共服务优质共享上先行示范,推动城乡公共服务均等化,加快实现民生"七优享";要奋力在建设共同富裕现代化基本单元上先行示范,聚焦未来城区、未来社区、未来乡村,全方位塑造城乡居民现代化生活基本图景;要奋力在打造精神文明高地上先行示范,以打造文化高地为目标,实施新时代文化温州工程,彰显温州文化标识性和影响力,擦亮"文化温州"金字招牌;要奋力在推进治理能力现代化上先行示范,更好地统筹发展和安全、富民与安民,更大力度推进法治温州平安温州建设,争当全国市域社会治理现代化示范城市。

(一)深刻认识支持浙江高质量发展建设共同富裕示范区的重大意义

消除贫困、改善民生、促进共同富裕是中国共产党矢志不渝的奋斗目标。党的十八大以来,以习近平同志为核心的党中央不忘初心、牢记使命,团结带领全党全国各族人民,始终朝着实现共同富裕的目标不懈努力,全面建成小康社会取得伟大历史性成就,决战脱贫攻坚取得全面胜利,困扰中华民族几千年的绝对贫困问题得到历史性解决,为新发展阶段推动共同富裕奠定了坚实基础。党的十九届五中全会对扎实推动共同富裕作出重大战略部署。支持浙江高质量发展建设共同富裕示范区,具有重大历史意义和现实意义。

共同富裕是马克思主义的一个基本目标,是人类对未来社会的一个基本理想。邓小平理论强调允许一部分人、一部分地区先富起来,先富帮后富,最终实现共同富裕。习近平新时代中国特色社会主义思想进一步丰富和发展了共同富裕的理论内涵。建设共同富裕示范区,是贯彻落实习近平新时代中国特色社会主义思想的具体实践,将为党的创新理论特别是共同富裕的思想内涵提供丰富的理论素材和生动的实践例证。

当前,我国发展不平衡不充分问题仍然突出,城乡区域发展和收入分配差距较大,促进全体人民共同富裕是一项艰巨而长期的任务,也是一项现实任务。浙江在探索解决发展不平衡不充分问题方面取得了明显成效,也具有广阔的优化空间和较大的发展潜力。建设共同富裕示范区,有针对性地解决人民群众最关心最直接最现实的利益问题,在高质量发展进程中不断满足人民群众对美好生活的新期待。

共同富裕是中国特色社会主义制度优越性在新时代的集中体现。温州多年来一以贯之地践行"八八战略",持续深化改革开放,在市场经济、现代法治、富民惠民、绿色发展等方面成果显著。温州通过打造共同富裕区域性示范,将助力推动中国特色社会主义的制度优势转化为治理效能、发展优势,成为全球治理贡献中国智慧的重要窗口。

(二)准确把握高质量发展建设共同富裕示范区的战略方向

《中共中央、国务院关于支持浙江高质量发展建设共同富裕示范区的意见》对标党的十九大提出的到 21 世纪中叶"全体人民共同富裕基本实现"的奋斗目标,以及党的十九届五中全会提出的 2035 年"全体人民共同富裕取得更为明显的实质性进展"远景目标,充分考虑浙江发展基础和适度超前的示范要求,提出到 2025 年,浙江省推动高质量发展建设共同富裕示范区取得明显实质性进展;到 2035 年,浙江省高质量发展取得更大成就,基本实现共同富裕。深入推进实施"八八战略",围绕共同富裕示范区建设的主要目标和战略定位,温州在具体工作中要重点把握经济社会建设的基本方向与原则。

一是要坚持党的全面领导。中国共产党领导是中国特色社会主义最本质的特征,是中国特色社会主义制度的最大优势。建设共同富裕示范区,必须充分发挥党总揽全局、协调各方的领导核心作用,必须坚持和完善中国特色社会主义制度,持续把党的政治优势和制度优势转化为推动共同富裕示范区建设、广泛凝聚各方共识的强大动力和坚强保障。

二是坚持人民至上。实现共同富裕的奋斗目标就是满足人民对美好生活的向往,"十四五"时期,温州将推进更充分更高质量就业,着力提高城乡居民收入,健全多层次社会保障体系,要坚持发展为了人民、发展依靠人民、发展成果由人民共享,瞄准人民群众所忧所急所盼,在更高水平上实现幼有所育、学有所教、劳有所得、病有所医、老有所养、住有所居、弱有所扶,让人民群众真真切切感受到共同富裕看得见、摸得着、真实可感。

三是坚持共建共享。高质量发展是"十四五"乃至更长时期我国经济社会发展的主题,是实现共同富裕的前提基础和必然路径。建设共同富裕示范区仍要注重提高发展质量效益，在发展中保障和改善民生，全面促进人口均衡发展，同时不可掉入福利主义陷阱，通过鼓励勤劳致富，充分挖掘低收入人群内生发展动力，在人人参与、人人尽力的基础上实现人人享有。

四是坚持改革创新。温州具有比较强烈的改革和创新意识，探索创造了"最多跑一次"等多项改革先进经验。建设共同富裕示范区，要一如既往地向改革要动力、向创新要活力，着力破除制约高质量发展、高品质生活的体制机制障碍，强化有利于调动全社会积极性的重大改革开放举措，率先在推动共同富裕方面实现理论创新、实践创新、制度创新和文化创新。

五是坚持系统观念。共同富裕是逐步共富，要统筹考虑需要和可能，按照经济社会发展规律循序渐进，一件事情接着一件事情办，一年接着一年干，脚踏实地、久久为功。要注重防范化解重大风险，使示范区建设与经济发展阶段相适应、与现代化建设进程相协调，不断形成推动共同富裕的阶段性标志性成果。

（三）扎实推动共同富裕示范区建设不断取得新成效

高质量发展建设共同富裕示范区是一项推动社会全面进步和人的全面发展的综合性系统工程。在共同富裕目标下，深入推进实施"八八战略"，需要充分动员社会各方力量，聚焦各个方面，有力有序有效加以推进。

温州要大力提升自主创新能力，塑造产业竞争新优势，巩固壮大实体经济，培育若干世界级先进制造业集群，打响"温州制造"品牌，夯实共同富裕的产业基础。贯通生产、分配、流通、消费各环节，在率先实现共同富裕进程中畅通经济良性循环。激发各类市场主体活力，加强反垄断和防止资本无序扩张，探索消除数字鸿沟的有效路径，保障不同群体更好共享数字红利。

温州要深化收入分配制度改革，合理提高劳动报酬及其在初次分配中的比重,完善创新要素参与分配机制,加快探索知识、技术、管理、数据等要素价值的实现形式;探索农村集体资产股份权能实现新形式,率先建立集体经营性建设用地入市增值收益分配机制;完善再分配制度,在调节收入分配上主动作为,加快完善社会保障体系;完善先富带后富的激励帮扶机制和制度设计,充分发挥第三次分配作用;完善有利于慈善组织持续健康发展的体制机制,引导企业家等高收入群体积极参与公益事业、回馈社会。

在普遍提高人民物质生活水平的同时,温州要加强精神文明建设,大力提高群众素质和社会文明程度,打造以社会主义核心价值观为引领、传承中华优秀传统文化、体现时代精神、具有江南特色的文化强市,充分挖掘地域优势,优化基层公共文化服务网络,更好满足人民群众文化需求。温州要推动生态文明建设先行示范,绘好新时代山水诗路画卷,全面推进生产、生活方式绿色转型,拓宽"绿水青山"向"金山银山"转化的通道,促进人与自然和谐共生。

温州作为我国改革开放先行区、民营经济重要发祥地,改革开放以来走过了极不平凡的发展历程。"十三五"时期,温州牢记习近平总书记寄予温州"续写创新史"的殷殷嘱托,干在实处、走在前列、勇立潮头,全面建成小康社会取得决定性成就。"十四五"时期是温州加快跨越发展的关键五年,温州发展面临的机遇和挑战都有新的变化,2020年12月16日,温州市第十二届委员会第十一次全体会议审议通过《中共温州市委关于制定温州市国民经济和社会发展第十四个五年规划和二〇三五年远景目标的建议》。该建议提出,以加快建设"五城五高地"为重要支撑,全力"做强第三极、建好南大门",奋力"续写创新史、争创先行市",全面打牢高质量之基、激活竞争力之源、走好现代化之路。"五城"即东南沿海区域中心城市、全国性综合交通枢纽城市、全国民营经济示范城市、改革开放标杆城市、生态宜居幸福城市,"五高地"即科创高地、文化高地、教育高地、医疗高地、新消费高地,这是温州新时期发展的城市定位。新时期的温州人将坚持以习近平新时代中国特色社会主义思想为指引，践行"八八战略"，紧扣"五城五高地"定位，续写新时代温州创新史。

在温州进入发展的关键时期，"八八战略"如同引导前行的明灯，照亮了温州人民创造性实践的探索历程。放眼瓯越，"八八战略"实施以来，给温州大地带来的变化是历史性的、深层次的。温州历届市委、市政府在"八八战略"的指引下，根据经济社会发展的现实条件，立足温州地方建设的现实需求，在实践中不断深化发展思路，不断创新发展载体，探索发展路子，奋力奏响了温州改革创新的辉煌乐章。温州在经济、社会和民生等领域改革发展所取得的不凡成就，正是遵循"八八战略"指引的成果。

党的二十大召开鼓舞着新时代温州人把工作主动放到中国式现代化宏大场景中去谋划，续写创新史、走好共富路，争创社会主义现代化先行市，奋力谱写"两个先行"温州篇章。学习二十大精神，忠实践行"八八战略"，要加快构建现代化产业体系，以更大力度推动高质量发展；要深入实施科教兴国战略，走好创新驱动发展之路；要全面推进乡村振兴，促进城乡协调发展；要发展全过程人民民主，建设更高水平的法治温州；要推进文化自信自强，打造新时代文化高地；要保障和改善民生，打造共同富裕示范区市域样板；要深化美丽温州建设，加快绿色低碳发展；要推进市域治理现代化，建设更高水平的平安温州；要弘扬伟大建党精神，打造新时代党建高地和清廉建设高地市域样板。

参考文献

[1]《把人民健康放在优先发展战略地位》，《人民日报》2020 年 9 月 26 日。

[2]本书编写组编：《不忘初心　继续前进》，人民出版社、学习出版社 2017 年版。

[3]本书编写组编著：《干在实处　勇立潮头——习近平浙江足迹》，浙江人民出版社 2022 年版。

[4]《不当"花架子"再攀新高峰——写在习近平总书记对温州非公有制企业党建作出重要批示 10 周年之际》，《温州日报》2021 年 2 月 20 日。

[5]陈国胜等：《乡村振兴温州样本：强村之路》，浙江大学出版社 2021 年版。

[6]陈国胜主编：《乡村振兴温州样本：产业融合之路》，中国农业大学出版社 2018 年版。

[7]陈伟俊：《彰显建设"重要窗口"的责任担当》，《中国党政干部论坛》2020 年第 5 期。

[8]《持之以恒抓作风——正风肃纪，永不停歇》，《浙江日报》2015 年 5 月 26 日。

[9]《打造民营经济创新发展升级版》，《浙江日报》2016 年 6 月 15 日。

[10]《大力发展农村新型合作经济　扎实推进社会主义新农村建设》，《浙江日报》2006 年 12 月 20 日。

[11]费孝通：《乡土中国》，生活·读书·新知三联书店 1985 年版。

[12]费孝通：《小商品大市场》，《浙江学刊》1986 年第 3 期。

[13]龚维斌：《公共安全与应急管理的新理念、新思想、新要求——学习党的十九大精神体会》，《中国特色社会主义研究》2017 年第 6 期。

[14]《关于创立温州学的思考》，《光明日报》2002 年 11 月 1 日。

[15]管廷莲：《温州非公有制企业党建工作探索历程及其启示》，《中共中央党校学报》2009 年第 2 期。

[16]《光辉业绩彪炳青史弘扬精神推进发展：红军挺进师创建浙南游击根据地创建 70 周年暨刘英诞辰 100 周年纪念大会隆重举行》，《温州日报》2005 年 11 月 24 日。

[17]《毫不动摇坚持我国基本经济制度 推动各种所有制经济健康发展》，《人民日报》2016 年 3 月 5 日。

[18]《红色旅游景区要把准方向 核心文化不可走偏》，《人民日报》（海外版）2018 年 3 月 20 日。

[19]洪文滨主编：《共同富裕看温州》，社会科学文献出版社 2022 年版。

[20]洪文滨主编：《市域治理看温州》，社会科学文献出版社 2021 年版。

[21]洪振宁编著：《宋元明清温州文化编年纪事》，浙江人民出版社 2009 年版。

[22]洪振宁主编：《温州改革开放 30 年》，浙江人民出版社 2008 年版。

[23]胡方松、林坚强：《温州模式再研究》，社会科学文献出版社 2018 年版。

[24]胡剑谨主编：《续写创新史：温州改革开放 40 年研究》，浙江人民出版社 2018 年版。

[25]胡侠主编:《图说温州对外开放 30 年》,中国文史出版社 2015 年版。

[26]《互联网＋精准扶贫平台启动　温州实现一对一网上帮扶》,《温州日报》2016 年 4 月 28 日。

[27]《回望"十三五"奋进"十四五"绘制温州中职教育"新"蓝图(上)》,《温州日报》2021 年 2 月 1 日。

[28]《坚持中国特色社会主义教育发展道路　培养德智体美劳全面发展的社会主义建设者和接班人》,《人民日报》2018 年 9 月 11 日。

[29]江海滨、谢小荣主编:《温州农村改革与发展 30 年》,中国农业出版社 2009 版。

[30]姜淑萍:《"以人民为中心的发展思想"的深刻内涵和重大意义》,《党的文献》2016 年第 6 期。

[31]姜巽林、叶剑锋:《新青年下乡》,《今日浙江》2015 年第 17 期。

[32]蒋儒标、王春光、金浩:《2018 年温州经济社会形势分析与预测》,社会科学文献出版社 2018 年版。

[33]焦贺言、程永:《推进新时代自然灾害防治改革与发展的思考——浅析习近平防灾减灾救灾思想的科学内涵与时代价值》,《中国应急救援》2019 年第 2 期。

[34]鞠建林:《温州非公有制企业党建工作的实践与思考》,《今日浙江》2006 年第 19 期。

[35]李旭:《东方"犹太人"》,上海人民出版社 2017 年版。

[36]《马克思恩格斯选集》,人民出版社 2012 年版。

[37]祁茗田、陈立旭等:《文化与浙江区域经济发展》,浙江人民出版社 2001 年版。

[38]钱兴中:《温州坐标》,中共中央党校出版社 2002 年版。

[39]《抢抓机遇成为"世界的温州"》,《温州日报》2010 年 3 月 23 日。

[40]全国政协文史和学习委员会、浙江省政协文史资料委员会、

温州市政协编：《温州民营经济的兴起与发展》，中国文史出版社 2008 年版。

[41]任映红等：《创新：温州文化演进逻辑》，人民日报出版社 2009 年版。

[42]《深入学习贯彻党的十九届六中全会精神　坚定不移做"两个确立"忠诚拥护者"两个维护"示范引领者》，《浙江日报》2021 年 12 月 2 日。

[43]《生态兴则文明兴——推进生态建设打造"绿色浙江"》，《浙江日报》2003 年 7 月 3 日。

[44]史晋川、金祥荣、赵伟、罗卫东等：《制度变迁与经济发展：温州模式研究》，浙江大学出版社 2002 年版。

[45]《推动"十四五"规划编制符合人民所思所盼》，《人民日报》2020 年 9 月 20 日。

[46]《拓面提质　高位求进》，《温州日报》2011 年 4 月 8 日。

[47]王柏民等：《治道：温州政治建设路径》，人民日报出版社 2009 年版。

[48]王春光：《巴黎的温州人——一个移民群体的跨社会建构行动》，江西人民出版社 2000 年版。

[49]王春光：《移民空间的建构——巴黎温州人跟踪研究》，社会科学文献出版社 2017 年版。

[50]王健、王春光、金浩：《2020 年温州经济社会形势分析与预测》，社会科学文献出版社 2020 年版。

[51]王健、王春光、金浩：《2019 年温州经济社会形势分析与预测》，社会科学文献出版社 2019 年版。

[52]王尚银：《和谐：温州社会变迁历程》，人民日报出版社 2009 年版。

[53]王晓晖：《贯彻落实习近平新时代中国特色社会主义思想在改革发展稳定中攻坚克难案例·文化建设》，党建读物出版社 2019

年版。

[54]《温州不断加强全国首个"全民阅读示范城"建设,"城市书房"促进文化惠民城乡一体化》,《温州日报》2022年12月12日。

[55]《温州创建新时代"两个健康"先行区2周年——解读"两个健康"先行密码》,《浙江日报》2020年11月2日。

[56]温州大学浙江省温州人经济研究中心课题组:《温州人经济研究》,中国社会科学出版社2016年版。

[57]《温州》课题组:《温州》,当代中国出版社2015年版。

[58]《温州民营经济发展30年》编写组编:《温州民营经济发展30年》,浙江人民出版社2008年版。

[59]温州市第十三届人民代表大会第六次会议关于《温州市国民经济和社会发展第十四个五年规划和二〇三五年远景目标纲要的决议》,《温州日报》2021年2月6日。

[60]温州市农业局:《引入民资建平台完善体系促发展　着力建设混合型农村产权交易市场体系》,《浙江现代农业》2016年第2期。

[61]《温州推行"四单一网"改革简政放权谋大账》,《温州日报》2015年1月16日。

[62]《温州巡查农村基层作风》,《浙江日报》2015年6月24日。

[63]《温州针对涉企柔性执法、涉企不良信息修复出台两部指导意见》,《温州日报》2020年12月1日。

[64]《温州重树民营经济新标杆》,《浙江日报》2019年11月1日。

[65]《习近平访俄首站:温州要成为"世界的温州"》,《温州日报》2010年3月23日。

[66]习近平:《干在实处　走在前列——推进浙江新发展的思考与实践》,中共中央党校出版社2006年版。

[67]习近平:《高举中国特色社会主义伟大旗帜　为全面建设社会主义现代化国家而团结奋斗——在中国共产党第二十次全国代表大会上的报告》,人民出版社2022年版。

［68］习近平：《加强基层基础工作　夯实社会和谐之基》，《求是》2006 年第 21 期。

［69］《习近平就加快发展职业教育作出重要指示》，《人民日报》2014 年 6 月 21 日。

［70］习近平：《决胜全面建成小康社会　夺取新时代中国特色社会主义伟大胜利——在中国共产党第十九次全国代表大会上的报告》，人民出版社 2017 年版。

［71］《习近平考察温州海洋经济发展情况》，《温州日报》2003 年 5 月 10 日。

［72］《习近平考察温州　希望温州经济社会更好更快发展》，《温州日报》2005 年 5 月 23 日。

［73］习近平：《论中国共产党历史》，中央文献出版社 2021 年版。

［74］《习近平强调以科学发展观推动欠发达地区发展》，《温州日报》2003 年 12 月 16 日。

［75］《习近平谈治国理政》（第一卷），外文出版社 2018 年版。

［76］《习近平谈治国理政》（第二卷），外文出版社 2017 年版。

［77］《习近平谈治国理政》（第三卷），外文出版社 2020 年版。

［78］《习近平谈治国理政》（第四卷），外文出版社 2022 年版。

［79］习近平：《习近平重要讲话单行本》（2020 年合订本），人民出版社 2021 年版。

［80］《习近平与温州代表话发展》，《温州日报》2003 年 1 月 21 日。

［81］习近平：《在党史学习教育动员大会上的讲话》，人民出版社 2021 年版。

［82］习近平：《在河北省阜平县考察扶贫开发工作时的讲话》，《求是》2021 年第 4 期。

［83］习近平：《在纪念红军长征胜利 80 周年大会上的讲话》，人民出版社 2016 年版。

［84］习近平：《在庆祝中国共产党成立 100 周年大会上的讲话》，

人民出版社 2021 版。

　　[85]习近平:《之江新语》,浙江人民出版社 2007 年版。

　　[86]谢健等:《民本:温州经济发展格局》,人民日报出版社 2009年版。

　　[87]《压实属地责任"三色"智慧监管——温州市文物安全管理的创新做法与经验》,《中国文物报》2020 年 12 月 29 日。

　　[88]《一步一履总关情——习近平总书记在浙江考察纪实》,《浙江日报》2015 年 5 月 30 日。

　　[89]《以更加奋发有为的精神加强和改进党的建设为实现"十二五"时期良好开局提供坚强保证》,《人民日报》2011 年 3 月 24 日。

　　[90]《2800 亿元! 温州社会融资增量创历史同期新高》,《温州日报》2020 年 12 月 25 日。

　　[91]余连根主编:《历史记住他——董朝才印象》,中国文史出版社 2008 年版。

　　[92]《在对历史的深入思考中更好走向未来　交出发展中国特色社会主义合格答卷》,《人民日报》2013 年 6 月 27 日。

　　[93]张仁寿、李红:《温州模式研究》,中国社会科学出版社 1990 年版。

　　[94]张友余:《温州　温州人　温州路子》,中共中央党校出版社 1999 年版。

　　[95]张友余:《质的飞跃——温州二次创业纪事》,中央文献出版社 2009 年版。

　　[96]张执任:《温州,温州:一个沿海城市的改革开放纪实》,中央编译出版社 2019 年版。

　　[97]浙江省习近平新时代中国特色社会主义思想研究中心编著:《习近平科学的思维方法在浙江的探索与实践》,浙江人民出版社 2021 年版。

　　[98]中共温州市委党史研究室编:《温州市场:改革开放的硕果》,

中共党史出版社 1996 年版。

[99]中共温州市委党史研究室编著:《温州改革开放 40 年大事记》,浙江人民出版社 2019 年版。

[100]《中共中央关于党的百年奋斗重大成就和历史经验的决议》,人民出版社 2021 年版。

[101]《中共中央关于制定国民经济和社会发展第十四个五年规划和二〇三五年远景目标的建议》,人民出版社 2020 年版。

[102]《中共中央、国务院关于加快推进生态文明建设的意见》,《人民日报》2015 年 5 月 6 日。

[103]《中共中央、国务院关于全面加强生态环境保护坚决打好污染防治攻坚战的意见》,《人民日报》2018 年 6 月 25 日。

[104]《中共中央、国务院关于深入推进农业供给侧结构性改革加快培育农业农村发展新动能的若干意见》,《人民日报》2017 年 2 月 6 日。

[105]中共中央文献研究室编:《十八大以来重要文献选编》(上),中央文献出版社 2014 年版。

[106]中共中央文献研究室编:《十八大以来重要文献选编》(中),中央文献出版社 2016 年版。

[107]中共中央文献研究室编:《十八大以来重要文献选编》(下),中央文献出版社 2018 年版。

[108]中共中央文献研究室编:《习近平关于社会主义生态文明建设论述摘编》,中央文献出版社 2017 年版。

[109]中共中央文献研究室编:《习近平关于社会主义政治建设论述摘编》,中央文献出版社 2017 年版。

[110]《中国革命历史是最好的营养剂》,《人民日报》2013 年 7 月 15 日。

[111]《中国共产党第十九届中央委员会第五次全体会议公报》,《人民日报》2020 年 10 月 30 日。

［112］中央党校采访实录编辑室:《习近平在浙江》(上),中共中央党校出版社 2021 年版。

［113］中央党校采访实录编辑室:《习近平在浙江》(下),中共中央党校出版社 2021 年版。

［114］《忠实践行"八八战略"在打造"重要窗口"中"续写创新史"》,《学习时报》2020 年 9 月 28 日。

［115］周德文:《温州金融改革——为中国金融改革探路》,浙江人民出版社 2013 年版。

［116］朱康对:《来自底层的变革——龙港城市化个案研究》,浙江人民出版社 2003 年版。

后　记

　　按照浙江省习近平新时代中国特色社会主义思想研究中心、浙江省社会科学界联合会的统一部署，成立由温州市委宣传部牵头的项目研究专班，委托浙江省习近平新时代中国特色社会主义思想研究中心温州大学基地(温州大学马克思主义学院)组建精干研究团队，分八个工作组分章节启动课题研究。其间，课题组多次研磨温州卷的写作提纲，广泛搜集相关文献资料，深入温州各县市区有关单位开展调研，多次召开项目成果论证咨询会。

　　本书是集体智慧的结晶。导论部分由温州大学马克思主义学院刘爱武教授完成；第一章由温州大学马克思主义学院吴志敏教授牵头，詹良水博士、陈欢欢博士与陈铭芳、刘璐、姜婧婧、陈泓共同完成；第二章由温州大学马克思主义学院王习明教授牵头，石磊教授、刘旭博士与林国敬博士共同完成；第三章由温州大学马克思主义学院孙武安教授牵头，山东大学马克思主义学院蒯正明教授完成；第四章由温州大学马克思主义学院孙邦金教授牵头，方德志副教授、梁家荣博士与宫凌海博士共同完成；第五章由温州大学马克思主义学院卓高生教授牵头，刘海霞教授、陈和副教授、何玲博士与陈爱博士共同完成；第六章由温州大学马克思主义学院衡孝庆教授牵头，张海波博士、魏春艳博士与吴琼博士共同完成；第七章由温州大学马克思主义学院孙武安教授牵头，山东大学马克思主义学院蒯正明教授与温州大学马克思主义学院关震博士共同完成；结语由温州大学马克思主义学院路永照副教授完成。全书统稿工作先后有卓高生、孙邦金、王习明、宫凌海、梁家荣、张海波、张振楠参与。省市有关领导专家和浙江大学出版社的编辑对本书的修改提出了许多宝贵意见。

经过课题组成员的共同努力,研究成果终于成功付梓。在此,特别向给予我们帮助和支持的温州市委宣传部致以诚挚的谢意。该课题研究的顺利展开离不开课题组各参与单位的积极协助,离不开温州市县各级部门的大力配合,离不开专家的指导和编辑的支持。由于水平有限,本书难免存在不当和疏漏之处,敬请广大读者批评指正。

作　者

2023 年 6 月